U0817711

探索者

——教育教学实践与研究

李智明　著

地质出版社

·北　京·

图书在版编目（CIP）数据

探索者：教育教学实践与研究／李智明著．—北京：地质出版社，2015.12
ISBN 978-7-116-09614-1

Ⅰ.①探… Ⅱ.①李… Ⅲ.①教育研究-文集 Ⅳ.①G40-53

中国版本图书馆 CIP 数据核字（2016）第 006273 号

探索者——教育教学实践与研究
TANSUOZHE——JIAOYU JIAOXUE SHIJIAN YU YANJIU

责任编辑：周苏琴　胡庆翠
责任校对：关风云
出版发行：地质出版社
社址邮编：北京海淀区学院路 31 号，100083
咨询电话：(010)66554600
网　　址：http：//www. gph. com. cn
传　　真：(010)66554601
印　　刷：北京纪元彩艺印刷有限公司
开　　本：787mm×1092mm 1/16
印　　张：12.25
字　　数：255 千字
版　　次：2015 年 12 月北京第 1 版
印　　次：2015 年 12 月北京第 1 次印刷
定　　价：32.00 元
书　　号：ISBN 978-7-116-09614-1

（如对本书有建议或意见，敬请致电本社；如本书有印装问题，本社负责调换）

序

李智明老师现任广东省湛江市教育局教研室教研员、湛江市教育学会副秘书长和广东省基础教育学科教学指导委员会通用技术学科专家。他的《拓荒者——通用技术教学实践与研究》一书出版不久，他的这本《探索者——教育教学实践与研究》也集结成册，即将面世。

这本书绝不是用几个月或几年时间写出来的，而是李老师从事教育工作30余年，在教育教学实践中踏实奋进、不断探索、潜心研究、勤于反思和总结并笔耕不辍，从一名普通教师成长为一名研究型、专家型的特级教师之过程中所积累的丰硕成果。这本书也标示出李老师在实现自我专业化发展的途径中的真实足迹。

认识李老师的人都知道他在教育战线先后从事过教学、教研和教育技术装备等工作。无论他承担哪方面工作，都是兢兢业业、勤勤恳恳、踏踏实实、认真负责的，特别是他在工作中养成了爱思考、爱学习、爱研究、爱反思、爱写作的好习惯，使他虽然在行进的道路上尝过不少酸甜苦辣，经历过不少困难和挫折，却能把工作中的体会、心得、经验和感悟等汇聚成用文字表达的思想硕果。在当今商海大潮的涌动下，李老师站在“海边”不湿鞋，甘于清贫和寂寞，“衣带渐宽终不悔，为伊消得人憔悴”。从1980年开始从事教育工作的30余年，他始终坚定不移地全身心投入到为实现中华民族伟大复兴而进行的教育教学改革事业之中。现在，李老师把他在教坛多年默默耕耘的心血结晶汇聚成书，奉献给同行们分享、切磋并作为对自己的鞭策。这种不断进取、乐于奉献的精神值得我们学习和敬佩!

李老师请我写序，我有幸先期拜读了该书的文稿，从中受到很多教益和启示。细读后再思考，我认为该书重视理论联系实际，注意中国国情和当地教育发展的实践，写得很实在、很到位。总的来说有以下三方面特点。

一是具有指导性。李老师经常深入中小学校调查研究，并针对湛江市基础教育的实际情况进行认真分析，所以，他提出的一些解决教改问题的方法或思路，在理论上具有指导性。例如，在《坡头区中小学现代教育技术建设的现状及发展思路》一文中，李老师通过对本地区中小学教育技术建设现状进行调查和分析，提出了坡头区中小学发展现代教育技术的意见和基本思路：“一个转变：教育思想和教育观念的转变。两个原则：全面规划、分批实施；实事求是、因地制宜。三项工程：全区中小学基本普及电化教育，计算机网络建设，现代化师资队伍建设。四方面工作：资金筹措，规范管理，教育科研，督导评估。一个目标：建配打基础，管理紧跟上，使用求效益，装备上水平。”又如，通过对本地区农村中小学校进行问卷、教师座谈等形式的调查研究，在《加强教师队伍建设　推进农村基础教育跨越式发展》一文中，李老师对湛江市农村中小学教师的现状做了详细的总结与剖析，提出了湛江市农村中小学教育发展应注意的问题和具有针对性的切实可行的措施。

二是具有实用性。本书各篇文章所阐述的教学理论，都与中小学的教学实践密切结合，因而具有实用性。例如，在《谈谈优化作业布置的原则》一文中，李老师提出：“要减轻学生课业负担，全面提高教育质量，就要从知识、方法、技巧、能力的高度去筛选作业，坚持优化布置作业的五个原则（目标性原则、典型性原则、递进性原则、培优辅困原则、多样性原则），同时还要做到具有科学性、系统性、针对性和趣味性。”又如，早在 20 世纪 90 年代，李老师担任物理教师时就发表了《传授知识　培养能力　开拓思维》的论文。文中提出：“在物理教学中，要坚持‘确保基础，注重应用，提高素质，分流优化’的原则，将知识的传授、能力的培养、智力的发展和思想情操的陶冶熔于一炉。要把课上得立体化，发挥课堂教学的多功能作用。”这些观点和见解，就是现在看来，对于中小学教育工作者，尤其是对于中小学一线教师，仍然具有启发和借鉴的实用价值。

三是具有可读性。本书共计 20 余万字，作为专著的篇幅不算厚，但内容却很丰富。它不是茶余饭后的趣谈，也不是抒发雅兴的消遣，而是经过实践检验的对教育教学工作严肃的思考和实践反思，旨在追求真理，发表见解，寻求符合我国实际的教育教学规律。本书的语言通俗易懂，言简意赅，体现了李老师一贯朴实率真的文风。还有一个值得一提的优点是书中使用了各种图表。这些图表的使用不仅减少了文字的数量，更重要的是可以达到文字表达所不能达到的视觉理解效果，从而明显地增强了本书的可读性。

李老师的这本书一定会在当今基础教育教学改革的百花园中绽放。它对我们认识和研究改革开放后中国经历的中小学教育教学改革，是很有参考价值的，对于青年教师如何实现自我专业化发展，更具有启发和借鉴的意义。

我诚挚地希望李老师能百尺竿头，更进一步，再接再厉，争取为振兴中华民族的教育事业，写出更多更好的文章，做出更多更大的贡献！

原中央教育科学研究所基础教育课程教学研究中心副主任、研究员

教育部普通高中技术课程标准研制组第一期核心成员

2015 年 12 月于北京

真水无香味自甘

（自序）

1978年秋，我以高于最低录取分数线85分（总分400分）的成绩被湛江市师范学校录取。这个录取结果，令我心生怨气，但结果却无可改变。然而那个时代能跳出"农门"也算很幸运了。从此，我只能服从现实，用心学习，努力锻造教书育人的基本功。

当年高考一枝花，招办无心乱点茶。

天意属余当蜡烛，讲坛三尺展风华。

1980年秋，我以优秀的学业成绩毕业并被分配到湛江市南三中学任教物理，成为一名光荣的人民教师，从此义无反顾地走上教育之路。正所谓：

讲台三尺九春秋，乐在乡村壮志酬。

影只灯孤甘寂寞，春风桃李慰心头。

1989年秋，我被调到坡头区教育局教研室任物理教研员，1992年春任教研室副主任（负责全面工作）。

1995年，我被任命为坡头区教育局电教仪器站站长，1996年被评为坡头区首届"十大杰出青年"。

2001年1月，我被调到湛江市教育局电教仪器站，前前后后干了10年教育技术装备工作。可以说，我是干一行爱一行的，总想尽心尽力把工作做好。下面的一首小诗，就是我心迹的表白：

投身装备十秋冬，岗位平凡志趣浓。

业务求精多努力，无名小卒亦英雄。

10年之后，2005年3月，我被调到湛江市教育局教育研究室任通用技术教研员，又开始了一个新领域的工作。有诗云：

十载河东十载西，教研工作自沉迷。

潜心业务忘天命，老骥无鞭亦奋蹄。

在教育战线上转来转去，不经意间，已度过了34个春秋。34年来，我一路耕耘，一路收获，一路反思。在学习、实践和反思中我深深体会到：

（1）教育大计，教师是根本。教师是教育的第一资源，是发展教育事业的关键所在，高素质的教师队伍，是教育赖以发展的内生动力。《师者，德为首，能为本》、《师资队伍现代化是发展现代教育技术的关键》。我们必须《贯彻〈纲要〉以德立教》，《加强教师队伍建设　推进农村基础教育跨越式发展》。广大教师要《更新观念　转变职能　创新自我　迎接新挑战》，不断促进自身的专业化发展，《创新——教师专业化发展的灵魂》、《学习——教师专业化发展的支撑点》、《科研——教师专业化发展的着力点》、《反思——教师专业化发展的助推器》。教师需不计甘苦，安于清贫，乐于奉献，坚守住自己的灵魂，不为世俗所累，《唱响主旋律　共圆教育梦》。

（2）教育大计，管理是关键。教学管理是学校管理的核心，是提高教学质量的基石。我们必须《加强教学管理　推进学校发展　全面提高我市基础教育教学质量》；深化教育教学改革，《立足整体　全面发展》，《优化资源整合　推进基础教育均衡发展》；学习、借鉴先进经验，他山之石，可以攻玉。

（3）教育大计，装备是基础。教育技术装备是教育改革和发展的物质基础、重要保障条件和重要的课程资源。我们必须《面向新世纪　启动教育现代装备工程》，《真抓实干　开拓进取》，《树立科学教育发展观　开创我市教育信息化新局面》，《加快教育信息化进程　迎接 WTO 的挑战》，《与时俱进建设校园网群　结合实际走信息化新路》，《立足市情　注重实效　形成特色》；发挥教育技术装备的育人功能，《建设是基础　管理是关键　使用是根本》，《抓好实验室建设　积极推进素质教育》，《加强网络建设　推进思想政治教育进网络》。

（4）教育大计，科研是引擎。教育科研是教育改革的助推器，是促进教育发展的重要抓手。任何教育改革都是与教育科研分不开的。我们必须《加强教育科研　促进教师专业化发展》，《扎实工作　创建特色　提高教育科研整体水平》，深入开展《通用技术学生作品多元性评价研究》、《通用技术学科技术素养评估研究》等课题研究。在研究中进步，在研究中成长。只有这样，才能实现《量的提升　质的飞跃　思的凝聚》，《红杏枝头春意闹》；才能使广大教师《要做教育家　不做“教书匠”》。

（5）教育大计，质量是生命。学校工作的核心就是提高教育质量，没有教育质量的学校就没有生命力。广大教师必须《用心教学　真水无香》，积极《探讨课堂教学　构建高效课堂》，不断优化课堂教学，提高课堂教学效率，《传授知识　培养能力　开拓思维》，《宽容学生　点石成金》，《激趣·引思》，《启发思维　培养兴趣》，《凭借板书　启迪思路》，努力《构建信息技术与课程整合的平台》，《扬起多媒体辅助教学的风帆　全面推进素质教育》，《让幽默唤醒课堂的生机》，《创新，让课堂更美丽》。切实减轻学生课业负担，坚持《优化作业布置的原则》，《优化知识结构　提高解题能力》。要《加强实验教学　推进素质教育》，《加强分组实验的指导与管理》，提高学生的动手实践能力和创新能力。

34 年弹指一挥间，消逝的是岁月，留下的唯有记忆和文字。

三十四年似逝波，教坛探索苦吟哦。

三言两语皆行迹，汇聚成篇待切磋。

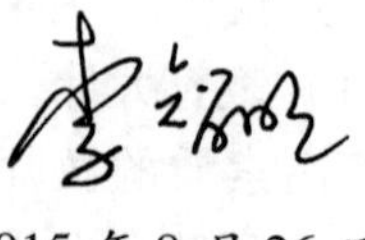

2015 年 8 月 26 日

目　　录

[教育工作研究篇]

红杏枝头春意闹
——湛江市中小学示范教研组评选活动侧记 …………………… (3)
树立教育科学发展观　开创湛江市教育信息化新局面 …………………… (10)
优化资源整合　推进基础教育均衡发展 …………………… (12)
与时俱进建设校园网群　结合实际走信息化新路 …………………… (16)
立足市情　注重实效　形成特色 …………………… (19)
面向新世纪　启动教育现代装备工程 …………………… (21)
建设是基础　管理是关键　使用是根本 …………………… (23)
坡头区中小学现代教育技术建设的现状及发展思路 …………………… (25)
抓好实验室建设　积极推进素质教育 …………………… (28)
真抓实干　开拓进取
——坡头区实验室建设纪实 …………………… (30)
立足整体　全面优化
——坡头区官渡中心小学整体改革的探索 …………………… (33)
扬起多媒体辅助教学的风帆　全面推进素质教育
——湛江市中小学多媒体教学软件展评会巡礼 …………………… (35)
从实际出发　真抓实干　加快我市中小学教育信息化建设 …………………… (37)
教研之花在五月盛开 …………………… (42)

[教育论评篇]

唱响主旋律　共圆教育梦 …………………… (47)
师资队伍现代化是发展现代教育技术的关键 …………………… (51)
构建信息技术与课程整合的平台
——从初中青年数学教师说课比赛说起 …………………… (52)
更新观念　转变职能　创新自我　迎接新的挑战
——浅谈教育技术装备管理干部队伍建设 …………………… (54)

贯彻《纲要》　以德立教 …………………………………………………………………… (56)
如何写好教学论文 ………………………………………………………………………… (57)
加快教育信息化进程　迎接 WTO 的挑战…………………………………………………… (58)
加强教师队伍建设　推进农村基础教育跨越式发展 ……………………………………… (60)
加强网络建设　推进思想政治教育进网络 ………………………………………………… (62)
在霞山区中小学信息技术教育专业委员会成立大会上的讲话 …………………………… (64)
宽容学生　点石成金 ……………………………………………………………………… (66)
要做教育家　不做“教书匠” ……………………………………………………………… (68)
从高中教学水平评估　看综合实践活动课程的实施 ……………………………………… (71)
迎接综合实践活动的春天 ………………………………………………………………… (77)
加强教学管理　推进学校发展　全面提高我市基础教育教学质量
——2008 年中考质量分析及教学建议 ………………………………………………… (79)
质疑——创新思维的起跑线 ……………………………………………………………… (90)
创新——教师专业化发展的灵魂 ………………………………………………………… (92)
学习——教师专业化发展的支撑点 ……………………………………………………… (93)
科研——教师专业化发展的着力点 ……………………………………………………… (95)
反思——教师专业化发展的助推器 ……………………………………………………… (97)
师者，德为首，能为本 …………………………………………………………………… (99)

[教学艺术篇]

传授知识　培养能力　开拓思维
——初中物理教学之我见………………………………………………………………… (103)
解答物理说理题要义………………………………………………………………………… (104)
指导学生解答选择题的三项要领…………………………………………………………… (106)
优化知识结构　提高解题能力……………………………………………………………… (108)
物理实验教学一得…………………………………………………………………………… (110)
1993 年坡头区中考物理试卷抽样分析及教学建议 ……………………………………… (111)
物理课的导入方法…………………………………………………………………………… (113)
激趣·引思…………………………………………………………………………………… (114)
启发思维　培养兴趣
——初中物理新课的引入………………………………………………………………… (116)
凭借板书　启迪思路………………………………………………………………………… (117)
如何加强分组实验的指导与管理…………………………………………………………… (119)
《大气压强》的教学设计 ………………………………………………………………… (120)
谈谈优化作业布置的原则…………………………………………………………………… (122)

运用现代教育技术　优化物理实验教学…………………………………（123）
多媒体技术辅助教学例说…………………………………………………（125）
从展评会看多媒体课件的开发……………………………………………（127）
《单摆》的多媒体教学设计 ………………………………………………（129）
物理实验教学亟待加强……………………………………………………（131）
加强实验教学　推进素质教育……………………………………………（132）
提高农村学生作文能力的两点建议………………………………………（134）
让幽默唤醒课堂的生机……………………………………………………（136）
创新，让课堂更美丽………………………………………………………（138）
探讨课堂教学　构建高效课堂
——从2013年湛江市中小学校长课堂教学竞赛说起 ……………………（141）

[教育科研篇]

扎实工作　创建特色　提高教育科研整体水平……………………………（149）
加强教育科研　促进教师专业化发展……………………………………（157）
量的提升　质的飞跃　思的凝聚
——湛江市中小学教学研究“十二五”规划课题申报综述与思考 ……（161）
用心教学 真水无香 ………………………………………………………（166）
“经济欠发达地区‘校校通’工程实施策略”研究方案 …………………（168）
“通用技术学生作品多元性评价研究”的设计与论证 ……………………（174）
通用技术学科技术素养评估研究…………………………………………（180）

后记

教育工作研究篇

红杏枝头春意闹

——湛江市中小学示范教研组评选活动侧记

2011年湛江市教育局（以下简称市教育局）开展了中小学示范教研组评选活动。通过对申报的172个教研组进行认真评审，评选出64个教研组为湛江市第一批中小学示范教研组。示范教研组的评审，促进了教研组的建设，促进了教研活动的开展，促进了教师的专业发展。

一、具体做法

（一）评选前

1. 制订方案，明确目的

市教育局制订了《湛江市中小学示范教研组评审方案》，制订了《湛江市中小学示范教研组评价表（试行）》，细化评价指标体系，明确示范教研组评选的目的：①加强教研组建设，营造浓厚的教研氛围，促进教师专业发展，促进教学质量提高。②展示被评教研组教师风采、教研组工作业绩和教研组所在学校的办学水平。③发现典型，推广经验，发挥示范教研组的骨干引领作用。

2. 积极参与，踊跃申报

各中小学以示范教研组评选为契机，进一步推进学科组建设，并积极准备材料，踊跃申报。湛江市第二中学陈铁军校长和张伟跳副校长、湛江师范学院附属中学林文良校长和梁哲书记带领其所在的学科积极申报，并指导其他学科做好申报工作。

3. 组织学习，掌握标准

一是召开县（市、区）教育局教研室主任会议，学习讨论示范教研组评选方案，统一部署。二是组织市教育局教研室全体教研员、各学科评委认真学习示范教研组评选有关文件和示范教研组评选评审指标体系，掌握标准。

（二）评选中

1. 严格标准

《湛江市中小学示范教研组评价表（试行）》9个基本指标、25个评价标准，概括归纳为：敬业精神好，规章制度实，研讨氛围浓，教师成长快，课堂效率高，教学成绩优，科研成果丰，学科特色明。在评选中，严格按照《湛江市中小学示范教研组评价表（试行）》9 个基本指标、25 个评价标准进行评审。

2. 操作规范

示范教研组评审程序为“学校申报——县（市、区）教育局推荐——市教育局初评——市教育局到学校评审——市教育局评定——报批——公示——公布”。

到学校评审的工作程序：听取教研组自评报告和学校推荐意见；听课；观摩教研组活动（学生活动）；查看教研组办公场所，查阅教研组档案材料；问卷调查及个别专访；召开三个座谈会（本学科教师代表、其他所有学科教师代表、学生代表）；评议打分；反馈评审意见。

3. 效果良好

开发区管委会陈吴书记亲自过问示范教研组建设情况，开发区教育局邱黎明局长具体指导创建示范教研组建设。霞山区在区内认真评审后再推荐教研组到市参评，区教育局陈梅蓉副局长自始至终参加了市对霞山区 11 个教研组的评审活动。示范教研组的评审，达到预期的目的，得到方方面面的充分肯定，极大地推动了我市中小学校教学教研工作，教师成长，学生进步，学校发展，质量提高。

（三）评选后

随着示范教研组评选活动的深入推进，市教育局于 2012 年 1 月 11 日在湛江师范学院附属中学召开湛江市中小学示范教研组颁奖会议。各县（市、区）教育局分管教学工作局领导、教研室主任，示范教研组所在学校校长或分管教学工作副校长、示范教研组组长，市教育局教研室全体教研员参加会议。会上对 64 个示范教研组及教研组组长进行表彰，颁发牌匾和证书。市教育局教育研究室对 2011 年度湛江市中小学示范教研组评审工作做了全面的总结。霞山区教育局、湛江师范学院附属中学、开发区新民镇新民小学等 3 个单位做了经验介绍。

二、宝贵经验

经验一：以成果转化为载体，山前山后处处梅

在示范教研组的创建和评选过程中，霞山区教育局达成共识：教研组是集教学、教研、管理于一身的基层组织，是学校提高课程实施水平和提高中小学教学质量的重要保证。基于此认识，霞山区于 2010 年开始了优秀学科组创建评比工作，共评选出区优秀学科组 26 个，优秀科组长 26 人。2011 年参加湛江市第一批中小学示范教研组评审，全区有 11 个教研组被评为湛江市第一批中小学示范教研组，约占全市总数的 1/3。

1. 出台标准，科学导向

2010 年 7 月，霞山区教育局就出台了《霞山区中小学学科组建设指标体系》，以当代教育要求和教育发展趋势为依据，融入了教育局教育行政管理理念，纳入了霞山区教育局教研室“教、学、研三位一体”的教研策略，力求将先进的教育教学思想和教育行政管理理念渗透其中，为优秀学科组的创建和评选科学导向。

2. 优化过程，精评精选

为了使评选过程更科学合理，做到精心评比，精心挑选，霞山区教育局教研室严格规定了评选条件和评选方法。

（1）不让理论架空事实。注重科学理论指导下的实践活动，更注重具体事实和优秀事迹，使优秀性变为看得见、摸得着、可操作、学得会的事实，为推广和学习优秀科组的经验提供依据。

（2）注重评价标准的客观、公正、公平性，尽可能顾及不同学校的规模、生源及师资水平，力求评出干劲，评出自信，评出实效。

（3）严格规范评选过程：我们采取了“科组自评——科组互评——学校提名——评委会初评——教研室组织考察（含听课、师生座谈会、科组评议等）——写出考察报告上报局务会——局务会讨论通过——通报表彰——推荐参加市示范教研组评选”的评选流程。

3. 借力成果，规范管理

为了拓展示范教研组评选活动的实效性，借鉴经验，调整工作，转化应用成果：

（1）利用示范教研组优质师资，推进教研活动的开展。在示范教研组的创建过程中，培养了一批优秀教师，据不完全统计，霞山区仅 2011 年评出的湛江市第一批示范教研组中，就有省、市、区级骨干教师近 80 人，为该区储备了优质的师资资源。区教研室在各项教研活动中，充分利用这些优质资源。全区现有的 8 个名师工作室中，有 3 位主持人来自市示范教研组。

（2）以优秀科组的管理制度为范例，进一步规范教研管理。在反思评选过程、借鉴经验、推广转化成果中，霞山区教育局进一步规范了学科组常规教研工作管理、教师发展管理、教学质量管理，探索建立集教学、培训、科研于一体的教培研工作平台，全面推进校本教研制度建设，促进学科组内涵式发展，形成具有特色的学科建设。湛江市二十七小英语科组推行的学科组层级管理制度：行政→级科组长→老师；科组活动实行的管理“三部曲”：布置→督检→总结等。湛江市十二小荣获“新世纪小学数学十年成果总结与展示”先进集体（全省仅 6 所学校）。湛江市二十五小音乐组开展的民乐团教学活动，为学校创建了湛江市民乐特色教育的“窗口学校”，“广东省民族乐器示范学校”，“中国器乐培训基地”。湛江市四中语文、湛江市二十二中数学、湛江市二十中生物、物理等学科组，对每次调研考试情况进行认真分析，不断调整教学策略，使高考、中考成绩稳步提高，多年名列市、区前茅。

经验二：以精细化管理为抓手，万紫千红总是春

湛江师范学院附属中学以创建“市示范教研组”为契机，实施了“以规范为基础，以示范引领创新，在精细化管理中求发展”的策略，在“精”中求生存，在“细”中求发展。加强了教研组建设，使教研组工作焕发了勃勃生机，有效地促进了教师的专业化发展，促进了教学质量的提高。

1. 依托规范教研组建设，引领教研组有序地开展教研活动

湛江师范学院附属中学开展“规范教研组”建设活动，制订方案，强化指导，以此引领教研组规范有序地开展教研活动。

（1）修订《湛江师范学院附属中学规范教研组评审方案》，明确教研组的工作内容。在省市示范教研组建设工作启动后，学校在原来的先进教研组评审方案的基础上，修订了《湛江师范学院附属中学规范教研组评审方案》。这样，各教研组的工作目标明确，工作思路清晰。

（2）建立教研文件盒，细化教研组的研修活动。一是配合学校教研部门，开展的各项教学教研活动。二是教研组每学期要主动实施的校本研修活动。学校印发《教研工作指导意见》，对每一项活动开展与实施做出具体的要求，使各项研修活动从形式到内容有了明确的指引，教研组工作“从规范走向实效”。

2. 依托示范教研组建设，激励教研组在规范中追求创新

为了进一步激发教研组工作积极性和主动性，在规范教研组建设的基础上，学校又实施了“创新型教研组”建设活动。

（1）颁布《湛江师范学院附属中学示范教研组评审方案》，让创新成为规范教研组新的追求。在《湛江师范学院附属中学规范教研组评审方案》基础上，学校又颁布了《湛江师范学院附属中学示范教研组评审方案》，根据其规定，连续两个学期都被评为规范教研组的，有资格申评学校示范教研组。这样，在规范的基础上，争取做出亮点，做出创意，做出实效。

（2）创新研修模式，营造创新氛围。创新型教研组建设，离不开学校创新教研氛围的营造，为此，学校积极主动在全校范围内创建创新型的研修模式，积极打造校园专家，让他们成为校本研修的引路人。同时，实施茶馆式研修，让教师在校本研修中幸福成长。目前，学校已拥有“校园专家”20 多人。其中 12 人成长为广东省名教师、名班主任和骨干教师。

3. 实施精细化管理，有效促进教师主动发展

在教研组建设工作中，学校一直把精细化管理作为工作的标准，以“精细化管理”来推动，建立了“精心是态度，精细是过程，精品是成绩”的理念。在工作中逐步落实“成功源于过程，精彩来自细节”，要求工作的每一个步骤都精心，每一个环节都精细，每一项工作都出精品。

（1）重视研修制度的建设。学校制订了《湛江师范学院附属中学教研组发展规划》等8项管理制度，将教研组建设工作纳入学校发展规划，每学期工作计划中都有详细的教研组建设内容及举措。

（2）重视研修积极性的调动。学校致力于和谐研修文化的构建，对学校领导和教师的研修语言等研修细节提出具体要求，要求非常细致，细到研修时如何说，如何倾听……

（3）重视研修活动的效用。在开展每一项研修活动时，学校要求教研组必须把握两点原则：一是先做减法，再做加法。学校尽量做到先做减法，减少无效或低效的活动，腾出更多时间，让教师有条件进行校本研修，促成他们主动关心自己的专业成长。二是先做功再做课。先做功，就是学校要求教研活动的组织和策划者，从内容到形式，精心策划每一个环节，确保每一次活动都是有效和高效的，保证让每一位参加者都有较大的收获或思考。

经验三：以校本教研为引擎，开遍红栏木笔花

开发区新民小学是一所农村小学。几年来，学校坚持以校本教研为立足点，以课题研究为先导，以夯实常规为主线，以促进师生发展为宗旨，着力开展教研组建设工作。2011年6月，学校语文、数学教研组均被评为湛江市首批中小学示范教研组。

1. 制度化与人性化并举，促进科组管理科学化

学校遵循教育原则，结合实际，建章立制，实行了分级目标管理，先后建立了《新民小学教学质量目标管理方案》等一系列教学常规管理制度，强化了教研组的管理，进而产生了良好的管理效益。对于教研组，学校遵循组内每一位成员既是管理的客体，又是管理的主体，所有成员都是教研组主人的管理原则，实现管理人性化。对各项工作的检查评估，组织教师全员参与，并结合个人的自我反思，让教师在自我完善、自我调节与互相学习、互相促进的过程中由单纯的接受管理转向参与管理、自主管理，成为科组的主人，切实提高了管理成效。

2. 巧设梯队式培养，促进团队内涵提升

学校启动了“梯队式”培养机制，将教师分为“合格型”、“发展型”、“引领型”三个梯队。根据相应的培养目标，制订了切实有效的教师培养发展规划，分类指导培养。从教师实际出发，以名师为引领、“师徒结对”、“同伴互助”搭设教师自主培训平台，让教师在相互学习、积极交流中共促、共享、共进。“梯队式培养”工程的实施，促进了教师不同程度的发展，造就了3名国家级优秀班主任或骨干教师培养对象，3名省级名教师或骨干教师培养对象，3名南粤优秀教师，11名市级骨干教师或先进教育工作者，17名区级骨干教师、“十佳”教师或优秀教师。

3. 常规教研常抓不懈，促进教研水平提高

学校以“三课”活动为抓手，开展“教学研究课”、“人人最佳课”和“教学

开放周”等主题活动。教师通过集体备课、说课、观课、议课，在学中思，思中做，做中悟，悟中创，相互学习，相互促进，不断提升自己的教研教改能力。学校对备课、作业等常规工作进行了改革，强调常规工作要体现“三注重”，并采取了“一听，三查，三评”的监管机制，把常规检查评比结果作为教学工作考核、奖励、评优评先的主要依据，从而激发了教师教学常规工作的积极性，提高了教学教研效率。

学校坚持“问题即课题，教学即教研，成长即成果”的科研思路，以课题为引领，深入推进教学研究。在总结市级课题《朗读潜能训练》研究经验的基础上，先后开展了《生本教育视野下小学生学习动力机制的研究》和《新课程背景下教师专业研究》两项省级课题的研究。通过课题研究，促进了教师的专业发展，有效地调动了学生学习的积极性、主动性，提高了学生的学习能力。

近年来，学校有100余篇教育教学论文和教学设计在各级部门获奖或在各类刊物上发表，课题研究成果先后20余次以不同形式向镇、区、市、省展示，部分研究成果已编著成书——《走进科研》。一批青年教师脱颖而出，有30多人次获得省、市、区课堂教学录像课评比或课堂教学比赛一、二等奖。

三、工作思路

通过示范教研组评选的实践和反思，进一步明确加强教研组建设的工作思路。各中小学要提高认识，统一思想，积极探索新形势下教研组建设的新内涵、新思路、新功能，充分发挥学科教学优势，培养学科教学能力，增强课堂教学的效率，全面提高我市基础教育教学质量。

（一）提高认识，树立科学、协调、可持续发展的指导思想

教研组是学校实施教学管理，开展教学活动的基层组织，是发挥教师集体力量，开展教学研究，深化教学改革的重要组织形式。加强教研组建设，对落实教学工作的中心地位，促进教师的专业发展，提高课程实施水平和学校教育教学质量都具有十分重要的意义。全市中小学必须增强认识，将教研组建设作为校本教研和校际间学习型研究共同体的一项重要内容，作为使校本教研和共同体活动走向深入、推上新层面的突破口，并依托校本教研和共同体的优势，使教研组建设取得明显成效。树立科学、协调、可持续发展的教研组建设指导思想，以提升学科教育品质为目标，以提高教师的学科素养、教育能力和新课程的执行力为重点，抓好学科教师队伍建设；以提高课堂教学效率为主线，抓实学科教研活动，严格学科常规管理，优化学科教学过程；以优化学科结构为宗旨，培育、打造优势学科和特色学科，加强薄弱学科，全面提高教育教学质量。

（二）明确目标，建立和谐、合作、共享共赢的管理文化

加强教研组建设的主要工作目标是：促进教师专业发展，形成一批学科核心力量；促进教学方法改革和课堂教学效果的提升，提高学科教学质量；促进学校抓内涵、抓管理，把握教学改革研究方向，营造研究与创新、交流与合作、开放与多元的教学文化；促进学科教学资源共享，实现全市基础教育均衡发展和办学水平整体提升。在新课程背景下，学校教研组要在继承传统的基础上，根据教学改革的需要，创新机制，增强功能，使教研组成为理论与实践连接的纽带、学科教改的基地、教师专业化成长的平台。进一步健全和强化学习制度，规范和落实学习计划，营造良好的学习氛围，创新教研组内学习的方式，调动组内教师的学习积极性和热情，注重引导教师把学习、研究、反思有机结合起来，边学习，边思考，边研究，边实践，切实提高业务水平，提升教学理念。以转变教与学的方式、提高课程实施水平为重点，开展集体备课、听评课、课例研究、专题研究、反思交流等多种活动，搭建起同伴互助和交流研究经验及实践智慧的平台。教研组内部要形成团结合作的工作环境，突出“合作、共享、共赢”的理念，增强工作的主动性、积极性和合作意识，发扬团队精神，真诚合作、共享成果、共同提高，形成以探索为实质的合作文化。

（三）彰显特色，打造进取、创新、多元融合的教师团队

要根据学校的特色和师资特点，积极创新，大胆尝试，加强特色教研组的建设，增强教师间的合作意识，为全体教师的专业发展搭建新的平台。积极鼓励教研组特色发展，及时收集、总结各教研组的典型做法和成功经验，沉淀提升，形成自己的教研风格和教研思想，使学习、研究、反思成为每位教师的生存方式和生活状态，扎实做好“师带徒”、“结对子”、“团队带教”等教师培养工作，充分发挥骨干引领作用，让教师在群体的学习、研究、实践、反思中，不断突破自己的能力上限，实现个体的迅速成长与发展，提高群体的工作绩效。要善于捕捉挖掘教研资源，进行教育教学研究，形成以教带研，以研促教，“教”与“研”双管齐下，积极承担教科研部门和学校指定的科研任务，选择课程改革和教学实践中的难点和热点问题，确立符合学科特点和教师经验与需要的研究课题，凝聚集体的智慧和力量，开展教育教学改革的实践探索，提升教师的科研素养，促进教师专业成长。打造一支乐于奉献、积极反思、合作研究的教师群体，实现自觉反思、自我改进、自主发展、多元融合、展现个性的教师团队。

湛江市第一轮中小学示范教研组评选活动已经结束。相信这次示范教研组的评选，必将为全市中小学校课堂教学改革和校本教研注入新的生机与活力。伴着“创建教育强市”的号角，湛江的教育定是“寄语洛城风日道，明年春色倍还人。”

（本文发表于《湛江教育》2013 年第 1 期，有改动）

树立教育科学发展观
开创湛江市教育信息化新局面

教育科学发展观是科学发展观在教育上的体现，是关于教育发展的本质、目的、内涵与要求的总体看法和根本观点。要实现湛江市基础教育跨越式发展，以信息化带动教育现代化，必须深入理解、准确把握教育科学发展观的基本内涵，牢固树立和认真落实教育科学发展观，自觉地以教育科学发展观为指导。

一、树立教育科学发展观，整体规划，协调发展

教育科学发展观把教育信息化的发展看作是全面的、系统的、协调的过程，要实现我市中小学教育信息化全面、协调、可持续发展，我们必须坚持“整体规划，分步实施，协调发展，讲求实效，强化管理，重在应用”的原则，要以教育科学发展观为指导，把对教育科学发展观的认识转化为促进教育信息化建设的科学思路，以教育科学发展观作为我市教育信息化建设的根本指针，自觉地运用教育科学发展观正确处理加快发展和协调发展的关系、当前发展和可持续发展的关系，把教育科学发展观贯穿于教育信息化建设的各个方面和全过程。要把中小学教育信息化建设作为基础教育工作的重要组成部分，把推进中小学教育信息化作为推进素质教育，全面提高教育质量的重要支撑点。要把教育信息化工程与国家的教育方针政策、基础教育发展的宏观背景、地方经济与教育现状，以及学校办学经费的筹措等结合起来，在科学的整体规划下，从实际出发，统筹兼顾，循序渐进，分步实施，协调发展，切忌盲目建设。在城市中小学教育信息化稳步发展的基础上，要更多地关注农村，加强城乡中小学教育信息化的协调、均衡发展，要形成点面结合、区域推进中小学教育信息化的发展态势。整合现有资源，实现资源共建共享，使教育信息化建设更好地为中小学提供一个更方便、快捷的信息平台。

教育信息化的持续发展，需要资金投入的延续性，资金问题得不到解决，将影响到教育信息化的持续发展。各级政府要加大对基础教育信息化建设的投入，要将中小学信息技术教育的费用纳入“一费制”收费，以保障教育信息化的持续发展。要加强管理，建立健全促进教育信息化持续发展的良好机制，规范运作，教育行政部门要从政策性、全局性、可行性和技术性等方面把关，杜绝建设和管理中的漏洞，确保教育信息化建设的质量和投资效益。

二、树立教育科学发展观，讲求实效，重在应用

目前，我市中小学教育信息化的基础设施建设不断完备，但普遍存在着“重建设、轻应用”的现象。对教师的培训、内部资源配置及建设、应用平台的建设等重视不够，有些学校的电脑处于不完全使用或闲置状态。教育科学发展观要求从实际出发，讲求实效，重在应用。在中小学教育信息化建设中，要在“用”字上下功夫，一是实用，二是应用。在信息化硬件建设中，不能贪大求全，追求时髦，一步到位是不现实的，应本着“实用、好用、够用”的原则进行设备配备，不要盲目提高配置标准，不要盲目攀比，要将有限的资金用在刀刃上，精打细算，讲求实效。

教育信息化是一项投入巨大的工程，如果忽视了教育信息化的应用，就会走入教育信息化建设的误区，导致巨大的浪费。我们要从面的普及和质的提升两个层面大力推进教育信息化，引导学校在建设信息化硬件的同时，注重教育信息化应用与研究，引导学校重视并开展信息技术与课程整合，促进教育信息化建设与应用双提升。学校领导要积极引导，为教育信息化创造必要的条件，加强教师培训，鼓励教师利用现有资源，充分应用信息化手段进行教学和科研工作。只有教师把信息技术密切渗透到教育教学中，才能全面体现教育信息化。学校的计算机教室不能仅仅用于上信息技术课，更不能仅仅用来学打字，要尽可能多地用于各学科教学和开展各种教育活动。

教育资源建设是教育信息化的核心。学校要重视教育教学资源建设，根据学校的学科优势和教学特点，开发一批教育教学资源库、素材库和教学课件。要探索和形成建设、应用和研究相结合的可持续发展良性循环机制，不断提高信息技术在教育教学中应用的效果和效能，促进信息技术与课程整合。同时加强对信息化建设的绩效评价，切实提高教育信息化建设、管理和应用水平，探求教育信息化建设的效益之路。

三、树立教育科学发展观，更新理念，创新教育

教育现代化首先是教育观念的现代化。因此更新广大教育工作者的观念，确立现代教育理念是教育信息化的首要任务。教育信息化的过程不能简单地认为是信息设备、信息技术的引入过程，不能简单地等同于计算机化或网络化。教育信息化的过程是教育思想、教育观念转变的过程，是以信息的观点对知识传授过程进行系统分析、认识的过程。只有在这样的基础上指导信息技术在教育领域的应用，才是我们所需要的教育信息化。

教育科学发展观强调全面推进教育创新。诚然，要培养具有创新意识、创新能力的人才，离开教育信息化是难以实现的。教育信息化的根本目的，就是培养适应

信息社会要求的创新型人才，而信息素养与创新性思维能力是适应新世纪要求的创新型人才必备的，教育信息化恰恰可以为信息素养与创造性思维能力的培养提供最理想的信息化智能教学环境。因此，我们要树立正确的教育观和现代化的教育理念，把创新教育作为教育之目的，抢占人才的制高点，坚持以人为本、以发展为本、以能力为本的育人观和教育教学质量观，将培养学生的信息能力，提高学生的信息素养作为学校素质教育、学校教育改革、学校教育信息化的一个重大问题予以重视，认真实施。只有这样，才能有效地促进学校教育信息化进程。

培养创新人才，关键在教师。作为新时代的教师，要从传统意义上的知识的传授者转变为学习的组织者和协调者，即对学生的学习活动进行指导、计划、组织和协调，注重培养学生自我学习及获取信息和知识的能力。以创新的思想和创新的观念为前提，树立与时代和社会发展相适应的教育思想，树立符合现代化建设需要和人的全面发展的新型人才观、教育观和质量观，树立“大教育观”、“终身学习观”等现代教育理念，要具有强烈的创造意识和创造激情，富于求索精神，而又有着知识创新和技术创新的能力。

（本文发表于《教育信息技术》2005 年第 1 期，有改动）

优化资源整合　推进基础教育均衡发展

湛江市基础教育经过多年的努力，已取得了长足的发展，基本实现了普及九年义务教育的目标，这是我市基础教育发展的历史性成果。但同时我们必须清醒地看到，我市普及九年义务教育的基础是比较薄弱的，基础教育总体水平还不高，发展不平衡，城乡之间的教育发展水平差距拉大，不同群体之间接受教育的机会有明显的差距。为此，必须大力发展教育事业，优化资源整合，推进基础教育均衡发展。

一、优化物质资源配置，推动学校规模发展

计划经济年代“村村建校，把学校办在家门口”的办学思路，在我市农村造就了一批“麻雀”学校。历史遗留下来的学校布局越来越显露出种种弊端，严重影响着学校办学效益和教育质量的提高。如郊区某镇有小学生 13300 人，共有完全小学 32 所，分教点 5 所，平均每所学校 360 人，200 人以下的学校有 5 所，最小的完全小学学生 116 人，最小的分教点只有学生 73 人。这些学校布局分散，规模小，造

成校舍、教学设备、师资等教育资源严重浪费。为此，通过学校布局、资源重组、初高中分离、改建扩建等方式整合区域教育资源以实现一定区域内的资源共享。

1. 加快学校布局调整工程

我们要以高质量“普九”（普及九年义务教育的简称）为重点，以调整中小学布局为突破口，坚持因地制宜，通过学校布局调整，实现物质资源的优化配置，推动学校规模发展。在进行学校布局调整中，要树立大教育观念，本着切实提高教育资源利用率的宗旨，特别应做好撤、并学校及联办学校村庄群众的思想工作，使他们认识到，尽管学校迁出本村，但本村学生对教育资源的共享程度得到提高，可得到高质量的教育。如上述的镇，如果学校布局调整为 22 所，即每所学校约为 600 人以上，全镇至少可减少 10 所学校，可想而知，节约了多少教育资源。同时，要将学校布局调整与薄弱学校改造结合起来，进一步缩小校际差距，扩大优质教育资源，提高基础教育的整体水平，促进相对优质的基础教育朝着均衡发展，使我市教育质量在城乡一体化的前提下普遍提升。薄弱学校改造是一项整体工程，除了硬件建设需要有较大的投入之外，还必须提高教育管理水平，提高教师基本素质等软件建设，实现优质教育资源的最大优化。

2. 加快示范性高中建设工程

面对“普九”和高校扩招的双重压力，大力发展优质高中已成为我市的紧迫任务。我们要以推动本地高中教育的整体发展为目标，进一步规范示范性高中建设，扩大优质高中学位。示范性高中的建设不应当造成新的教育发展不平衡，而应是使处于各层次的学校在动态发展过程中谋求更高水平的平衡和循环。发挥辐射、示范作用是示范性高中的主要标志。要强化并完善教育督导评估，把评估重点从“等级学校”转向“中小学标准化建设”上来，实现基础教育尤其是义务教育的规范化办学。督导评估要坚持“硬件从实，软件从优”的原则，要遏制少数学校办学条件无限制攀比的不良风气。评估教育强镇、教育强区、教育强市等，也都要将基础教育的均衡发展水平作为主要依据之一。

二、大力推进教育信息化，用信息化带动基础教育均衡发展

教育信息化的根本目的是要用信息技术的手段普遍提升教育水平，缩小发达地区和不发达地区的差距。但由于受经济制约，我市中小学教育信息化建设步伐缓慢，现代教育技术装备水平不高，与先进地区差距甚大。

1. 加快普及信息技术教育

根据教育部的要求，从目前我市中小学计算机配备情况来看，我们任重道远。我们必须明确任务，确定目标，切实把中小学普及信息技术教育摆在优先发展的地位，从实际出发，科学规划，循序渐进，分步实施，协调发展，把中小学普及信息技术教育工作落到实处，坚定不移地推进中小学信息技术教育工作。要把中小学普

及信息技术教育工作与本地学校布局调整和示范化、标准化学校建设等工作统筹安排。要根据实现任务、目标的需要，制订相应的保障措施，确保全市中小学普及信息技术教育工作规划的落实。要制订相关的建设规程、审查审批办法、安全与管理制度等，完善市场操作规范，杜绝建设和管理中的漏洞。要想方设法克服困难，不断拓宽经费筹措渠道，多方筹集中小学信息技术教育所需资金。只有这样，才能大面积提高教育教学质量，才能促使基础教育实现跨越式发展，才能为建设教育大市奠定坚实基础。

2. 加快“校校通”工程建设

近年来，我市把教育信息化带动教育现代化作为实现基础教育均衡化、跨越式发展的重要途径和手段，于2003年建起了宽带校园网群，逐步形成了“以校园网群为主体，天网、地网、人网相结合”的湛江市中小学教育信息化发展模式。校园网群的建设为中小学在教学资源利用、教学时空、教学方式等方面创造了全新的发展平台，为缩小校际间的差距，提供了十分有利的发展环境，是实现基础教育跨越式和均衡发展的必由之路。我们要认真抓好校园网群的推广应用工作，充分利用市教育信息资源中心的资源，使全市所有中小学能够共享优质的教育资源，全面实现全市中小学“校校通”。要积极筹措资金，认真实施校园网群第二期工程，彻底解决教育资源分布严重不平衡的现状，使更多的学校尤其是农村学校，实现优秀教育资源的共享。各地在课件软件的开发和资源库的建设工作中，要统筹规划，达到资源共享，避免重复浪费。

中小学计算机配备情况一览表

区域	学校类别	学校数	学生数	已配备（586处理器以上的计算机）		缺额情况		现生机比
				室数	台数	室数	台数	
市区	普中	11	25638	24	1376	16	992	19:1
	小学	41	35684	17	760	24	1488	
	合计	52	61322	41	2136	40	2480	
郊区	普中	14	29132	17	804	30	1860	36:1
	小学	126	52905	7	310	119	7378	
	合计	140	82037	24	1114	149	9238	

注：配备要求生机比为高中10:1，初中12:1，小学62台/校。

三、推行教育人事改革，优化人力资源配置

目前，我市小学和初中专任教师学历合格率分别为98.9%，91.2%，小学具有

大专以上学历的专任教师以及初中具有本科以上学历的专任教师比例为51%，16.6%，高中专任教师学历合格率为69.4%。有个别县（市、区）初中专任教师学历合格率为83.3%，高中专任教师学历合格率为50.3%，其中农村中小学教师学历层次更低，个别学科专任教师缺口较大，尤其是初中信息技术教育和小学英语的专任教师，知识面窄，教学水平不高，有个别学校的教学质量问题尤其应当引起重视。

1. 推行教育人事制度改革

现行的教师制度，强调教师队伍稳定，不合格教师、低素质教师占着岗位，合格教师、好的教师进不来。这是当前教育人事制度改革面临的一个大的问题。这个问题解决不了，推进基础教育的均衡发展很难取得实质性进展。为此，各地教育行政部门要推行教育人事制度改革，引入竞争机制，要竞争上岗，实行聘任制。要建立起人才培养与流动的优化机制，派遣优秀毕业生和选调优秀教师到薄弱学校任教；优秀的骨干教师定期、轮流到薄弱学校示教、挂职；薄弱学校的教师到优质学校跟班进修。通过师资轮换调整，保证各校间的师资力量和教学水平相对均衡。要制订城域、乡域办学条件、教师福利待遇统一的标准，并加以落实，促进师资流通顺畅，师资均衡发展。

2. 强化师资队伍建设

我们必须坚持以人为本的师资队伍建设，实现师资均衡发展。要以“名师”、“继续教育”等工程为突破口，多层面、多渠道开展中小学教师培训。学校要为教师成长搭建平台，加大对学科带头人的培养力度，鼓励和支持教师学习、培训、进修，组织教师参加各级骨干教师培训，全面提高教师的教育能力、教学能力、教育科研、应用现代化教学手段的能力和处理人际关系的能力等。作为现代教师，要积极投身基础教育课程改革，抓住新机遇，迎接新挑战，尽快地适应“两个转变”。一是要实现从学科型教师到一专多能型教师的转变，二是要实现从经验型教师到学者型和研究型教师的转变。最终要完成由“经师”到“人师”的转变，由普通教师到专家型教师的转变。要把握新一轮的基础教育课程改革的契机，不断更新教学观念、教学方法和教学手段，要从理念、方法、技术等层面详解新课程、新教材的基本要求，才能适应新课程教育教学的需要和教育发展的方向。

（本文发表于《实验教学与仪器》2005年第6期，有改动）

与时俱进建设校园网群
结合实际走信息化新路

一、开创教育信息化新模式

湛江市地处广东省西南部，濒临南海，在广东省属于经济欠发达的农业大市。地域分散，有海岛，有山区。学校数量多，发展不平衡。受经济制约和地理条件的限制，要建设全市局域网存在着许多难以克服的困难。

如何正确选择一条适合湛江实际的教育信息化路子？湛江市教育局认为，必须坚持少花钱、多办事的原则，积极寻找切合自己的发展路子。

2001 年，湛江市教育局与湛江市电视台合作建立湛江教育无线网——天网。无线网具有覆盖面广，传输速率高，操作方便，投资少，见效快，灵活性好，保密性好等特点。向上直接进入国际互联网，向下通过电视网络连接到全市中小学。

湛江教育无线网的建立，得到各级教育行政部门的赞许和肯定，一致认为湛江教育无线网和教育部提出的“校校通”思路是一致的，适合经济欠发达地区和农村山区。广东省电化教育馆于 2001 年 4 月在我市召开了“运用远程教育技术，实施‘校校通’工程现场会”。广东省教育厅李小鲁副厅长对我市立足本地实际，运用远程教育技术，实施“校校通”的经验给予肯定。《中国教育报》、《南方日报》、《湛江日报》分别登载这一做法和经验。中共广东省委政策研究室在《情况与建议》第 37 期以《探索欠发达地区信息技术教育新路子》为题，专题报道湛江市教育信息化建设情况。

离湛江市区 90 多千米的硇洲岛，交通不便，信息不灵。但通过湛江教育无线网，实现了信息资源共享。中国教育电视台记者采访硇洲中学梁梧校长时，梁校长幽默地说：“过去孤岛寡闻，现在耳目一新，手点眼看，天下事皆知。”

教育信息化要有新思路。1998 年湛江市教育局就提出八个抓（抓培训，提高认识；抓规划，分步推进；抓重点，示范引路；抓骨干，壮大队伍；抓共享，以强带弱；抓赛课，层层推动；抓开发，省钱实用；抓科研，上水平创特色）的工作要求，横向有教研室、电教站、教研会 3 层，纵向有市、县（市、区）、镇、学校 4 级，形成教育信息化纵横向人网。形成层层有人管、级级有人抓的局面。几年来，着手资源开发与管理，重抓培训与应用，收到了很好的效果。

我们在应用无线网的基础上，探索我市宽带教育专网的可行性。从 2001 年 10 月开始，经教育部电教专家组 3 轮的考察论证，2002 年 8 月确定我市为全国教育信息化实验基地，并推广以校园网群为主体，天网、地网、人网相结合的模式。

二、建设有特色的校园网群

校园网群包括市校园网群信息中心、县（市、区）信息中心、学校校园网、多媒体网络教室、多媒体课件制作室、远程信息点、骨干网等。在设计上重视实际应用，软、硬并重，整体体现系统的先进性、开放性和标准化。使地域较大、较分散的我市学校都能共享网络资源，真正实现“校校通”。

我市校园网群具有三大优势：一是网络结构上的优势。积群为域，群群相连；群内分层，层层衔接。如赤坎的 20 所学校为一群，霞山区和开发区的 32 所学校为一群。群内有 4 层，市、区信息中心、学校校园网、多媒体网络教室、终端电教平台或单台计算机。这种积群为域的网络结构，既适合我市学校数量多、地理分散的实际，又符合以县为主的教育管理体制。它“价低、实用、可发展”的特点更具推广意义。二是应用系统的优势。市、区信息中心和 57 所学校在建网的同时都建立了网站，在网站里有自己的应用平台，通过应用平台实现了十大功能。更重要的一点是在自己的网站上可以收集、处理来自全国的信息，实现信息资源的高度共享。三是学校用户的优势。由于每一所学校都有各具风格的网站，既可以收集、处理来自校外的信息，又可以把校内的信息向外发布。这样不仅是一般意义上的校校通，而是真正实现了校校信息通。

这三大优势决定了校园网群有很大的推广意义和应用价值。

在应用层面上，校园网群功能强大。有开放的资源库，丰富的电子图书馆，便捷的视频点播，实时的远程教学，活泼的教育论坛，宽松的协同工作，易行的文件收发，绿色的公告通道，快速的电子邮件，有效的信息管理。目前，我们信息中心的资源库有中小学 26 个学科的课件、动画、图片、音频、视频、文本等教育教学资料共 116000 多件，电子图书 28000 多册，特级教师视频课例 6300 多个。

没有校园网群，天网不完整；没有天网，校园网群无基础；没有校园网群，人网无阵地；没有人网，校园网群无依靠。因此，必须“三网”结合。

校园网群开通，标志着我市基础教育走进了教育信息化的快车道。校园网群建成对我市基础教育将有重大的影响。它是提高教育教学管理效率，增强投入效益的有效工具；是普及信息技术、提高教师信息素养、培养信息化人才的教育平台；是调整区域教育布局，优化教育资源配置，实现区域教育整体均衡发展的必要手段；是我市教育信息化发展的重要举措；是实现基础教育跨越式发展的重要保证。校园网群建成开通，使我市的中小学教育实现了教育资源共享，减少校与校之间、乡镇与城市之间教育条件的差距，使教师与学生的教与学从地区封闭走向开放，使城乡学生的学习条件更趋平等，使经济欠发达地区的乡镇学生也可以享受原来只有经济发达地区的教师和学生才能享受的教育资源。同时，我市有一批学校通过互联网面向世界，校容校貌校风及教育成果能及时展示在世人面前。

在校园网群建设的带动下，赤坎、霞山、开发区的中小学校积极性很高，想方设法，多渠道筹措经费，在短短的半年就有 3 所学校建起了校园网，有 33 所学校建设计算机网络教室，39 所学校建设自己的网站。湛江市第二十五小学等学校日夜加紧教师的现代教育技术培训，全校 45 岁以下的教师全部会应用操作，教师应用现代教育技术的热情空前高涨，应用能力大大提高。

目前，我市已有 400 多所学校建立了以简单局域网为基础的计算机网络教室，拥有计算机 25375 台，比 2000 年增加了 4 倍多。有 415 所中小学开展信息技术教育，62. 6 万学生学习计算机基础知识和基本操作。有 10 所学校建立了校园网。有 500 多所学校安装了多媒体电教平台，开展多媒体辅助教学。

湛江一中、廉江市一小被教育部确认为首批全国现代教育技术实验学校。湛江市二中、湛江市四中、湛江市八小被确认为广东省现代教育技术实验学校，还有 31 所湛江市现代教育技术实验学校。这些实验学校不断加大学校现代化设备建设和软件教材建设，整合教育资源，优化育人环境，为课题研究营造良好的现代化的教学环境。

三、推动基础教育的跨越式发展

以校园网群建设为突破口，推动我市基础教育的跨越式发展。

1. 促进了教育观念的转变，培育了一支适应教育现代化的教师队伍

在校园网群建设过程中，通过富有特色的培训，形成了我市中小学信息技术骨干教师队伍，使 57 所学校的校长、教师树立了先进的教育观念，并熟练掌握现代教育技术，运用现代教育技术进行教学和管理。

2. 促进信息技术与课程的整合和教学方法、教学模式的变革

校园网群为课堂教学“八字”模式和“六进课堂”的深入贯彻开辟了新的途径，逐步向“数字校园”跨越。

3. 促进现代教育技术科研的开展

我市有 37 项现代教育技术科研课题在全国、省、市“十五”规划期间立项。其中，全国立项 7 项，省立项 10 项。

4. 促进教育软件的开发和应用

在全市中小学多媒体教学软件展评会和教育软件征集评审活动中，老师们制作了 1000 多个多媒体软件，显示了我市中小学教育信息化已进入了一个新的时期。2001 年全国多媒体教育软件大奖赛，全国有 46 个入选，广东省有 12 个，我市占 4 个，居全省地级市之首。2002 年全省有 8 个获全国三等奖以上，我市有 2 个。2002

年第三届“全国中小学生电脑制作活动”，湛江市第四中学黎盈莹、肖雷、林菲三位学生制作的《Science Town 科学领域》获全国二等奖。

5. 促进管理模式系统化和规范化

教育管理者可网上发布管理指令，节省了许多开会的时间。学校领导可通过网络掌握调控教学状况。

6. 促进各县（市、区）教育信息化的进程

目前，遂溪县、徐闻县等县（市）正在根据市校园网群的设计方案，设计符合本地实际的校园网群方案。到 2004 年前，我市中小学将基本普及信息技术教育和实现“校校通”。

（本文与湛江市教育局电教仪器站林康盛站长合作，发表于《教育信息技术》2003 年第 5 期，有改动）

立足市情　注重实效　形成特色

湛江市是一个经济欠发达的农业大市，受经济制约和地理条件的限制，要实现全市区域网建设存在着一些实际问题。一是经费投入不足，中小学计算机缺口较大。二是全市学校数量多，地域分散，不可能用光纤把各县（市、区）教育局和学校联网。三是通过电信局安装的数据专线费用高，且不能传送多媒体课件（这正是学校联网最重要的）。四是学生进入互联网不易管理，易受不良信息影响。根据湛江市的实际情况，我们积极探求切合自己发展的路子，形成有湛江特色的教育信息化建设模式，把各种网络系统有机结合，协调发展。

1. 湛江教育无线网

我们与湛江市电视台合作建立湛江教育无线网。教育无线网使用互联网界面，采用先进的 VBI 多媒体数字广播信息传送和接收技术，融教育行政、教研、继续教育三个子网为一体，向上通过微波方式直接连入中国教育科研网，并进入国际互联网，向下通过微波连接市教委直属单位和县（市、区）教育局，并以他们为节点覆盖全市中小学。湛江教育无线网具有以下优点：一是覆盖面大；二是传输速率高；三是操作方便；四是投资少，见效快；五是灵活性好；六是保密性好。网上资料经过筛选，既可集中教育方面的信息，又可制止不良信息内容的侵害，家长可放心孩子上网。

湛江教育无线网的建立，得到教育部基础教育司、中央电教馆和广东省教育厅等有关领导的赞许和肯定。一致认为，湛江教育无线网与教育部提出的“校校通”

思路一致，在技术、做法上也是一致的，2001年2月中旬中央教育电视台记者专题采访湛江市教育无线网的建设。当记者采访了硇洲中学梁梧校长时，梁校长幽默地说："过去孤岛寡闻，现在耳目一新，手点眼看，天下事皆知。"

各级教育行政部门的赞许和支持，加大了我们建设教育无线网的决心和信心。至今全市共有100多所学校安装了教育无线网站。为了更好推广使用，我们分别建立了霞山区（市区）、坡头区坡头镇（一般农村地区）、东海试验区硇洲镇（海岛地区）试验点。试点学校千方百计筹措资金加大学校的硬件建设，坡头区爱周中学、东海试验区硇洲中学各投入20多万元增建一个计算机室（含61台计算机），坡头区坡头中心小学在负债400多万元的情况下，想方设法筹集资金10万元改造计算机室。坡头区教育局拨出专款支持网站建设。爱周中学郑爱民校长由衷地说："我校高考工作是一个薄弱环节，安装了教育无线网站，教师通过上网，获取了很多高考信息。"据了解，教师、学生普遍认为，教育无线网内容丰富多彩，切合实际，图、文、声并茂，集知识、娱乐于一体，有利于促教促学。

湛江市四中一位学生家长到了学校，亲自上了教育无线网，高兴地说："报纸上常说学生上网，带来了很多负面影响。但湛江教育无线网可不同，我放心让孩子上网了。"

2. 城区局域网和校园网

我们已租用广电网出口，光纤连到市教委院内，与湛江电视台信息中心连接，联通了互联网。今年内通过广电网完成赤坎、霞山两个区的城域网建设，实现区内中小学光纤联网，连接市教委信息资源中心并进入国际互联网。

目前，我市有7所中小学建立了校园网，今年内再完成5所学校（湛江师院附中、湛江市四中、湛江市七小、湛江市八小、湛江市十二小）的校园网建设，使我市校园网达到12所学校，这些校园网均与湛江教育无线网连接。

3. 市、县、镇、校四级资源发行与应用网络和终端建设

学校应用信息技术的主要目的是改革教学模式，提高教学质量。通过天网、地网，可使教师、学生迅速利用信息资源，但部分资源还需用光盘、录像带、录音带等完成。因此，我们建立了市、县、镇、校4级资源发行与应用网络，每级有专人负责信息资源的发行与管理。

终端建设是信息资源应用的基础，我们根据湛江市中小学的实际，注重实效，开发了终端多媒体电教平台，该多媒体电教平台在湛江市"科教兴湛"规划中立项。平台功能齐备，操作简便，价格便宜。一年多来，在湛江市学校安装使用100多套，并扩装到海南、广西等地。

以计算机为基础的信息技术和现代远程教育技术正在教育领域引发一场深刻的变革。现在，以使用计算机为基础的现代教育技术、信息技术已在中小学中得到越来越广泛的应用。因此，我们成立了教育技术装备中心，建立现代教育技术应用培训基地，该基地被省电教馆定为广东省现代教育技术应用培训基地。教育技术装备中心有目的、有计划地抓好软件环境建设，对校长、教师进行现代教育技术理论与实践、计算机操作和软件开发等培训。两年来，共培训了校长 567 人，骨干教师 1736 人，壮大了我市中小学信息技术骨干教师队伍，为我市教育信息化发展起了重大的作用。

通过培训，提高了校长、教师对现代教育技术的认识，树立了新型的教育教学观念，巩固提高了自觉运用现代教育技术手段进行教育教学改革实践的意识。原来不少校长认为学校经济困难，无力支持高投入的教育信息化，“要、等、靠”的思想严重。如今，他们意识到信息技术对教育的重要性和紧迫感，纷纷参加培训学习，千方百计挤资金购硬件，鼓励和提供条件给教师开发软件，带头运用信息技术进行管理和教学，校园教育信息化氛围空前浓郁。尤其是一批在教学上颇有造诣的教师，在掌握信息技术后，教育教学水平迅速提高，带动更多的教师自觉学习、运用教育信息技术。湛江市的李华等老师研制的学科课件，在省内外均获得较高评价。各学科教师运用多媒体技术参加全国（或省）的说课、上课比赛获得了好成绩。廉江中学郑春老师参加全国首届高中青年教师说课比赛获一等奖；湛江四中彭群英老师参加全国高中物理教师课堂教学比赛获一等奖；吴川市梅岭小学杨土胡老师参加全国小学数学教师课堂教学比赛获一等奖。

2000 年 11 月 23 日，我们举办了湛江市中小学多媒体教学软件展评会，共收到 392 个多媒体软件，这些软件来源范围较广，形式较多，水平较高。4 天内观摩的校长、教师达 2100 多人。本次活动是湛江市教育信息化进程的一件大事，在教师中影响很大，效果很好。这不仅体现了广大教师开展多媒体辅助教学的积极性和开发应用多媒体教学软件的能力，同时也显示了我市中小学教育信息化进入了一个新的时期。

（本文发表于《教学仪器与实验》2001 年第 9 期，有改动）

面向新世纪　启动教育现代装备工程

21 世纪，是人类社会将跨入科学昌明、技术高度发达的世纪。为了迎接新世纪的挑战，必须积极推进素质教育，全面启动现代教育装备工程。面对这一全新的课题，电教仪器站应做些什么？怎么做？

1. 构建教育现代化建设框架

学校教育现代化具有丰富的内涵，主要表现在两大方面：一是教育思想和教学观念的现代化；二是教育或教学手段的现代化。现代教育装备既是教育现代化的具体内容，又是促进教育现代化的重要手段和途径。可以说，学校教育现代化是建立在教育装备现代化的基础之上的。

一所学校现代化水平的高低，不能看大门装修得多好，房子建得多么漂亮，而是要看是否有先进的教学设备和管理设备。正如马克思说的："手推磨产生的是封建主为首的社会，蒸气磨产生的是工业资本家为首的社会。"学校拥有数量足够的现代化教育装备，是产生现代化教育的客观条件和显著标志。因此，我们要在学校的基础建设日臻完善和常规教学仪器设备不断充实的情况下，面向新世纪，找准学校现代教育装备的着力点，构建学校教育现代化建设框架，改善教育投资结构，全面启动现代教育装备工程，把教育装备工作放到重要的位置上来。教育装备部门要为学校教育现代化提供物质基础，要坚持实事求是的原则，既要积极发展，又要量力而行，讲求实效，分类要求，梯度推进，优化教育资源，力求把有限的教育资源用到实处。只有这样，才能真正培养出适应世界新科技革命挑战的跨世纪的科技精英和社会主义现代化建设人才。

2. 建设现代化教育师资队伍

教育现代化装备在提高教师的基本素质、加快教育思想现代化的进程、促进教育教学改革、推进素质教育的实施等方面发挥了十分重要的作用。诚然，现代化教育装备的引入对广大教育工作者是一个挑战。一个学校如果仍停留在粉笔加黑板的教学方法，就不可能有教育现代化的需要；有了现代化教育装备的学校，如果没有现代化的师资队伍，现代化教育装备将会变成摆设。教师是教育现代化装备和技术实践运作的关键性要素，教师素质的提高是教育现代化装备发挥应有作用的前提条件之一。毋庸置疑，建设一支高水平的教师队伍，是搞好学校教育现代化的关键。"教育者先受教育"，广大教育工作者要增强教育现代化意识，加强学习新的教育技术，才能适应新形势的需要。教育装备部门要组织现代化教育信息报告会，开阔广大教育工作者的视野，举办现代化教育技术培训班，把现代化教育的新知识、新理论、新技术作为培训班的学习重点，努力提高广大教育工作者教育现代化意识和能力。同时，必须加强实验队伍建设，建设一支具有现代化教育意识，能适应和满足实验教学和现代化教育技术需要的实验队伍。只有加强师资队伍现代化建设，才能全方位地发挥现代化教育装备的效益，提高教育质量和教学效率，促进"应试教育"向素质教育转轨。

3. 建立现代教育装备管理系统

教育现代化装备优化了学校育人环境，提高了教育教学效益。然而，现代化的教育装备对学校的管理提出更高的要求，一流的设备要有一流的管理水平；否则，投入越大，浪费越大。因此，要强化管理，树立以管理促发展，以使用求效益的观点，进一步建立健全管理制度，完善学校管理机构，不断充实管理人员，建立电教仪器站、学校、管理人员一条龙的管理网络，做到"配备、管理、使用、研究"同步抓，向管理要质量，要效益，充分发挥教育现代化装备的整体功能。

（本文获得1998年“湛江市现代教育技术论文评审”一等奖，有改动）

建设是基础　管理是关键　使用是根本

实验室是进行实验教学的基本场所，是全面实施素质教育、培养跨世纪高素质建设人才的第一课堂。有没有实验室是现代教育与传统教育的重要区别之一。正是基于这样的认识，湛江市坡头区近年来中小学实验室建设和教学仪器、电教设备的配备工作才有了长足的发展。但是，要使实验室建设工作深入有序，稳步发展，充分发挥其育人效益，必须强化实验室的管理，建立健全各项管理制度。

笔者最近对坡头区15所中学的实验室工作进行调查研究，并对现有实验人员结构进行统计分析，发现：

（1）个别学校存在只重视实验室的建设和仪器设备的配备，不重视实验室的管理和使用，以及实验教学的开展等问题。如有些学校的语音室已安装一年了，但使用很少，有的至今尚未使用。

（2）专职实验人员缺口大（应配专职实验人员35人以上，实际只配12人），兼职实验人员比例过大；专职实验人员专业对口差，业务素质较低，管理水平不高。

（3）实验队伍人员不稳定，服务育人的意识薄弱。

（4）部分学校由于没有专职实验人员，尽管有了实验室，配齐了仪器设备，却没有能够按教学大纲要求开设实验课，致使很多学生的观察能力、操作能力和分析能力较差。

要改变上述现状，笔者认为应抓好以下两个方面。

一、强化管理，“建、管、用、研”同步抓

实验室的工作包括实验室的建设、管理、实验教学的开展和研究，而建设是基础，管理是关键，使用是根本。有人说实验室的工作是三分建设七分管理。这种说法一点不过分，管理是实验室全部工作的关键，也是实验室工作的中心内容，又是开展实验教学的重要前提与根本保证。实验室管理水平的状况，是一所学校管理水平高低的重要标志，也是实验人员的责任感与事业心的强弱以及业务水平、组织才

能高低的重要标志。因此，学校要强化实验室的管理，树立以管理促发展，以使用求效益的观点，做到“建、管、用、研”同步抓，向管理要质量，要效益，使学校实验室的管理逐步实现科学化、规范化、制度化、标准化。

1. 建立健全实验室的管理制度，使实验室的管理有章可循

学校必须明确分工一位副校长主管实验室建设，教学仪器、电教设备的配备和管理工作，要明确指定一位教导主任具体抓实验室工作，对学校的实验室管理，教学仪器电教设备的使用，实验教学、电化教学的开展进行具体的检查督促。要建立课堂实验教学、电化教学的评估机制。

2. 学校要定期做好“五查三评一上一考”工作

即，查《教学仪器电教设备档案册》，查《仪器设备明细账》，查《实验登记册》，查《学生实验通知单》，查理科教师和实验教师的实验课教案；评估学校实验室建设，评估实验教学、电化教学成绩，评选先进实验教师；上实验教学、电化教学优质课；考核学生实验操作能力。

3. 学校要关心实验人员，全面、公正地看待实验人员的工作

实验人员从事的工作是学校教学工作的重要组成部分，实验人员就是教学人员，而且是一种特殊的教学人员，是教师队伍中不可缺少的一部分。不要只看到工作的事务性质，而看不到教学性质。不要把实验人员看成是教学辅助人员，是学校可有可无的后勤人员。

二、优化实验人员结构，提高管理水平

要发挥实验室和教学仪器电教设备的育人效益，最重要的就是优化实验人员结构，建设一支具有现代教育意识，能适应和满足实验教学和应用现代教育技术需要的实验队伍。

1. 加强自身思想建设

实验人员要牢固树立为实验教学服务，为师生服务的思想，自尊、自重、自强，爱岗敬业，乐于奉献。

2. 加强基础理论知识的学习，掌握过硬的专业技能

实验人员要学习现代教育理论和实验理论，更新知识和技能，深入研究实验教学和电化教学，不断提高管理水平和实验教学、电化教学的质量。

3. 加强实验队伍建设

学校要按要求按质按量配齐实验人员，实验人员要相对稳定，不能随便变换，但不符合要求的实验人员，学校要及时更换。

4. 加强实验人员的专业知识和能力的培养

电教仪器站要定期分点分批举办业务培训班，举办专业知识和应用现代教育技术等专题讲座，开展实验教学和电化教学观摩、实验操作比赛等活动，努力提高实

验人员的业务素质，以适应科技和教育发展的需要。

5. 认真开展以实验教学为突破口，全面实施素质教育的教学研究

通过加强实验教学和应用现代教育技术，促进教育现代化的进程，促进基础教育由“应试教育”向素质教育转轨。

（本文发表于《广东电教》1998 年第 3 期，有改动）

坡头区中小学现代教育技术建设的现状及发展思路

为了加快坡头区中小学现代教育技术装备的建设，为宏观决策提供依据，笔者深入部分中小学实地调查了学校现代教育技术设备设施的配备、使用情况等。通过调研、分析，提出了发展坡头区中小学现代教育技术装备的基本思路。

一、现状

1. 现代化教育的意识不强，“等、靠、要、看”的思想严重

坡头区的大部分中小学领导的教育思想和教育观念跟不上时代的步伐，学校现代教育技术装备落后，教育教学手段陈旧。如 1998 年下半年坡头区举行的中学校长现场教学竞赛，参赛的 15 位校长，仅有 3 位校长启用投影仪，也不外是投影一些板书、练习题而已，其余的校长仍停留在“一个黑板、一支粉笔、一本教材”的教学方法上。大多数学校的领导不是想方设法创造条件发展现代教育技术装备，而是存在着严重的“等、靠、要、看”的思想，影响了学校现代教育技术装备的建设。

2. 只重视设备设施的建设，而不注重对现有教育媒体的开发和使用

区内很多学校已“两机一幕”（投影仪、收录机、银幕）进教室，部分学校“三机一幕”（投影仪、收录机、电视机、银幕）进教室，有的学校还安装了综合电教室、语言实验室、计算机室。（但不容忽视的是，还有部分学校电教设备设施比较缺乏；全区相应的教学软件少且教师制作能力差）这些教育媒体理应充分开发使用，应与教育教学成果成正比或收到较为满意的效果。然而，由于各种原因，这些教育媒体得不到充分的利用，使用率很低，有的甚至没有用，造成闲置，出现了经费投入与效益产出不平衡的现象，浪费了有限的教育资源，限制了学校现代教育技术装备的发展。

3. 教师队伍综合素质离教育现代化的要求甚远

坡头区中小学教师基本学历达标，但根据教育现代化的要求，未来教师应适应未来科技、经济、社会发展的需要，应该是知识的传授者、精神文明的建设者、教育科学的探索者。显然，我们教师队伍离教育现代化的要求距离很远。

（1）电教人员专业素质不高。全区现代教育技术专业毕业的或较熟悉现代教育技术理论和实践的教师很少，因而，电教工作多数停留在看与管的水平上。如学校有了投影机，电教人员不会制作幻灯片。有些学校早已安装了计算机，但这些计算机只是在“利用电脑学电脑”派上用场，没有很好地发挥计算机辅助教学等功能的作用。

（2）学科教师现代教育技术水平也相当低。教师普遍停留在使用投影机、收录机的层面，对一些其他甚至于学校已有的高档电教媒体缺乏接触和了解，不懂得电教媒体的优化组合，不懂得电化教学设计。因此，面对现代教学媒体，多数是为了用而用，即为“电教”而电教的现象十分严重。

4. 教育经费缺口大，且投资科学性不强

学校现代教育技术建设的资金缺口较大，与教育现代化的要求不相适应。再者，学校对十分有限的教育经费也没有管好用好，未能将有限的教育经费用到实处，投资科学性不强。

二、思路

发展现代教育技术的基本思路总的概括为：实现一个转变，坚持两个原则，实施三项工程，抓好四方面工作，达到一个目标。

一个转变：教育思想和教育观念的转变。

两个原则：全面规划，分批实施；实事求是，因地制宜。

三项工程：全区中小学基本普及电化教育，计算机网络建设，现代化师资队伍建设。

四方面工作：资金筹措，规范管理，教育科研，督导评估。

一个目标：建配打基础，管理紧跟上，使用求效益，装备上水平。

三、做法

1. 更新教育观念

现代化教育是一项多种要素综合作用的整体育人工程，具有丰富的内涵，主要表现在两个方面：一是教育思想和教育观念的现代化；二是教育或教学手段的现代化。教育思想和教育观念的现代化才是真正的现代化。实践给我们一个重要启示，设备设施落后并不可怕，但学校领导的意识落后会贻误一所学校前进。《中共中

央 国务院关于深化教育改革 全面推进素质教育的决定》明确提出，“大力提高教育技术手段的现代化水平和教育信息化程度”，“加强课程的综合性和实践性，重视实验课教学，培养学生实际操作能力”。这一切都充分体现了党和国家对现代教育技术的重视。要发展中小学现代教育技术，必须解决“意识”问题。“意识”就是“意”和“识”。意者，愿望也。识者，支持愿望的知识结构和知识体系。因此，中小学的领导必须更新教育观念，站在时代的前列，深刻认识发展现代教育技术装备在教育教学中的重要地位及其应用的必要性和紧迫性，进一步贯彻落实教育部颁布的《关于进一步加强中小学教育技术装备工作的意见》（教基［1999］11号），把学校现代教育技术建设作为工作的切入点，切实加强领导，采取得力措施，把发展现代教育技术的意识变成群体的行为，全员动员，全员参与，为推进我区素质教育的实施做出贡献。

2. 建设现代化师资队伍

现代教育技术是教育现代化的技术基础，是培养具有高度创新能力和信息能力的新型人才的物质保障。真正的教学质量体现在教师和现代化教学方法的相互结合上。随着现代教育技术的飞速发展，对教师的要求越来越高。实践证明，教师队伍的科学素养是一所学校的真正生命力，是教育面向现代化的根本保证。以计算机为基础的信息技术和现代远程教育技术正在教育领域引发一场深刻的变革。作为一名现代教师，必须加强以计算机应用技术为基础的现代教育技术的学习，提高利用计算机进行辅助教学和教育科研的能力以及应用信息的能力。我们要狠抓师资队伍现代化建设。学校要创造条件，营造浓厚的科研学术氛围，促进教师不断进取。要把培养教师运用现代化教育技术作为教师业务素质的一个重要内容来抓，建立培训学习、实际操作、定期考核、服务教学的培训制度，使教师更好地掌握各科教学方法、教学理论，熟练掌握各类设备设施的操作方法、应用技能和管理制度，从整体上提高教师队伍的综合素质。

3. 全面推进现代教育技术装备建设

现代教育技术是教育改革的重要实践，也是现代化的教育思想、观念的重要载体，加快现代教育技术装备的建设，是实现教育现代化目标的重要手段。进入21世纪，单靠粉笔、黑板、文字教材和简单的教具传授知识，已不能满足信息化时代的需要。以计算机教学和多媒体教学手段为核心的现代教育技术，将有力地冲击教育教学领域，教育思想、教育观念、教学方法和教学模式都将发生深刻的变革。学生不但在课堂上学到知识，而且可以在网上、社会上学到更丰富的知识，提高整体素质。《中小学计算机课程指导纲要（修订稿）》中明确指出：“中小学计算机教育是一项面向未来的现代化教育，是中小学素质教育的重要内容，它对于提高中小学生适应信息社会的能力，对于转变教育思想和观念，促进教学内容、教学方法、教学体系和教学模式改革，加速教育手段和管理手段的现代化，提高师资队伍的素质，对于深化基础教育改革，全面提高教育质量和效益，促进由‘应试教育’向素质教育转轨都具有重要的意义。中小学计算机教育是现代信息社会对基础教育的要求，是适应21世纪挑战的需要，也是当前教育教学改革与发展的需要。”同时，教育行政部门要求，在高中阶段的学校和有条件的初中、小学普及计算机操作和信息技术教育，广东省决定高中2000年秋季开设教育信息课，初中2002年、小学2004年开设教育信息课。在推进现代教育技术装备建设中，重在落实，要科学，要实用，真正在教育教学上发挥作用，决不搞花架子。在普及与提高的关系上，要坚持全面规划、分层推进的原则，重视抓提高，更要在普及上做艰苦的工作；在设备与应用的关系上，要坚持实事求是、因地制宜的原则，要克服盲目性，注重实效性，在选择、购置现代教育设备设施时，必须结合学校教育教学实际、经济基础实际、教师综合素质实际，努力实现教育、教学信息资源共享。建设了，就要加强管理，完善机制，全面运转，不能当摆设，要在“用”字上下功夫。教育行政部门要加强检查督促，把现代教育技术装备建设纳入办学水平的督导评估体系，并作为素质教育、办学水平等评估的重要依据。

4. 筹措资金，用好资金

目前，坡头区中小学的教育经费非常困难，简直是捉襟见肘。但是，困难与机遇并存，“等待”、“观望”是没有出路的，发展才是硬道理。因此，学校要想方设法，多渠道筹措资金，加大学校现代教育技术建设经费的投入。其次，学校要管好用好有限的教育经费，投资要科学，避免盲目性，以便将学校来之不易的有限经费发挥出最大的投资效益。

（本文以《我区中小学现代教育技术建设的现状及发展思路》为题，发表于《湛江教育》1999年第11期，有改动）

抓好实验室建设　积极推进素质教育

实验室是学校完成各学科（特别是理科）教学任务的必备场所，是落实素质教育的重要课堂。没有实验室，不具备实验条件的学校是不合格的学校。因此，抓好实验室建设，是全面贯彻党的教育方针，全面实施素质教育，培养面向21世纪高素质建设人才的一个重要环节。

一、抓好实验室建设，为实施素质教育创造条件

中小学实验室建设为实现“应试教育”向素质教育转轨创造了必要条件。我们

必须从实施素质教育、培养跨世纪高素质人才的高度，增强中小学实验室建设的责任感和紧迫感，把实验室建设当作深化教育改革的重要一环来抓，努力实现全区中小学实验室建设标准化、规范化、科学化。我们制订了《关于进一步搞好坡头区中小学实验室建设，加强实验教学和电化教学的意见》，把中小学实验室建设工作纳入学校教育教学工作的计划日程，并列入各级领导任期目标责任制的一项重要内容。坡头区分管教育工作的党政领导和局主要领导十分重视实验室建设，经常深入学校检查指导实验室建设工作，帮助学校排忧解难。在各级领导的真抓实干、艰苦创业下，坡头区中小学实验室建设有了长足的发展，全区共建成 13 幢独立科学楼，装备了语音室 13 个，计算机室 2 个，配备了仪器柜 798 个（其中铝合金柜 439 个），实验台凳 3964 套，为全面实施素质教育创造了条件。

二、发挥实验室整体功能，积极推进素质教育

充分发挥实验室的作用，积极开展实验教学，是全面贯彻党的教育方针，提高教学质量的重要环节，也是积极推进素质教育的有力措施。因此，我们在抓好实验室建设的同时，狠抓实验室的管理和使用，真正做到“建设好，配置好，管理好，使用好”。

首先，建立和完善实验室的管理制度，使实验室的管理有章可循。我们统一制定了《实验室规则》、《实验室人员工作岗位职责》，做到仪器使用定人，放置定点，存放定柜。健全使用《借用仪器登记表》、《教学仪器注销表》、《教学仪器电教设备档案册》、《仪器设备明细账》。建立了实验人员、学校、电教仪器站一条龙的管理网络，为开展实验教学提供了保证。

其次，加强实验队伍建设，提高实验人员的素质。提高实验队伍的业务素质是管好用好教学仪器，开展实验教学的前提。过去，我们的实验人员缺口较大，实验室的管理水平较差，实验教学难以开展。针对这一薄弱环节，我们选送优秀应届师范毕业生到教育学院深造，毕业后分配到中学当实验教师。同时，我们强化教师实验基本功的训练，举办实验操作技能、实验室管理和现代教育理论培训班，组织实验教师实验操作比赛等活动。

第三，抓好实验教学的开展和研究，发挥实验室的育人效益。学校把实验教学的总体计划作为学校教学工作整体计划的重要组成部分，按教学大纲要求认真做好演示实验和分组实验。有条件的学校还开展了一些探索性的实验和课外兴趣小组活动，开展实验教学质量检查和教学成绩评价，并把它作为实验教师和理科教师考核的重要内容。同时，我们认真组织实验教学观察活动，开展实验教学研究和“以实验教学为突破口，实施素质教育”的教育科研，建立课堂实验教学的评估机制，不断提高实验教学质量。

由于“建、配、管、用、研”同步抓，使实验室建设在加强实验教学，促进全

体学生全面素质的提高中发挥了整体功能。

（本文发表于《教学仪器与实验》1998年第6期，有改动）

真抓实干　开拓进取

——坡头区实验室建设纪实

“基础薄，起步迟；劲头足，步子快，抓得实，成效高。”这是湛江市教委领导到坡头区验收中小学实验室建设时说的。是的，在坡头区各级政府的重视和支持下，我们坚持抓好近期、立足中期、着眼未来的方针，从实际出发，真抓实干，开拓进取，使全区中小学实验室建设和教学仪器设备工作有了长足的发展。仅1994年就投入普教仪器经费27.65万元，电教仪器经费23.68万元，实验室设备经费56.14万元，新建、续建科学楼5幢，总建筑面积8267平方米。

一、加强领导，真抓实干

坡头区是一个新建区，经济基础比较薄弱。过去我们对实验室工作的地位和作用认识不足，缺乏责任感和紧迫感，因此，实验室建设和教学仪器设备十分落后。

自区教育局新班子成立后，局的领导意识到中小学实验室建设和教学仪器的配备是办学的必要条件。要全面贯彻党的教育方针，提高民族素质，非痛下决心，真抓实干不可。特别是1993年3月参加了广东省的中山会议，以及4月参加了在廉江召开的中小学实验室建设和教学仪器配备现场会以后，坡头区各级领导把中小学实验室建设和教学仪器配备作为普教战线的“第二个战役”来打，当作深化教育改革的重要一环来抓，加大力度，艰苦创业，努力实现中小学实验室建设标准化、规范化、科学化。

1. 达成共识，坚定信念

各级政府坚定了“人民教育人民办”的信念。区主要领导对实验室建设工作大力支持，十分强调改善办学条件，加强实验室建设。分管教育的区委常委、组织部长李玉甫同志，副区长杨柱同志，经常深入学校检查实验室工作，帮助学校解决建科学楼的实际问题。区政府在经济极其困难的情况下，拨款80万元兴建坡头区第一中学科学楼（建筑面积2300平方米）。各镇（街）政府对实验室建设也十分关心，把实验室建设列入“普九”验收的一项重要工作来抓。南调街党委书记李康泉同志，多年来心系教育。1992年创建南调中学，街道办就从财政中拨款50多万元建设学校。学校现有实验用房面积436.5平方米。

为了进一步搞好实验室建设，1993年4月，杨柱副区长带领各镇（街）主管教育的副镇长（副主任）、中学校长、教办主任、中心小学校长到廉江市参观学习。学习期间，杨副区长在会上做了《真抓实干，迎头赶上》的动员报告。

2. 领导重视，齐抓共管

我们把中小学实验室建设列入各级领导任期目标责任制的一项重要内容。对科学楼的建设、实验器材的配备，都是统筹规划，高标准，严要求的。为了切实加强领导，明确分工，区教育局特地指定一名副局长亲抓电教仪器工作。第一把手对实验室建设经常关心过问，并且亲自深入学校排忧解难。特别是省教育厅提出今年对我区实验室建设和教学仪器设备达标验收后，我们把实验室建设达标作为今年工作中的一件大事来抓，制订了《关于进一步搞好坡头区中小学的实验室建设，加强实验教学和电化教学的意见》发至中学、教办，并多次召开有关人员会议，研究、部署工作。主管实验室建设工作的吴康富副局长，经常深入学校和教办，对实验室建设精心规划。龙头中学虽有实验室、仪器室（简陋一点），但为了适应新形势的需要，局领导多次到镇政府、学校做工作。精诚所至，金石为开。学校在负债200万元的情况下，破土兴建了一幢6层高，总建筑面积3700平方米的科学楼。

3. 完善机构，加强领导

（1）调整充实电教仪器站人员。从教研室调一名副主任（物理教育本科毕业）到电教仪器站任站长。目前，电教仪器站已有专职干部2名，克服了过去站里人员不稳定和不足的现象。

（2）中小学分工一名主管教学工作的副校长分管实验室工作，一名教导主任主管实验教学。

（3）配备专职或兼职实验教师负责管理。全区共有145名专职或兼职实验教师。这样，从教育局到学校都有专人负责，上下形成了一条龙的管理网络。

4. 掌握标准，配好仪器

我们规定：全区中小学教学仪器、实验台凳、仪器柜由电教站统一配备。为了实现教学仪器达标，去年我们把《广东省中小学（含中师、职中）教学仪器配备和实验室建设标准》（以下简称《标准》）和《广东省中小学（含中师、职中）实验室设计及其配套设施建设规范》（以下简称《规范》）的文件发至中小学，对教学仪器达标工作统一部署，并组织教办主任、业务专干、中小学校长、仪器管理员认真地学习《标准》、《规范》，提出达标的具体要求。电教仪器站里的同志深入基层具体抓，做好摸底工作，帮助解决实际问题。我们做到条件具备一个，配备一个；需要一件，配备一件；配好一件，用好一件。

5. 开渠引源，筹集资金

搞好实验室建设和教学仪器设备配备的关键是资金问题。没有资金，实验室建设和仪器设备购制就成为一句空话。几年来，我们通过各种渠道，筹集资金1003.5万元。爱周中学的校长为了兴建科学楼，多次与香港同胞许氏家族联系，并在区统战部长的带领下，亲自到香港拜会许氏家族的主要成员。精诚所至，许氏家族慷慨解囊，捐资182万元港币，兴建了一幢5层总建筑面积2800平方米的“许爱周科学楼”。

二、强化管理，发挥效益

实验室工作涉及建设、配备、管理和使用，要提高设备效益，就必须用好。否则就会造成浪费，变成陈列摆设的高级“垃圾”。因此，我们在抓好实验室建设和教学仪器配备的同时，狠抓实验室的管理和使用，向管理要质量，要效益。

1. 建立和完善实验室的管理制度，使实验室管理有章可循

我们统一制定了《实验室规则》，《实验室人员工作岗位职责》，做到仪器使用定人，放置定点，存放定柜。同时，健全使用《借用仪器登记表》、《教学仪器注销表》、《教学仪器电教设备档案册》、《仪器设备明细账》，每学期期末，学校都对仪器认真清理盘点，做到账物相符，损坏赔偿。

2. 不断充实实验室管理人员，提高实验队伍的素质

提高实验管理人员的业务素质是管好用好教学仪器的前提。过去，我们的专职实验人员缺口较大，因而，“软件”（实验室管理，实验开出率）就较差。针对这一薄弱环节，我们每年选送一些优秀师范应届毕业生到教育学院深造，毕业后回本区中学当实验教师。同时，我们还举办了提高实验操作技能、实验室管理水平的培训班。

3. 抓实验室的使用和实验的开出

各学校按教学大纲要求进行演示和分组实验，有条件的学校还开展一些探索性的实验和课外兴趣小组活动，开展实验教学质量检查和教学成绩评价，并把它作为考核理科教师的重要内容。我们还利用《中学实验教学情况统计表》，每学期对中学的实验教学情况进行统计。至上学期期末，中学物理、化学、生物实验开出率分别达到92.3%，93%，90.5%；小学自然实验开出率达到93.4%。

4. 定期检查评估，表彰先进

我们利用《广东省中小学仪器设备和实验室建设评估标准》表，量化评估学校实验室建设，加强宏观指导。通过评估、指导，促进了全区中小学实验室建设。无论是实验桌、仪器柜，还是水电设施、排毒排风设备，都统一规划，逐步实现规范化、标准化、科学化。对实验室工作成绩显著的单位和个人给予表彰和奖励，对评比成绩不合格的学校，停发仪器，进行整顿。

由于“建、配、管、用”同步抓，实验室建设在加强实验教学和深化教学改革中较快较好地发挥积极作用，提高了已有装备的投资效益，提高了学生的实验技能，从而促进了教学质量的提高。

（本文发表于《湛江教育》1994 年第 6 期，有改动）

立足整体　全面优化

——坡头区官渡中心小学整体改革的探索

学校是一个系统，能否运用系统科学理论，实现学校工作的整体改革，使学校整体优化呢？两年来，官渡中心小学在整体改革方面做了大胆的探索，使学校的功能产生了整体效应。目前，学校教学秩序井井有条，呈现出“人心齐，校园美，校风正，校纪严”的欣欣向荣的景象。学校 1990 年被湛江市教委授予“办得好的学校”，1991 年被湛江市政府授予“双文明建设的学校”。

一、整体改革的原则

1. 整体性原则

根据系统理论，任何事物和过程都是系统，一所学校、学校的教学工作、教学过程都可看作是一个系统。学校作为一个有机整体存在，组成系统的要素是不可分的。系统的整体性是系统的核心。官渡中心小学在进行整体改革时，坚持整体性原则，对育人目标、教育途径、教育对象都有整体的认识，因而逐步确立了 5 个整体观念：

（1）学校、家庭、社会点线面联成一体的整体观念；

（2）全面贯彻党的教育方针，德育为首，五育全面和谐发展的整体观念；

（3）知识能力（教学中传授知识，发展能力，培养品质）融为一体的整体观念；

（4）面向全体学生，切实保证基础学力的整体观念；

（5）学生一般的学习状态和特殊学习状态的整体观念。

2. 目标性原则

坚持整体性原则，就要制订整体改革的目标，建立起育人的系统工程，实现整体优化，使功能发挥整体效应。

1990 年官渡中心小学提出了 5 年教改实验规划，确立整体改革的总目标是：运用整体原理，构建学校改革的管理系统；改革学校的教育教学工作，建立“三结合”的教育网络；在整体上科学地对学生实施全面和谐教育，使学生得到全面发展，以达到全面贯彻党的教育方针和“三个面向”的教育目标。

二、整体改革的实施

官渡中心小学在整体改革时，运用系统理论，采取了行之有效的措施，使学校工作整体优化。

1. 构建整体改革的管理系统

（1）由镇党委书记、管文教的副镇长、财政所所长、镇骨干企业的领导组成整体改革的管理委员会。

（2）由教办主任、学校领导（校长、主任、团支书、大队辅导员）组成整体改革领导小组。

（3）加强学校内部管理，强化校长负责制，发挥教研组和骨干教师的作用，发挥学校工作各个环节的服务功能，实现全面管理，全员管理，全程管理，使教师队伍成为最佳“搭档”。在学校内部管理方面，着重做好如下几项工作：①组织教师认真学习整体改革理论，加强教师职业道德修养，端正实验人员的教学思想，提高他们的思想素质和业务素质，使所有实验人员乐教善教。②加强教研组的领导。要求教研组必须在整体改革领导小组的指导下，做到定时间、定内容、定中心发言人，进行教研活动，切实保证教研活动的质量。③每学期都组织实验人员到外地观摩学习，不断充实自己。④领导小组认真监督和调控实验方案，期中召开实验小组小结会，期末全面总结。

2. 优化课堂教学

优化课堂教学是学校整体改革的中心。因此，他们要求教师认真学习教育理论，开展教学研究，探索教育规律，在教学思想、教学内容、教学方法上大胆改革，创建特色。努力抓好“四结合，三要素，一优化”，即坚持教师的主导作用与学生的主体作用相结合，理论与实践相结合，传授知识与发展智力、培养能力、提高素质相结合，面向全体与因材施教相结合；狠抓知识因素，发挥智能因素，调动非智力因素；努力优化教学全过程。强调教师在优化课堂教学中要做到“六优”：

（1）目标优化：目标明确具体，要求恰当，各种教育因素互相渗透促进，整体优化。

（2）内容优化：教材处理，符合本班实际，容量恰当，重点突出，体现教材整体性。

（3）结构优化：课堂中体现预习（自学）、讲读、质疑、练习四个基本环节。

（4）方法、手段优化：坚持启发式，以导学为主线，激发学习兴趣，强化思维训练，教授方法、规律，多媒体教学有机结合。

（5）基本功优化：教态自然，语言清晰生动，普通话准确，板书设计合理，书写工整、规范，准确传授知识。

（6）效果优化：学得轻松愉快，按时完成教学任务，教学效果好。

并规定总分90分以上为高层次优化课；76～89分为中层次优化课，60～75分为低层次优化课。

学校在抓好常规教学的同时，加强了开展优化课的评估活动。他们选择教学新秀窦映光老师做优化课示范，其他实验教师每周选择一个课题进行尝试，学校领导和教研组参与备课，堂堂点评。1991年下半年和1992年上半年，坡头区教育局教研室和官渡镇教办先后对21位教师的优化课进行了评估，结果有7堂课达到优化课的高层次，11堂课达到优化课的中层次。

（本文发表于《湛江教育》1992年第5期，有改动）

扬起多媒体辅助教学的风帆
全面推进素质教育

——湛江市中小学多媒体教学软件展评会巡礼

《中共中央　国务院关于深化教育改革　全面推进素质教育的决定》明确要求“大力提高教育技术手段的现代化水平和教育信息化程度”。教育部陈至立部长指出：推广和应用现代教育技术是深化改革、全面推进素质教育的“制高点”。在一定硬件条件下，只有重视教学过程的设计和开发，重视研究媒体教学的应用方法，才有可能通过人的主观能动性发挥出媒体教学的效益，才能取得优化的教学效果。

正是基于这样的认识，我市于2000年11月23至27日举办了2000年湛江市中小学多媒体教学软件展评会。这次展评会展示的教学软件，具有我市现代化教育的特色，从不同的方位、角度显现我市教育现代化的优势和兴旺，有效地检验了我市举办的现代教育技术应用培训班的效果，同时，给予广大教师互相交流、互相学习、取长补短的好机会。

市教委把举办“湛江市中小学多媒体教学软件展评会”作为2000年湛江市教育工作的一件大事来抓，郑福明主任亲任展评会领导小组组长，主管电教工作的吴郑珊副主任任副组长，各县（市、区）教育局局长或主管电教工作的副局长亲自抓这项工作。经过层层发动，各县（市、区）教育局电教仪器站认真组织，广大教师精心研制课件。这次展评会共收集了教学软件395件（1998年前多媒体教学软件一件也没有）。

11月23日，黄晓涛副市长亲临展评会开幕式并做了重要讲话。省电教馆派员前来祝贺和指导，并对展评会给予很高评价，认为这次展评会领导重视，发动面广，参评软件多，十分成功，在我省举行如此规模的展评会是第一次。

这次中小学多媒体教学软件展评会形成了一种具有我市发展特色的现代教育技术新局面。参展的教学软件符合教学原则与电教规范要求，体现教改精神，具有较强的教学性、科学性、技术性、可操作性、艺术性。现举要于后。

湛江市第七中学创作的《周总理，你在哪里》教学软件，视听并茂意境美。作者采用视听并茂的手法，通过各种手段和特技进行艺术加工，用生动的画面形象直观地再现抽象的语言文字所承载的内容，用多媒体创设意境，不仅把教材中的各种美的因素（形象美、意境美、语言美等）直观地再现出来，而且比教材的描述更鲜明、更强烈、更集中，构建了对周总理崇敬爱戴、深切怀念的意境，使得学生耳闻其音，目观其形，身临其境，心领其义。

湛江第一中学创作的《中国行政区》教学软件，作者运用电教媒体进行教学设计，改变了传统教学的信息传递方式，图文并茂、声像并举，既启迪了学生思维，缩短了知识传授与反馈过程，又能激发学生的学习兴趣，使之集中注意力，也有利于突出教学重点、突破教学难点，有效提高课堂教学效益。

湛江港第一中学创作的《核的发现》三维动画软件，作者运用多媒体技术进行设计，通过动态、形象的信息来展现事物的变化过程，放大微观，实现了物体的静态与动态的转换，很好地使学生由直接感觉过渡到形象思维，由直觉思维过渡到抽象思维，优化了物理教学。许多原先无法想象的物理过程直观显示，模拟逼真，本来很抽象的知识形象地展现在学生面前，原来学生很难理解的知识便很容易掌握了。

为了更好地交流学习，取长补短，各县（市、区）纷纷组织教师参观学习。据统计，参观人数超过2000多人，从调查问卷反馈的信息看，教师反映很好，很多教师要求每年举行一次。在展评会期间，我们看到市教委的领导、科室同志，各县（市、区）教育局的领导、中小学教师虚心学习，积极进取，令人欣慰。有些教师边看边听边记，一丝不苟；有些教师随单位来参观了，仍觉得看不够，再次抽时间自己参观。他们这种好学、探索的精神本身，就是为抢占21世纪基础教育制高点，全面推进素质教育做出的最好诠释。

原市教委主管教学工作的高哲民副主任，他在电教科研方面很有造诣，当听到参观教师的反映后，专程抽时间前来参观，并认真与个别教师倾谈。市教委有个别同志原认为举办这样的展评会，劳民伤财，通过亲自参观，耳濡目染，深有感触，便予以充分肯定。

这次展评会收到了很好的效果，得到各级教育部门和老师的高度评价，呈现出“一花引来万花开”的趋势。我市虽然经济基础比较薄弱，教育经费缺口大，但多媒体技术辅助教学，全面推进素质教育的风帆已经扬起，正朝着下一个目标远航。我们相信，只要坚持正确的航向，经过不懈的努力，就一定能达到预期的目标。

从实际出发　真抓实干
加快我市中小学教育信息化建设

加快推进教育信息化是实现教育现代化的重要举措。因此，我们十分重视广东省教育信息化工作会议精神的贯彻落实，回来后马上行动，1999 年 3 月 18 日召开了湛江市中小学教育信息化工作会议。我们从实际出发，有计划、有步骤地进行中小学教育信息化建设，掀起了中小学教育信息化建设的热潮。

一、提高认识，加强领导

展望新世纪，信息技术是最活跃、发展最迅速、影响最广泛的科学技术领域之一。它深入到社会方方面面，深入到人们生活的各个领域，不仅将改变人们的工作和生活方式，也将改变教育和学习方式。多媒体、计算机与互联网进入教育，是人们学习方式的第四次飞跃。信息技术，作为学习物质手段的出现，预示着一种全新的高水平、高效率的学习方式正在形成并逐步取代传统的学习方式。这种学习方式的变革，对教育的影响是巨大的，其意义不仅仅是对学生个体学习行为上的转变，而且对教育的各方面都产生深刻的全面的影响。面对急剧变化的信息技术教育发展环境，为了争取在 21 世纪日趋激烈的国际竞争中占主动地位，我们必须在中小学推进信息化建设，以信息化带动教育的现代化，努力实现基础教育跨越式的发展。

据此认识，我们教委班子统一思想，把教育信息化工作作为重点来抓，列入议事日程，定期和不定期研究、部署、检查、总结湛江市普教系统的教育信息化工作，不断地推进湛江市中小学教育信息化建设。成立了以教委主任为组长的教育信息化领导小组，切实加强领导。确立了发展信息技术教育的指导思想：按照邓小平同志关于“教育要面向现代化、面向世界、面向未来”的指示，把教育信息化建设纳入湛江市 20 年基本实现教育现代化的目标之中，以增强湛江市的教育综合实力，使湛江教育发展的水平、结构、体制和人才培养模式，适应湛江市经济发展和社会进步的要求，逐步提高教育教学质量，为教育现代化服务，为培养跨世纪创新人才服务。明确发展思路，制订实施方案。各县（市、区）教育局也相应成立了领导小组，形成级级有人抓的局面。

二、真抓实干，注重实效

两年来，我们在推进中小学教育信息化建设的实践中，从实际出发，坚持“八个抓”，即：抓培训，提高认识；抓规划，分步推进；抓重点，示范引路；抓骨干，壮大队伍；抓共享，以强带弱；抓赛课，层层推动；抓开发，省钱实用；抓科研，上水平创特色。切实做到真抓实干，注重实效。

为了推进中小学教育信息化建设，我们首先加快速度，建立了现代教育技术应用培训基地，成立了教育技术装备中心，筹建了培训部，抓校长、教师的培训。该培训部被省电教馆定为广东省现代教育技术培训基地。通过举办培训班、报告会等形式，狠抓校长、教师的观念转变，收到明显的效果。两年来，共培训了校长567人，骨干教师1736人，形成了我市中小学信息技术骨干教师队伍，为我市教育信息化发展起了重大的作用。为了更好地贯彻落实全国、省中小学信息技术教育工作会议精神，大力推进我市中小学教育信息化建设，1999年3月18日，我们邀请北京师范大学现代教育技术研究所所长何克抗教授做了《发展现代教育技术的应用，培养跨世纪新型人才》的专题报告；2001年3月10日，我市举行了中小学信息技术教育专题报告会，邀请了华南师范大学未来教育研究中心主任桑新民教授做专题报告。各县（市、区）教育局领导、中小学校长和骨干教师共2000多人参加了报告会。校长、教师反应强烈，触动很大，效果很好。

我们全面规划，突出重点，梯度推进中小学教育信息化建设。我们以县（市、区）教育行政部门和等级学校为中心，向各级各类学校辐射。广泛发动社会参与，加大投入，注重效益。以多媒体电教平台进入综合电教室和功能室为主要形式，大力开展多媒体辅助教学，逐步实现网络化。我市自1998年以来，加大力度发展现代教育技术，开展信息技术教育，取得了一定的成效。目前，我市中小学已有143所学校建立了以简单局域网为基础的计算机网络教室，拥有计算机5483台。有137所中小学开展信息技术教育，27.6万学生学习计算机基础知识和基本操作。有7所学校建立了校园网，湛江一中、湛江市二中建立了千兆校园网。有100多所学校安装了多媒体电教平台，开展多媒体辅助教学。湛江一中、廉江市一小被教育部确认为首批全国现代教育技术实验学校，湛江市二中，湛江市四中、湛江市八小被确认为广东省现代教育技术实验学校，还有31所湛江市现代教育技术实验学校。

我们自1998年开始，以贯彻课堂教学“精讲、善导、激趣、引思”八字要求，改革教学方法，改革教学模式。为此，我们先后举办了全市中小学校长现场教学大赛、教导主任现场教学竞赛、各学科教师说课比赛。参赛的校长3700多人次、教导主任6800多人次，教师8000多人次。参赛的校长、教导主任和教师都运用现代教育技术，教学水平有所突破，有力地带动更多的教师自觉学习、运用教育信息技术。各学科教师运用多媒体技术参加全国、省说课、上课比赛获得好成绩。例如，廉江中学郑春老师参加全国首届高中青年教师说课比赛获一等奖；湛江四中彭群英老师参加全国高中物理教师课堂教学比赛获一等奖等。2000年11月23日，我们举办了全市中小学多媒体教学软件展评会，共收到392个多媒体软件，范围广，形式活，水平高，在4天内前来观摩的校长、教师达2100多人，体现了广大教师开展多媒体辅助教学的积极性和开发应用多媒体教学软件的能力，显示了我市中小学教育信息化已进入了一个新的时期。我市李华等老师研制的学科课件，在省内外均获得较高评价。通过赛课，研制课件，应用现代教育技术，改革教学模式，有力地推进了中小学教育信息化建设。

根据我市的实际情况，我们积极探求"校校通"的路子。我市是一个经济欠发达的农业大市，受经济制约和地理条件的限制，要完全用地网的形式完成全市区域网建设存在着一些实际问题：一是经费投入不足，缺口较大；二是我市学校数量多，地域分散，不可能用光纤把各县（市、区）教育局和学校联网；三是电信局安装专线费用高，且不能传送多媒体课件，而学校联网最重要的正是多媒体课件的传送；四是学生进入互联网不易管理，易受不良信息影响。从我市实际出发，于1999年底，我们与湛江电视台合作建立湛江教育无线网。教育无线网使用因特网界面，采用先进的VBI多媒体数字广播信息传送和接收技术，融教育行政、教研、继续教育三个子网为一体，向上通过微波方式直接连入中国教育科研网，并进入国际互联网；向下通过微波连接市教委直属单位和县（市、区）教育局，并以他们为节点覆盖全市中小学。湛江教育无线网具有覆盖面广、传输速率高、投资少、效益高、见效快、灵活性好、保密性好等优势。既可播出互联网上的信息，又可播出地方教育信息和多媒体课件，图、文、声并茂。多种信息同时播出，不同层级、不同学科的教师可以根据需要在网上选择自己的必修课程和教育资源，必要时可打印出来使用。网上资料经过筛选，既可集中教育方面的信息，又可制止不良信息内容的侵害，家长可放心孩子上网。

为了做好这项工作，我们分别建立了霞山区（市区）、坡头区坡头镇（一般农村地区）、东海试验区硇洲镇（海岛地区）试验点。以点带面，逐步推进。至今全市共有100多所学校安装了教育无线网站。湛江教育无线网的建立，得到各级教育行政部门的肯定和广大教师家长赞许。《中国教育报》2001年1月9日做了报道。2001年2月中旬中央教育电视台广东记者站专题采访我市教育无线网的建设。当记者采访了硇洲岛硇洲中学梁梧校长时，梁校长幽默地说："过去孤岛寡闻，现在耳目一新，手点眼看，天下事皆知。"爱周中学郑爱民校长由衷地说："我校高考工作是一个薄弱环节，安装了教育无线网站，教师通过上网，获取了很多高考信息。"

据了解，教师、学生普遍认为，教育无线网内容丰富多彩，切合实际，集知识、娱乐于一体，有利于促教促学。湛江市四中一位学生家长到了学校，亲自上了教育无线网，高兴地说："报纸上常说学生上网，带来了很多负面影响。但湛江教育无线网可不同，我放心让孩子上网了。"

在积极推进中小学教育信息化建设的过程中，我们积极开展现代教育技术科研。我市有37项现代教育技术科研课题在全国、省、市立项。湛江市二中的《中学生物电化教学系统要素切合研究》、湛江市八小的《小学英语HSSP电化教学课型的研究》、廉江市一小《多媒体教学环境中学法矢量的三维发展模式》等3项课题已于2000年8月在全国鉴定会上通过鉴定。廉江市一小的课题研究报告获全国二等奖，湛江市二中课题实验报告获全国三等奖。"英语听力语音室三合测试训练法"（湛江教育学院）获广东省教育科研优秀成果二等奖，"中学生动力型学习模式"（湛江一中）、"英语交际能力电教统调训练法"（湛江一中）、"学校电化教育三环管理制的研究"（遂溪市一小）、"中学计算机局域网无纸考试系统的开发"（湛江一中）、"中学物理教学目标监测题库的建立和应用"（湛江市二中）等课题正在验收鉴定。

三、几点体会

两年来，通过努力工作，我市中小学教育信息化建设取得了一定成效，有效地提高了我市基础教育的综合实力。我们在推进中小学教育信息化的进程中，体会是深刻的。

1. 转变观念，提高认识，是做好教育信息化工程建设的前提

要加快教育信息化建设步伐，首先是转变观念。校长的观念转变，认识提高了，就会想方设法增加经费投入，把教育信息化工作列入学校的议事日程，切实抓起来，抓出成效来。教师的观念转变了，认识提高了，就会在教学活动中自觉开发课件、应用信息技术，在课堂中自然地使用各种信息技术手段。不少校长开始时认为经济困难，搞教育信息化没经费投入，是不可能的事，"要、靠、等"的思想严重。后来他们通过学习、培训，认识到信息技术对教育的重要性和紧迫感，千方百计挤资金增购硬件，鼓励教师和提供条件给教师开发软件，带头运用信息技术进行学校管理和教学，校园教育信息化氛围空前浓郁。吴川一中李帝河校长，参加市教委举办的现代教育技术应用培训班后，提高了认识，尽管学校欠债不少，还挤出资金100多万元，安装了3个多媒体电教平台和多媒体播放双向系统，开展多媒体辅助教学，学校教学质量明显提高。

2. 加强领导，工作到位，是做好教育信息化工程的保证

充分利用教育信息资源，普及信息技术教育是实施素质教育的重要内容，是教育面向现代化、面向世界、面向未来的需要。切实加强领导，有效地开展工作，教育信息化才有保证。我们在建设湛江教育无线网的开始阶段，碰到重重困难，最突出的是该项工作牵连到多个部门，人事、经济等得不到落实。为了解决这些问题，年初召开了工作会议，成立了湛江教育无线网领导小组，教委主任任组长，副主任任副组长，设立管理办公室，辖管传输技术部、信息采编部、终端管理部。明确各部工作职责，同时，制定了有关规章制度，严格按制度执行。这样，领导重视，工作到位，湛江教育无线网的各项工作就顺利了，教育信息化进程前进了一大步。

3. 提高教师信息技术素养，是做好教育信息化工程的基础

要推进中小学的教育信息化，必须有一支一定信息技术素养的教师队伍。为了使教师在学科教学中广泛应用信息技术手段，使信息技术教育与各学科教学整合，我们从1998年开始，采用多种形式，多方渠道对校长、教师进行“现代教育技术理论与应用”、“多媒体课件制作”等培训，帮助他们更好地掌握现代教育技术理论、各类设备操作方法，提高了教师的教学水平和管理能力，为推进教育信息化工程打下坚实的基础。湛江一中校园网建成后，开设了初中、高中网络实验班，为学生自主学习提供网络学习环境，强调以学生为中心，让学生在教师的指导下，利用计算机网络和多媒体进行自主学习。为了适应新的环境下教学改革的需要，教师自觉购买计算机，实现家庭、科组、级组联网。学校开展全员培训，人人过关，教师的信息技术素养大大提高，在教育教学中广泛应用信息技术，充分发挥现代教育技术在教育改革中的作用。

4. 加强教育科研，是做好教育信息化工程的推动力

我市电教科研工作从20世纪80年代开始，从单课例研究到对电教媒体功能作用的研究，再发展到运用系统科学的方法进行学科教学的全过程的研究，现今更是对在多媒体环境下学习模式的研究。一批学校通过开展实验研究，使学校的硬件环境大大改善，教育信息化程度不断提高。湛江市二中以电教科研为龙头，带动学校现代教育技术环境大变化。1996年，《中学生物电化教学系统要素切合研究》在全国教育科研“九·五”规划课题立项后，学校为该课题研究的需要，建造多媒体电教平台9个，建成千兆校园网，为开展信息技术教育，推动教育信息化建设起了很大的作用。廉江市一小在“电教见长，全面发展”的引导下，把现代教育技术的实验研究作为教学改革的突破口，不断提高科研水平，现代教育技术应用效益显著，使学校办学水平不断提高，成为现代教育技术实验学校。湛江市七小、八小、十二小，麻章区麻章镇中心小学，雷州市一小，吴川市城建小学等学校，采取走出去、请进来的办法，把现代教育技术实验研究和常规教研活动结合起来，使教师的业务学习内容丰富，形式灵活，教师的理论水平和教学能力大大提高，涌现出一批教学尖子，在以教育信息化带动教育现代化建设中，发挥了积极的作用。

湛江市中小学教育信息化建设做了一定的工作，取得了一定的成绩，但与国家教育部和省教育厅的要求还有较大的距离，与先进兄弟市比还有较大的差距。我们还须努力再努力，进一步加快我市中小学教育信息化建设，以教育信息化带动教育现代化，实现湛江基础教育的跨越式发展。

（广东省“运用远程教育技术，实施‘校校通’工程研讨会”2001 年 4 月 12 日在湛江市召开，本文在大会发言交流，有改动）

教研之花在五月盛开

五月芳菲迎宾客，群英荟萃话课改。五月的湛江，鸟儿鸣唱，鲜花飘香。在这个热情萌动、诗情洋溢的初夏时节，四季如春的湛江迎来了一场盛会——“名思教研”之华南六省首届小学语文生态课堂教学研讨观摩会。这次大会有当今国内一流的语文特级教师、教坛新秀莅临大会并展示了他们不同风格与流派的教学风采。专家、名师拥抱着科学发展观的阳光，乘着课程改革的春风，踏着“弘扬语文课堂的主流价值”的强音，怀揣“探索大语文观下的落实《课标》年级目标，大胆改革创新”课题研究的希冀，架起交流小学语文教学的桥梁，欢聚在清风飒爽、绿树浓荫的湛江。他们之中有语言感悟型的代表人物贾志敏；有情思激荡型的代表人物窦桂梅；有自然亲切型代表人物于永正……这次盛会，是我市基础教育的盛事和喜事，它不仅仅是一次小学语文的教研活动，更是一次高层次的教学盛宴，洋溢着浓厚文化气息的大餐！我们热烈欢迎各位专家、名师和同行光临充满着生机和活力的海滨城市湛江！

湛江市位于祖国大陆的最南端，坐落在雷州半岛上。湛江的教育，在改革开放春风的吹拂下，得到了迅速的发展。现有中小学校 3072 所，在校学生 159 万人，其中小学 75 万人、初中 50 万人、普通高中 19 万人、中职技工 15 万人。教职工 8 万多人。中小学在校生占全市总人口的 1/5 以上，占全省中小学生总数的 1/12，是广东省的教育大市。

近 10 年来，湛江教育沐浴着课程改革的春风，坚持以科学发展观为统领，坚持解放思想、深化改革、创新机制，以“发展、提高、和谐”为主题，以办人民满意的教育为目标，加快发展，狠抓质量，调整结构，促进和谐，推动了基础教育事业的发展，取得了显著成绩。“十一五”时期，是湛江教育发展最快、质量提升最好、教育投入最大、群众得到实惠最多的时期。5 年来学前三年入园率提高 18.8%，初中毛入学率提高 13%，高中阶段教育毛入学率提高 40%。尤其是高中阶段教育，5 年来招生人数、在校生人数均翻了一番。高考成绩连续 6 年创出历史新高，本科上线人数年均增幅均超过全省平均水平。基础教育已经迈进了从有书读转向读好书的新阶段，从教育大市转向教育强市的新阶段。

好风凭借力，乘势正当时。湛江正处于科学发展、后发崛起的重要战略机遇期，现代产业的构建、发展方式的转变、幸福湛江的建设都在呼唤教育、依靠教育、期待教育。这次“名思教研”之华南六省首届小学语文生态课堂教学研讨观摩会在湛江召开，为即将开启新明天的湛江教育助力，我市广大教育工作者一定要珍惜来之不易的学习机会。当前，基础教育课程改革在教育理念、课程标准和教学内容层面的改革已基本完成，聚焦课堂、透视课堂，改革教学方法，关注课堂效能，追求高效课堂，就成为教学改革最为迫切的任务，也是所有学校提高教学质量的必然选择。给力教育发展，给力幸福湛江。这是时代赋予我们湛江教育人的神圣使命。我们要按照市委书记刘小华提出的“树理想、抓落实、打硬仗、出战果、用功臣”十五字原则，以课程改革为契机，以提高教育教学质量为中心，解放思想，开拓进取，创新机制，凝聚合力，笃学缜研，谋求发展。要不断完善教研模式，营造教研氛围，创新教研理念，扎实教研作风，努力推动教育科学发展，办人民满意的教育，为促进转变发展方式，建设幸福湛江，培养造就大批人才。

我们怀着同一个理想相约在鲜花盛开的五月，欢聚在海碧天蓝的湛江。五月，收获的五月。这心中的理想，将在鲜花盛开的五月，在这次教研盛会中给力起航。面对课改，我们已不再迷茫，专家的指导，名师的交流，湛江教育人的努力，一定会赢得“采得百花成蜜后，他日芬芳满天涯”的丰收画卷，湛江教研之花盛开一定更加灿烂、更加娇艳！

祝愿“名思教研”之华南六省首届小学语文生态课堂教学研讨观摩会圆满成功！

（本文在2011年5月20日“名思教研”之华南六省首届小学语文生态课堂教学研讨观摩会交流，有改动）

教育论评篇

唱响主旋律　共圆教育梦

党的十八大报告中旗帜鲜明地指出："教育是民族振兴和社会进步的基石。""全面实施素质教育，深化教育领域综合改革，着力提高教育质量，培养学生社会责任感、创新精神、实践能力。"十八大报告这一论述，体现了在科学发展观统领下，教育事业科学发展必须坚持以人为本，全面实施素质教育，促进学生全面发展。质量是教育的生命线，提高教育质量是教育的主旋律。教育部部长袁贵仁提出"中国教育梦"：有教无类、因材施教、终身学习、人人成才。如何提高教育质量，办好人民满意的教育，实现中国教育梦？

1. 端正办学思想，促进学生全面发展

回顾这些年基础教育的发展，我们觉得很沉重，无论什么名牌中学，现在津津乐道的都是高考、中考分数和竞赛成绩。这些都是以丧失国家未来人才的竞争力为代价的教育，从本源上来说，这并非是教育，这至多算是做"工程"、做"产品"。学校作为培养人才的摇篮，必须从"培养什么人、怎样培养人"的高度，坚持社会主义的正确办学方向，坚守教育的良心，把握教育的本质，提高办学的正确价值认识。端正办学思想，转变单一的质量观，不以"分数"论人，促进学生全面而有个性的发展。教育质量不是只盯着升学率和分数，而是要培养全面发展的学生，培养学生的创新精神。什么是高水平的教育质量呢？我们认为：学校培养的无论是就群体而言，还是就个体而言，都应该是在德、智、体等方面全面地、和谐地、主动地发展，又有良好的个性和特长的学生。我们每位教师都应该着眼于每个学生的整体发展。不能为了片面提高自己所教学科的成绩，而不惜挤占其他学科、不惜牺牲学生的身心健康、不惜压抑学生的个性。分数当然可以是一种评价的标准，但过分看重分数则不可取，更不应把它作为追求的唯一目标。在教学中要彻底改变"见书不见人，见分不见人"的状况。既要负责学生的"一阵子"，更要负责学生的"一辈子"。

坚决杜绝片面追求升学率、以分数作为唯一指标来衡量、指导教育工作的行为，不得以任何名义和借口设置所谓的"快班、慢班"，树立全员质量观，所有学生一齐抓，努力确保基础教育"人人皆可成才，人人尽展其才"。积极推进科学的质量管理制度，要十分重视学生的过程评价，把只凭期中、期末考试成绩的一元化评价，扩展为考试成绩、学习过程、学习方法、情感体验等多元化评价，使教师的教学重心转移到对学生的学习兴趣和求知欲望的培养上来。要承认学生的差异性，增加衡量学生的尺度；要注重学生的特长评价，加强对学生的特长培养，重视对特长学生的鼓励，应将具有一技之长的学生同样视为优秀学生。

2. 规范教学行为，促进教育质量全面提升

人才培养，质量第一。质量不高的教育是人民不满意的教育，质量不高的教育是社会不认可的教育。提高教学质量是学校管理的永恒主题，是教学管理的重要目标。我们必须不断强化质量意识，坚持“一切为了质量，一切确保质量”的办学宗旨，想方设法抓质量，千方百计保质量。进一步依法治教，贯彻落实国家教育方针，严格执行各种教学规范，确保教学过程、教学行为的规范化、科学化和优质化。加强课程计划的管理，严格按照课程计划关于课程设置和课时安排的规定，开齐课程，开足课时，开好课程，树立全面质量观，所有科目一齐抓，确保教学质量均衡发展。

要进一步推进新一轮课堂教学改革，加强学校内部管理，实施科学化、精细化管理，营造团结和谐、积极向上的人际关系，向管理要质量。切实落实“以教学为中心”的地位，将主要精力放在抓教学工作上来，制定出适合本校实际的教学常规，并建立教学工作的导向机制、激励机制和保障机制。加强教学过程的管理，着力课堂教学优化，大力加强学科课堂教学的指导，促进课堂教学逐步实现教学内容、教学结构、教学过程、教学方法、教学手段的优化，最大限度提高课堂教学效益。认真落实备课、上课、作业、辅导、考核等教学基本环节的常规管理工作，实现：教师备课集体化，课堂教学素质化，作业布置层次化，学生辅导经常化，考试管理规范化，质量评价科学化。

3. 加强教师队伍建设，促进教师专业化发展

教师是教育发展的第一资源，是学校发展的决定性因素，既是硬件又是软件。“加强教师队伍建设，提高师德水平和业务能力，增强教师教书育人的荣誉感和责任感”，是党和国家对于教师自身素质提高的要求，也是对学校发展提出的根本要求。我们要把教师队伍建设放在首位，加强教师的管理、教育。

一是坚持不懈地加强教师政治思想教育和师德师风教育，不断提高他们的政治素质和师德水平。师德是教师的灵魂，敬业是教师的天职。学为人师，行为世范，是对教师职业道德的高度提升。要鼓励教师爱岗敬业，潜心施教，为国育才。激发广大教师严格自律，恪尽职守，树立人民教师良好形象，建设热爱学生、为人师表、教书育人、钻研教法、不断探求的优良教风。广大教师要恪守“敬业爱生、明礼诚信、平等合作、勤学乐教、廉洁奉献”的教师基本道德规范，努力提高自己的思想道德水平，忠诚于人民的教育事业，热爱学生、敬业探索、无私奉献，争当为人民服务的教师。教师要注意自己的一言一行，一举一动，在普通平凡的生活中体现出自己高尚的道德情操。只有这样，才能显出自己的人格魅力，才能被学生所接受，才能让人民满意。

二是完善教师培养机制，严把教师入口关、上岗关，用最优秀的人才充实教师队伍，把最优秀的人才放在第一线。加强教育培训，深入推进“中小学教师继续教育工程”。进一步建立和完善教师培训和轮训制度，不断提高他们的专业素质和教学业务水平，尤其是加强薄弱学科骨干教师的培训力度，保证教师队伍的相对稳定和教学工作的正常展开，解决部分教师的“内存”不足和“充电”问题，大力改善教师的知识结构，促进他们知识的进步和能力的提高。

三是建立城市教师支教农村学校的制度，实现城乡师资在流动中均衡，促进教育均衡发展。要进一步完善教师职称评定机制，构建教师重教学水平提高、重课堂实绩、重勤教善教的激励平台。要进一步完善教师聘任和考核制度，以发展性评价为抓手，以师德和工作业绩为主要指标，以促进教师专业发展为立足点，进行考核与聘任，以充分调动广大教师的工作积极性，让脚踏实地、勤勉工作，教学水平高、教学质量好的教师脱颖而出。

四是建设学习型教师队伍。学校的发展在于教师，教师的发展在于学习。教师加强学习是时代的要求，是从教的要求。古人云：大志非才不就，大才非学不成。广大教师要加强学习，不断提高自己的专业知识水平。终身学习的理念已经在全社会普及，教师更应该树立这种理念。教师，只有学识渊博才能上好课。所谓渊博，即专业知识精深，相关知识广博，并且有相应的坚实的理论功底和研究能力。这样的教师上课，才能解惑释疑，可信度高，学生听课也是一种享受，由课到人，他们对教师油然而生敬慕之情，激发起强烈的求知欲望和浓厚的学习兴趣。在科学知识激增的今天，教师不仅需要模仿和继承，更要敢于创新，勇于创新，不仅要努力改进教学方法、教学方式，还要加强对教学艺术的研究，研究学生的认知规律、心理状态、接受特点，做到有教无类，不断提高教学质量。学校要通过校本研修，促进教师专业成长，提升教师专业素质，激励教师学习名师、研究名师、成为名师，提倡：为师者，既要“传道、授业、解惑”，更应该为学生“解疑、启智、开能”，让“教书、育人、科研”成为教师专业成长的三大基石。

4. 加强学校文化建设，促进学校内涵发展

学校文化，是一所学校在长期的教育实践中积淀和创造出来的，并为其成员认同和遵循的价值观念体系、行为规范准则和物化环境风貌的一种整合和结晶。英国罗伯·高菲教授说过这样一段话：“建筑物建立起来之后，你看不到它的柱子、横梁和钢筋，但是少了它们，建筑物就会倒塌。文化对于学校教育来说就是这样。”这段话有力地揭示了文化对于学校教育的重要性。一所学校办学是否健康向上，是否具备可持续发展的不竭动力，关键看它是否具有丰厚的文化内涵和底蕴。没有思想走不远，没有文化难发展。构建文化育人体系，积淀丰厚的文化底蕴，打造学校核心竞争力，提升教育教学质量，是学校走内涵发展之路的必然选择。

教育之美，美在文化；校园之美，美在内涵。学校文化是一种氛围、一种精神。文化是方向、是旗帜、是力量。学校文化是学校发展的灵魂，是凝聚人心、展示学校形象、提高学校文明程度的重要体现。我们要加强全市中小学学校文化建设，全面推进素质教育，提升办学品位和教育质量。学校文化内涵丰富，有着多层面、多角度、高境界的特点和要求，是学校综合实力的反映。物质文化、精神文化和制度文化构成了学校文化的统一体，三者缺一不可，不能偏废。加强学校文化建设，必须做到统筹兼顾、协调推进，这样才能发挥学校文化的整体效益和最大功能。要逐步建设成为校园环境幽雅、文化氛围浓厚、育人机制完善、人际关系和谐的绿色校园、平安校园、书香校园、人文校园，促进学校内涵发展。学校文化建设主要内容是坚持以德育人、环境育人、管理育人，努力形成积极向上、和谐发展的学校的精神文化、物质文化、制度文化。

坚持以德育人，积极营造文明健康、和谐向上的学校精神文化。坚定不移地把德育放在学校工作的首位，积极推行素质教育，育人为本，德育为先，能力为重，全面发展。牢牢把握正确的育人方向，坚持“理想信念教育是核心，爱国主义教育是重点，思想道德教育是基础，行为文明教育是载体”的指导思想，大力加强和改进学校德育工作，教育和引导学生好好学习，天天向上，做讲文明、懂礼貌、有道德、有文化、有纪律的新一代。

坚持环境育人，积极营造高雅温馨、怡情益智的学校物质文化。有道是“蓬生麻中，不扶而直；白沙在涅，与之俱黑。”加强学校环境建设，优化育人环境，促进学校内涵发展。学校环境包括人际环境和工作环境，优化环境重要的是要营造一个良好的人际环境。要采取措施稳定教师队伍，在为教师创造一个和谐、民主、进取、宽松的工作环境的同时，营造一个团结共进的人际环境。用感情留人，用环境留人，用待遇留人。要通过有效管理机制和政策导向，努力形成鼓励广大教师安于教学、热心教学、投入教学的运行机制，促使广大教师增强教书育人的使命感和责任感，爱岗敬业，为人师表，严谨治教。

坚持管理育人，积极营造严谨规范、以人为本的学校制度文化。学校制度文化建设是学校文化建设的关键一环，要高度重视学校制度文化建设，集中精力做好制度的优质生成和公正、规范、高效的执行两项工作，同时，在执行中注意把制度的刚性约束和人文关怀有机结合。只有这样，才能更好地促进学校精神文化的渗透和内化。

“中国教育梦”是“中国梦”在教育领域内的具体体现，也是与“办好人民满意的教育”这一既有提法一脉相承的。我们要进一步解放思想，开拓进取，聚全市教育之力，唱响提高教育质量的主旋律，争做圆梦人，共圆中国教育梦，并张开双臂去迎接圆梦那一天的如期到来。

（本文获得2013年“第十一届广东省中小学校长论坛征文”一等奖，有改动）

师资队伍现代化是
发展现代教育技术的关键

一、教师的素质是未来教育得以发展的关键

未来教育的质量主要看教师的素质。我们中小学的教师学历基本达标，但根据时代发展的要求，未来的教师应适应未来的科技、经济、社会发展需要，应该是知识的传授者、精神文明的建设者、教育科学的探索者。显然，我们的师资队伍离时代的要求差距甚远。如有些学校早已安装了计算机，但这些计算机只是在“利用电脑学电脑”时派上用场，没有很好发挥计算机辅助教学的功能。究其原因，主要是师资问题。毋庸置疑，教育现代化的关键是教师队伍现代化，教师的教育思想、教育观念现代化。因此，我们要强化师资队伍建设。要建立一支“以教研为主导，以实践为主体”的科研型教师队伍，从整体上提高教师队伍的群体素质。教师素质的提高要经过一个过程，需要在一个良好的激励环境中得到滋养和促进。学校要形成浓厚的科研学术氛围，促进教师不断进取。作为教师个体，要不断自我进修，自我完善，自我提高，以适应教育现代化的要求。

1. 强化师资队伍培训

教育行政部门要积极创造条件，提高教师的现代化教育意识和技能，要把培养和提高运用现代教育技术和教育科研能力作为中小学教师培训和继续教育的重要内容。要定期举办“现代教育理论和实践”培训班，组织现代教育技术教学观摩和现场教学竞赛活动等。

2. 强化教育科研

一个现代教师必须具有教育科研的意识和能力。这是一个由经验型教师向科研型教师转变的必由之路，一个由普通教师成长为骨干教师、学科带头人的必由之路。要建立加强教育科研的激励机制，开展多层次的教育科研，探索应用现代教育技术的规律和模式。开展应用现代教育技术成果、论文等评选活动。

二、管理现代化是发展现代教育技术的根本

科学合理的管理，才能使现代教育技术在教育教学中充分发挥作用。只有管理

好了，才能人尽其才，物尽其用，达到功能、效益的充分发挥。否则，投入越大，浪费越大。

1. 强化规范管理

学校要把应用现代教育技术的管理纳入学校教学常规管理，要建立和完善各项规章制度，做到有章可循，照章办事，管理工作制度化。要逐步建立现代化的管理系统，使学校的管理机制沿着教育现代化的轨道有序运行。

2. 强化教学评价

为了使现代教育技术应用收到好的效果，必须加强教学评价，对教师应用现代教育技术进行量化考核，记入业务档案，并与奖金挂钩。

3. 强化督导评估

要把应用现代教育技术的工作纳入学校办学水平的督导评估体系，并作为素质教育、办学水平等评估的重要依据，发挥教育资源的育人效益。

（本文发表于《广东电教》1999 年第 3 期，有改动）

构建信息技术与课程整合的平台

——从初中青年数学教师说课比赛说起

近日，湛江市举行初中青年数学教师说课比赛，参赛的 15 名教师都在不同程度上运用了信息技术，创设问题情境，较好地发挥了信息技术的功能优势，优化了教学过程，提高了课堂教学效益。然而，毋庸讳言，个别老师设计的课件在教学设计、信息技术应用等方面仍存在这样或那样的问题。诚然，存在这些问题，在所难免。为了更好地推进信息技术与课程整合，实现教学方式、学习方式的根本变革，笔者认为应做好以下三个方面的工作。

一、更新教育理念——信息技术与课程整合的前提

有人将“信息技术与课程整合”比喻为一张桌子，支好这张桌子必须有三条腿：计算机网络及教育平台、教育资源库和具有现代信息素养的教师队伍。信息技术和课程的整合是信息技术应用于教育的核心，是近几年我国中小学计算机教育的发展重点，同时也是一个难点，涉及我国教育教学领域中很多复杂的深层次的问

题。教学资源开发、师资水平、教育思想、教育观念等都有可能成为影响信息技术和学科课程整合的重要因素。陈至立同志指出："技术与课程的整合就是通过课程把信息技术与学科教学有机地结合起来，从根本上改变传统教和学的观念以及相应的学习目标、方法和评价手段。"信息技术与课程整合的过程绝不仅仅是现代信息技术手段的运用过程，它是使分化了的教学系统中各要素及其各成分形成有机联系并成为整体的过程，必将伴随教育、教学领域的一场深刻变革。

为此，我们要更新教育理念，充分认识到现代教育意识与现代教育观念的整合是信息技术与课程整合中最关键的。要确立现代教育思想和教育理念，就必须重新认识信息技术在教学中的地位和作用，要把信息技术从学习对象转变为学习工具，把信息化作为提高教育质量的一个重要载体。我们要努力学习现代教育理论和信息技术的先进理念，加大力度，构建信息技术与课程整合的平台，以全新的视角走进课堂，使信息技术与教育教学有机结合，融为一体，提高教与学的效率，改善教与学的效果。

二、提高教师信息素养——信息技术与课程整合的关键

袁贵仁同志曾指出："教育信息化离不开教师教育信息化，教师是教育信息化的重要对象。如果教师不懂计算机，没有信息化观念，学生很难学会应用计算机的相关技能和具备信息素养，这样，就会影响一代人。"因此，学校领导要树立与时俱进的思想，要充分认识到建设一支高素质的教师队伍是推进信息技术与课程整合的重中之重，要加强教师队伍人才资源建设，建设一支结构优化、观念新、素质高、潜能大、专业化的教师队伍。作为现代教师，不仅要"革心"，还要不断"充电"，要认真学习新的专业知识，熟练掌握信息技术，特别是新信息技术（如计算机网络、多媒体等），努力提高现代素质和信息素养，使自身知识储备适应新世纪的需求。这样才能在课堂上很好地驾驭教学手段，使现代化教学手段成为整个教学过程中的有机组成部分。要积极探索在教育信息网络化环境下的教学方法、教学结构、教学内容，将教学系统中的各种教学资源和教学要素进行有机的结合，发挥系统的整体优势，以产生聚集效应。

三、教育资源建设——信息技术与课程整合的基础

整合首先需要一定的物质条件。教育资源建设是实现课程整合的必要条件。很显然，学校教育资源是限制课程整合的瓶颈。学校要把教育信息资源建设摆在中小学普及信息技术教育工作的重要位置，作为实现信息技术与课程整合的节点，给予高度重视。要结合实际，想方设法，广开门路，切实加大现代教育技术媒体的配置，建立多媒体教学资源库，为教师应用信息技术提供各种条件。

开发教学资源，收集教育信息，为现代化教学服务，是信息技术与学科教学整合中一项十分重要的工作。学校要建章立制，营造良好氛围，利用信息技术手段，设计、开发和管理各种教学资源，创建信息化教学环境。

（本文发表于《湛江教育》2002 年第 12 期，获得《教育信息技术》编辑部举办的“走进教育信息时代”征文奖，有改动）

更新观念　转变职能
创新自我　迎接新的挑战

——浅谈教育技术装备管理干部队伍建设

新千年的钟声已訇然响起，随着新世纪的来临，一个以知识经济为主线构成的高科技人才较量战向我们咄咄迫近。对于作为基础教育的重要组成部分——教育技术装备工作来说是严峻的挑战。因此，教育技术装备管理干部队伍必须更新观念，转变职能，创新自我，提高自身的综合素质，以适应教育现代化的需要。现就此浅谈以下观点，以抛砖引玉。

1. 更新观念，确立现代教育意识

我国著名电化教育专家南国农先生认为，“现代教育技术”是指在现代教育思想、理论的指导下，主动运用现代教育技术进行教育活动，以实现教育过程的最优化。从定义中我们可以看出，教育技术的目的不是单纯地使用媒体，而且包括运用现代教育、教学观念，系统地设计教学过程，使媒体（电教媒体与传统媒体有机结合）的运用能够促进教学过程的最优化，其中思想意识的转变是教育技术实践的关键所在。实践证明，教育技术装备管理干部队伍现代化教育意识是发展现代教育技术装备的真正生命力。如果教育技术装备管理干部队伍现代化教育意识薄弱，观念陈旧，将会贻误一个地区中小学教育技术装备工作的发展。因此，教育技术装备管理干部队伍要更新观念，确立现代教育思想与意识，充分认识教育技术装备工作在实施素质教育中的地位和作用，进一步明确加强和做好中小学教育技术装备工作是进一步落实科教兴国战略，实施《中共中央　国务院关于深化教育改革　全面推进素质教育的决定》，深化教育改革，全面推进素质教育的一项重要任务，是培养 21 世纪具有创新精神和实践能力的一代新人的重要条件保障。

2. 实事求是，构建现代化教育技术装备框架

中小学现代化教育技术装备是指：在满足基本教学装备的基础上，以应用计算机及多媒体视听设备为主要标志，不断优化配置各种先进实验（训练）仪器设备的过程。我们要从实际出发，科学构建中小学现代化教育技术装备建设框架。要确立在“两基”任务完成后，教育技术装备内容要从传统技术装备、媒体技术装备逐步转向现代信息装备。现代化教育技术装备工作应成为改善中小学办学条件新的重点。要本着积极进取、实事求是的原则，全面规划，统筹兼顾，正确处理好普及与提高的关系，坚持“巩固‘常规’，发展‘现代’，完善管理，科研引导，发挥效益”二十字方针，把现代化教育技术装备工作作为学校工作的切入点，切实抓好，抓出成效。要有超前的目光，更要有踏实的脚步，不能盲目赶潮流，要加快发展中小学现代教育技术装备的步伐，但不能急功近利。要面上抓达标，点上抓示范，点面结合，层次推进，梯度提高。

3. 转变职能，创新自我

教育技术装备是一项多层面、多因素的综合工程，是整个教育工作中的大装备。面对新形势、新情况，教育技术装备管理干部队伍，要树立教育大装备的观念，正确定位教育技术装备部门的职能与权限，切实转变职能，在加强对中小学教育技术装备的业务指导和宏观管理外，要加强自身建设和服务功能，转变观念，转换角度，成为应用现代教育技术的促进派，使教育技术装备部门成为中小学教育技术装备管理中心和服务中心。要增强教育科研的意识和能力，站在教育科研的前沿，以科研为引导，由经验管理型向科研型转变。要开展多层次的教育科研、教学研究，探索应用现代教育技术的规律和模式，研究和开发应用现代教育技术的软件。要以科研促建设，以科研促使用，提高运用现代教育技术的质量和效益。同时，要不断学习，追求新知识，练好真本领，提高现代教育理论和技能，以适应教育现代化建设的需要。

4. 廉洁奉公，做好供配、监督工作

教育技术装备是一种特殊的计划经济体制下的市场经济。当前，市场经济给人们带来丰富的物质生活的同时，也使某些丑恶行为得以在社会上泛滥。因此，教育技术装备管理干部队伍在设备安装、仪器供配等方面要廉洁自律，克己奉公，清心寡欲，在物诱面前，自觉“制欲”、“寡欲”，不为所惑，不为所动，保持自己清正廉洁的高贵人格。同时，要认真履行监督职能，对学校现代化教育技术装备的配置要严格把关。

（本文发表于《教学仪器与实验》2000 年第 1 期，有改动）

贯彻《纲要》 以德立教

《公民道德建设实施纲要》（简称《纲要》）是面向全体公民的一项道德建设工程。中小学贯彻落实《纲要》，加强师德建设，以德立教，既是推动以德治国，加强公民道德建设的重要内容，又是推动全社会道德建设的重要力量。

师德建设是以德立教的基础和核心，加强师德建设是形势与现实的需要。教师的职业道德，简称师德，它是教师的道德意识、道德关系和道德活动的总和，是教师素质的核心部分。中华民族在几千年的教育实践中，形成了优良的师德，如“当师之务，在于胜理，在于行义”，“为人师表、教学相长”，“学高为人师、身正为人范”，“师者，所以传道授业解惑也”，等等。可见，教师不仅是知识的传播者、智慧的开拓者，更是精神的熏陶者、人格的影响者和道德的体现者。不同的社会、不同的历史时期，师德的内容是不同的，但它具有内在继承性和稳定性。

随着社会主义市场经济体制的不断完善，人们对教育的经济功能给予了极大的关注，但是，必须把培养人作为教育的根本职能，学校是培养人才的重要园地，教育是崇高的社会公益事业。当前，在教师队伍中出现的拜金主义、享乐主义和个人主义的思潮，使学校的师德建设受到了冲击，师德方面的问题日渐增多，一些急功近利的目标常常淹没了理性精神的培养，导致了理想情操的失落，实利物欲的上升，道德水准的下降。据《云南日报》报道：2000 年 4 月 3 日晚 7 时 30 分，云南省曲靖市某乡中学初一某班的学生正在上晚自习，历史课教师聂老师又像往常一样到班级检查历史作业。当他发现学生张波及另外两名学生没完成作业时，便将 3 名学生叫到黑板前罚站。好动的张波与坐在二排的一名同学用粉笔头互相打闹，聂老师便上前连扇张波 10 个耳光，把 16 岁的张波扇倒在地，张波当场口吐白沫，昏迷不醒，聂老师还认为张波是假装昏倒，抓着头发拎起又补了两个耳光。过了几分钟不见张波起来，惊慌失措的聂老师连忙叫上 10 多个学生将张波送往乡卫生院抢救。晚上 9 时，张波经抢救无效死亡。

我们必须吸取教训，认真贯彻落实《纲要》，“爱国守法、明礼诚信、团结友善、勤俭自强、敬业奉献”，立高尚师德，树师表形象。当前，随着社会主义市场经济的发展，市场对人的综合素质提出了更高的要求。因此，各级教育部门、学校领导，要树立与时俱进的思想，把师德看得高于一切，把师德修养看作做合格教师的头等大事，把师德水平作为优秀教师的重要条件。建立优化教师队伍的有效机制，加强师德建设，不断提高教师思想道德修养，建设一支具有开拓精神、创新素质、良好师德的现代化教师队伍。作为现代教育工作者，要更新教育观念，坚持以德育人的理念，把传授知识与思想教育、情操陶冶、性格培养、心灵塑造结合起来。传道，不仅传学问之道，更要传为人之道；授业，不仅授为学之业，更要授精神之业；解惑，不仅解知识之惑，更要解人生之惑。既传道授业，又教书育人，并认真负起传道育人的责任，做“人师”，全心全意地为学生服务，“捧着一颗心来，不带半根草去”，坚决抵制腐朽思想文化的侵蚀和影响，不为世俗所累，淡泊名利，洁身自好，以德育人，以德立教。“师德”是一种感动，感动于大爱无痕；“师德”是一种本真，本真于高尚情操；“师德”是一种忘我，忘我于天地之间。我们要坚守师德，感动学生，成就事业，无愧于“人类灵魂的工程师”。

（本文发表于2002年4月7日《湛江日报》，有改动）

如何写好教学论文

教师申报职称要提交教学论文，苦煞了一批教师。有的因为没有论文而延期评审，有的因为论文水准不高而被否决。处在教育教学第一线的教师，如何从教育教学的实践中寻找课题，写好论文？这里说的论文指一般的教育教学论文，通常包括教育教学的思辨性论文、教育教学的经验性总结等。本人根据几年的实践，谈谈如何写好教学论文。

从目前教师写的教学论文来看，写作上主要存在下列问题：

（1）审题不清，穿靴戴帽，偏离话题；

（2）没有新鲜材料、新鲜见解，生搬硬套，“克隆”别人作品；

（3）选材不清，内容空洞，东挪西借，空话连篇；

（4）堆砌辞藻，华而不实，缺乏真挚情感；

（5）凭空臆想，脱离客观实际，不符合教育规律。

根据上述问题，笔者认为：教师教学论文必须做到立意高、选材新、构思巧、感情真。在问题的选择上要准确，针对性强，切入口小。在写作方法、表达形式上，要有创新性，即具有新颖性和先进性，富有时代气息；要有科学性，即遵循最基本的科学原理和教育教学规律，具有理论根据和事实根据；要有真实性，即符合客观实际，具有可操作性。

1. 求新求异

要求教师敢于发挥创造性，学会从不同层面、不同角度拓展内容，同一个问题，换一个思路，换一个角度去思考。要富于个性，敢为人先，反对套话、众口一词、人云亦云、亦步亦趋。要独立思考，能够“言人之所欲言，言人之所未言”，要能够从“人人心中有”的素材中，挖掘出“人人笔下无”的题材来。

2. 求新求真

要求教师写出自己真实的感受、真切的体验。要注意观察，善于从平凡的小事中，从身边的学生中，从执教的每一节课中，挖掘出具有新意的内涵，要学会“小处着手，以小见大”之法。不要贪大求全，要结合自己的实践、体验，有感而发。不说大话空话，要抓住话题实质，力求揭示事物的本质及规律，力避偏离话题。

（本文发表于2003年2月8日《湛江日报》，有改动）

加快教育信息化进程　迎接WTO的挑战

我国加入WTO（World Trade Organization，世界贸易组织）后，经济全球化对我国教育的影响将会是十分深刻的。如何认识这个时代，抓住机遇，转变观念，加快教育信息化进程，迎接WTO的挑战，正是我们每一个教育工作者必须面对的重大课题。

一、更新教育观念是迎接WTO挑战的前提

经济全球化的同时，一场全球性的教育信息化革命，也正以迅雷不及掩耳之势在教育各个领域的不同层面展开。教育信息化进程已成为衡量一个国家、一个地区教育现代化的重要标志，同时也是发展教育事业新的增长点。陈至立同志在《我国加入WTO对教育的影响及对策研究》中指出：“教育是一项全局性、战略性和基础性工程。因此，我们必须从经济建设全局的高度来分析加入世贸组织对教育所提出的挑战。要有对教育战略地位认识的新觉醒。”如果基础教育仍在殚精竭虑地培养考试机器式的人，就很难指望培养的学生能适应WTO的要求，也就意味着面临WTO挑战的基础教育竞争的失败。

为此，我们要充分认识到，实现教育信息化是在中国加入WTO的新形势下社会经济发展对基础教育提出的必然要求，也是基础教育应对WTO挑战，趋利避弊，化挑战为机遇的必由之路。我们要抓住机遇，迎接挑战，要全面转变教育思想，更新教育观念，以加入WTO为契机，以教育信息化建设为突破口，树立大教育观，

增强迎接 WTO 挑战的紧迫感和使命感，特别认识到加入 WTO 后加速教育信息化进程的重要性和紧迫性。要认真贯彻落实《国务院关于基础教育改革与发展的决定》，加大力度，加快学校教育信息化进程，实施“校校通”工程，为中小学普及信息技术教育提供物质基础，要积极探索信息技术教育与学科教学整合之路，以信息化带动教育现代化，使教育事业迅速适应经济全球化的趋势。

二、培养创新人才是迎接 WTO 挑战的根本

加入 WTO 后，人才是关键，人的创新能力起着决定性的作用。可以说，当代经济的竞争，归根到底是人才竞争，其核心就在于“创新”，当代教育与人才培养的竞争，其目标也在于“创新”。江泽民同志指出：“创新是一个民族进步的灵魂，是国家兴旺发达的不竭动力。”“面对世界科技飞速发展的挑战，我们必须把增强民族创新精神提到关系中华民族兴衰存亡的高度来认识。教育在培育民族创新精神和培养创造型人才方面肩负着特殊的使命。”因此，我们必须认识到，培养具有创新能力的高素质人才，是适应经济全球化的必然要求，是迎接 WTO 挑战的根本。要树立正确的教育观，确立现代化的教育理念，把创新教育作为教育之的，坚持以人为本，以发展为本，以能力为本的育人观和教育教学质量观，培养具有现代意识，具有全球化视野，具有创新意识、创新能力、创新精神，善于学习，能把握国际经济、政治和科技发展趋势的全球化人才。

诚然，要培养具有创新意识、创新能力的人才，离开教育信息化是难以实现的。教育信息化的根本目的就是培养适应信息社会要求的创新型人才，而信息素养与创新性思维能力是适应 WTO 要求的创新型人才必备的基本素质，教育信息化恰恰可以为信息素养与创造性思维能力的培养提供最理想的信息化智能教学环境。因此，我们要将培养学生的信息能力，提高学生的信息素养作为学校素质教育、学校教育改革、学校教育信息化的一个重大问题予以重视，认真实施。只有这样，才能有效地促进学校教育信息化进程，才能有效地培养适应 WTO 要求的创新人才。

三、造就创新型师资队伍是迎接 WTO 挑战的关键

要培养适应 WTO 要求的创新型人才，创新型的现代化师资队伍是关键。造就一支具有创新素质、熟练掌握计算机基本技能和网络应用并能达到一定指导水平的教师队伍，是实践教育技术的先决条件，也是时代对教师的呼唤。实践证明，要抢占教育国际竞争的制高点，必须有一支观念新、素质高、潜能大的教师队伍。因此，各级教育部门、学校领导要树立与时俱进的思想，加强教师队伍建设，优化教师队伍结构，要建设一支具有开拓精神、创新素质的现代化教师队伍，从整体上提高教师的创新意识、创新精神和创新能力，以教育信息化的拉力牵动人才资源建

设，营造良好的人文环境，为培养创新人才提供保障。作为现代教育工作者，要确立现代教育思想和教育理念，以先进的教育思想为指导，以现代信息技术为手段，以深入开发、广泛利用信息资源为重点，以培养适应信息社会要求的创新人才为目的，苦练内功，加强以计算机应用技术为基础的现代教育技术的学习，提高利用计算机进行辅助教学和教育科研的能力以及应用信息的能力和信息素养，实现信息技术与课程有机整合。

（本文发表于《教育信息技术》2002 年第 4 期，获得 2002 年全国优秀实验管理论文评比一等奖，有改动）

加强教师队伍建设
推进农村基础教育跨越式发展

加强农村中小学教师队伍建设，培养高素质的师资力量，是改革和发展农村基础教育的根本大计，是推进农村基础教育跨越式发展的先导性措施。目前，我市农村中小学教师队伍存在一些值得注意的问题：一是教师学历层次不高，我市小学和初中专任教师学历合格率分别为 98.9% 和 91.2%，小学具有大专以上学历的专任教师以及初中具有本科以上学历的专任教师比例为 51% 和 16.6%，高中专任教师学历合格率为 69.4%。农村中小学教师学历层次更低，知识面窄，教学水平不高。二是教师的职业道德建设相对薄弱，教育观念落后。为此，当前师资队伍建设要实现三个“强化”。

一、强化师德建设

当前，市场经济社会给人们带来丰富的物质生活的同时，也使某些丑恶现象得以在社会上泛滥，并波及学校，使某些教师在一些方面出现道德失范。有些教师无心教学，或夜以继日迷筑“长城”，或抱黄粱美梦买私彩。有些教师教育无方，随意体罚学生。更有少数教师道德败坏，触犯法律。这些现象，充分说明强化师德建设的现实性、必要性。

因此，各级教育部门、学校领导，要树立与时俱进的思想，要强化教师职业道德建设，把师德看得高于一切，把师德修养看作做合格教师的头等大事，把师德水平作为评判优秀教师的重要条件，把师德建设作为全员性的职业道德建设，推动教师思想政治素质和师德修养不断提高。必须建立优化教师队伍的有效机制，开展“修师德，铸师魂”等活动，切实转化教师中的“后进者”，建设一支具有开拓精神、创新意识、良好师德的现代化教师队伍。作为现代教育工作者，要更新教育观念，坚持以德育人的理念，把传授知识与思想教育、情操陶冶、性格培养、心灵塑造结合起来，成为学生的“人格示范者、发展促进者、心理支持源”。广大教师要坚决抵制腐朽思想文化的侵蚀和影响，坚守灵魂保洁，坚守职业尊严，坚守职业道德底线，不为世俗所累，淡泊名利，洁身自好，以德育人，以德立教，无愧于“人类灵魂的工程师”。

二、强化师能建设

表 1　某区小学英语教师情况统计表

小学英语教师	大专毕业		中专或高中毕业	
	总数	其中英语专业	总数	其中英语专业
260	20	2	240	99

表 2　两所农村中学 2003 年中考成绩情况

报考人数	720 分以上	719 - 640 分	639 - 560 分	559 - 480 分	479 - 320 分	319 分以下	平均分	及格率 %	优良率 %
269	1	12	16	13	64	163	327. 2	15. 6	4. 8
233	0	3	16	28	83	103	359	20. 2	1. 3

注：7 科总成绩 800 分。

可见，我市部分学校教学质量较低，有个别学校的教学质量更是堪忧，人民教育人民不满意；个别学科专任教师缺口较大，尤其是初中信息技术和小学英语的专任教师。

未来教育的质量主要看教师的素质。显然，我们教师队伍综合素质离教育现代化的要求距离很远。因此，我们必须“树立科学的人才观，加强人才资源能力建设，推进人才结构调整，创新人才工作机制，优化人才成长环境”，从整体上提高教师队伍的创新意识、创新精神和创新能力。坚持以人为本抓师资队伍建设，以“名师”、“继续教育”等工程为突破口，多层面、多渠道开展中小学教师培训。学校要为教师成长搭建平台，加大对学科带头人的培养力度，鼓励和支持教师学习、培训、进修，组织教师参加各级骨干教师培训，提高他们的理论和业务水平。要抓教师基本功的训练，进行教师通用基本功训练、学科基本功训练和综合能力训练，全面提高教师的教育能力、教学能力、教育科研能力、应用现代化教学手段的能力和处理人际关系的能力等。作为现代教师，要确立现代教育思想和教育理念，要在教育教学实践中不断调整和改造自己的知识结构，不断提高自己的教育教学水平。

三、强化教育科研

教育要获得长足发展，其第一推动力显然是教育科学，而不能依赖加重学生负担来发展教育。以教育的科学推进科学的教育，已经是时代的呼唤，一个现代教师必须具有教育科研的意识和能力。

因此，我们必须进一步加强教育科研，要把教育科研作为教育事业的基础工程、先导工程、动力工程来抓，不断增强教育教学的科研含量。要确立这样的理念：校长不搞科研，办学就没有思路；办学没有思路，学校就没有出路。要树立科研立校，科研治校，科研兴校的思想。要形成以强化教育科研、转变教育观念为核心，以课题研究为载体的良好科研氛围，明确教育科研在教育理论与教育实践之间的中介地位，教育科研是教育的第一生产力，是伴随着知识经济到来的教育基本观念。学校领导要确立抓教育科研就是抓住教育教学改革核心的观念，要建立教育科研的奖惩制度，倡导教师具有教育科研的意识，确立教师在教育科研中的主体地位，积极开展教育科研，打造教育明星，实现由经验管理型向科研型转变，由教书匠向专家型转变。要使教师们充分认识到，搞好教育科研，按客观规律实施教育，是提高教育教学质量的正当途径和根本措施。学校要做好教育科研人员的培训工作，把教育科研作为教师继续教育培训的内容，要开展多层次、多形式、多渠道、立体交叉式的培训，不断提高教育科研人员的整体素质，以适应教育现代化建设的需要。

（本文发表于2004年1月10日《湛江日报》，有改动）

加强网络建设　推进思想政治教育进网络

上网冲浪给学生享受乐趣的同时，也带来了色情、暴力、迷信等不健康因素。网络上的“超级诱惑”成为“电子海洛因”，一些游戏和聊天工具让许多学生沉迷其中，不能自拔，更有甚者视网如命，“网恋”也随之悄然兴起。大量的信息垃圾和西方某些意识形态的渗透，严重冲击了学校的教育，对学生的思想造成严重的侵蚀，引发学生人生观、价值观的冲突与道德责任的失范。

面对网络的危害，我们应予以高度重视和警惕，采取有力措施，加强网络建设，推进思想政治教育进网络。

1. 加强防范措施，推进思想政治教育进网络

在现实生活中所遇到的各种伦理问题、道德问题，在网络空间都存在，并且由于其虚拟的特殊性，还极有可能将这些问题通过电子信息手段加以放大，转变成现实生活伦理道德规范甚至是法律秩序难于调整和整合的社会“顽症”。因此，我们要与时俱进，求实创新地做好新时期网络环境下的思想政治工作，进一步提高对思想政治教育进网络的重要性和紧迫性的认识，切实加强对思想政治教育进网络工作的领导，把思想政治教育进网络纳入校园网络建设的总体规划，将网络文化纳入校园文化建设的总体格局进行规划和部署，扎实推进思想政治教育进网络的各项工作。要根据网络技术的特点和思想政治教育进网络工作的需要，加强网络建设，建立相应的管理体制，做到职责明确，责任到人。利用科技手段加强防范措施，净化网络空间，学校上网的每台计算机都要统一安装有效的反黄软件、防火墙等，控制互联网的信息源，对不良的信息内容进行有效的过滤控制，阻止进入校园网络。建立健全信息网络管理与使用制度，规范网络运作，网络实行专人管理，落实工作责任制，使网络行为规范化、秩序化。加强对局域网、校园网的管理，加强对免费个人主页及其链接的审查，落实实名注册登记，并通过必要的技术、行政、法律等手段，阻止各类不良信息进入校园。构建“学校、家庭、社会”三位一体的教育网络。各级教育部门要采取切实措施，加强对思想政治教育工作者和校园网络管理人员的培训，培养一支既具有较高的政治理论水平、熟悉思想政治工作规律，又能较有效地掌握网络技术、熟悉网络文化特点，能够在网络上进行思想政治教育工作的队伍，并为思想政治教育工作者提供熟悉和使用网络的条件。家长要不断地丰富自身的网络知识和提高网络道德素养，保持与青少年良好的交流和沟通，有意识且有能力引导青少年正确上网。

2. 加强网络道德教育，提高学生网上自我保护能力和自律能力

网络社会是人类为自己开拓的另一种生存空间，身处网络时代，我们自豪地说：“学生不出门，亦知天下事”。但是，目前在这个崭新的信息世界里，基本上还是没有法律规范和道德规范的“寝化社会”，网上人的言行仅靠个人内心信念来约束。因此，我们要认真贯彻落实《全国青少年网络文明公约》，加强网络道德建设，培养学生健全人格和高尚情操，树立良好的网络道德，自觉构筑抵制不良冲击的“防火墙”。加强对学生使用信息的伦理、道德和法制教育。要将管理和教育结合起来，自律与他律结合起来，通过各种形式，增强学生上网的法制意识、责任意识、政治意识、自律意识和安全意识，培养学生鉴别信息真伪的能力和负责任地使用信息技术。开展丰富多彩的绿色网络学校等教育活动，使学生明辨是非，认清网络社会的复杂性，认识到网络有正面影响，也有负面影响，增强对网上信息的判断、选择和处理能力，自觉拒绝网络中的不健康内容。引导学生树立正确的价值观和人生观，明确上网目的，端正上网态度，学会取舍，让学生懂得网络只是服务于我们生活和学习的工具，绝不是生活的全部，避免使学生沉迷于网络而导致心理的畸形发展，逐步形成良好的网络道德素养，善于选择那些最有利于自己学习、生活和发展的信息，做信息的主人。

3. 加强网络信息的人文内涵建设，营造良好的网络环境

时代发展到了今天，教育与网络联系得越来越紧密。随着网络的进一步发展，用正确、积极、健康的思想文化占领网络阵地，同时防止一些人利用网络传播错误的思想和信息，已经成为学校思想政治工作非常重要而又紧迫的课题。学校教育工作者应转变传统观念，随时而就，紧跟时代潮流，要将网络与学校思想政治工作结合起来，在网上实施思想政治教育的同时，要合理运用疏导方针，对学生的思想和认识问题上的偏差，绝不能武断地堵塞和压制，更不能“谈网色变”，而是要循循善诱、因势利导、耐心细致地说服教育，让网络在学校思想政治工作方面极尽其长。要进一步加大投入，加快学校各种教育教学软件和教育信息资源库建设，充分发挥网络优势，提高网络信息的人文内涵，用信息占领网络阵地，创设健康、美丽、活跃的网络氛围，同时大力向学生推荐信息丰富，文化层次高，特别是对学生学习、生活有帮助的教育网站。利用网络开放性、交互性、及时性等特点，开展形式多样、生动活泼的思想政治教育活动，开展网上精神文明建设，传播网上精神文明规范，倡导文明行为，及时消除信息污染等。结合学校的实际，积极运用校园网络系统，在学生中开展丰富多彩的网上学习教育活动，成立各种学习兴趣小组，组织学生参加各级教育部门举办的各种电脑制作活动，培养学生利用现代教育技术进行教育资料查询、动画制作、电子作文、电子绘画、电子创意等应用能力，激发学生正确应用电脑的兴趣，提高学生使用电脑的能力。学生上网就能自觉地取精华弃糟粕，既能利用网络进行学习、获取知识、实现信息共享，又能健康成长。

（本文为2004年5月广东省教育厅信息中心举办的网络建设座谈会发言稿，有改动）

在霞山区中小学信息技术教育专业委员会成立大会上的讲话

各位领导，各位老师：

你们好！今天，湛江市霞山区中小学信息技术教育专业委员会成立了，并召开了第一届会员大会，这是继我市中小学信息技术教育专业委员会成立以后县（市、区）成立的第一个中小学信息技术教育专业委员会。值此第一届会员大会召开之际，我代表湛江市中小学信息技术教育专业委员会向大会表示热烈的祝贺，并祝大会圆满成功！

近几年来，霞山区教育信息化工作取得了一定成绩，硬件建设、教育软件的开发和应用、教育科研等方面在全市都处于领先地位。目前，全区学校配备计算机1500多台，全区中学和部分小学已开展信息技术教育。湛江市第十二小学是我市第一间建起了千兆校园网的小学。湛江市第四中学被确认为广东省现代教育技术实验学校，该学校结合本校实际，在选题立项、师资队伍培训、环境建设、实验研究和软件开发等方面积极开展工作，取得了显著成效。2001年第五届全国多媒体教育软件大奖赛，我市有4个课件获奖，占全省获奖课件数的1/3。其中，霞山区有2个，湛江市第十八中学黄洪波老师获全国三等奖、省一等奖，林春辉、许雯君老师获全国三等奖、省二等奖。全市有9个课件获省三等奖以上，霞山区占6个。2002年第六届全国多媒体教育软件大奖赛，湛江市第六中学陈远老师获全国三等奖，全省仅有7个课件获奖。2002年我市举行中小学教育软件评审，霞山区取得好成绩，16个课件获市三等奖以上奖励，是全市获奖软件数最多的县（市、区），其中湛江市第二十中学学生翟育文等合作的《迷失世界》获市一等奖。

普及信息技术教育是基础教育深化改革和发展所面临的紧迫任务，是培养造就高素质的人才迎接新世纪挑战的必然趋势，为了进一步实施省政府提出的教育信息化行动计划，加快我市教育信息化发展步伐，实现我市基础教育跨越式发展，目前，我市在霞山、赤坎、开发区启动了“湛江市校园网群工程”第一期工程。校园网群的建设是提高我市教育综合实力的重要条件，是缩短我市与经济发达地区教育水平差距的有力措施。校园网群建成后，不但学校的计算机网络有一个跨越式发展，硬件配备也更加充实，更主要的是实现了教育资源共享，减少了学校与学校之间、乡镇与城市之间教育条件的差距，使教师与学生的教与学从地区封闭走向开放，使城乡学生的学习条件更趋平等，使原来只有经济发达地区的教师和学生才能享受的教育资源，乡镇学生也同样可以享受。

最近，我有幸参加了“湛江市初中青年数学教师说课选拔赛”，大开了眼界。各县（市、区）和市直属中学挑选的13位选手进行紧张角逐，选手们根据《数学课程标准》的课程目标、课程内容、课程要求和教材的结构与内容进行教学设计，教学设计上体现了以学生发展为本、能力培养为重的新课程改革的精神，加强了学生学法指导，在“学”字上做文章，教学的重心放在如何促进学生的“学”上，使学生“学”有所“思”，“思”有所“练”，“练”有所“获”，实现从“以教师教为主”向“以学生自主探究学习为主”的转变。把评价贯穿于教学活动的全过程，实现评价主体多元化，发挥了评价功能。这次选拔赛，选手们的教学手段很现代化，教师们设计的教学软件，界面美观、和谐，人机交换适时，使信息技术与课程教学有机整合，大大提高了教与学的效率，改善教与学的效果。他们根据教学的直观性原则和可接受原则，通过电脑的动画显示，使抽象问题具体化，复杂问题简单化。选手们的良好表现，显示了教育信息化的优势。

东方风来满眼春。今天，霞山区成立了信息技术教育专业委员会，必将更有利于中小学信息化发展。我希望信息技术教育专业委员会认真履行职责，坚持“为教育决策服务，为教育实践服务，为繁荣教育科学服务”的宗旨，结合新形势，研究新情况，以创新的工作思路，创新的工作方法，加强学校教育信息化硬件建设的指导，广泛开展软件开发和应用的研究，进一步优化育人环境，整合教育资源，提升学校办学品位。我相信，霞山区中小学教育信息化工作在同志们的努力下，一定会发展得更快更好，霞山区的教育事业明天一定会繁花似锦，灿烂辉煌。

（本文为2002年9月28日霞山区中小学信息技术教育专业委员会成立大会上的讲稿，有改动）

宽容学生　点石成金

一个高三学生喜欢上班里的一个女同学。一天，他在语文练习本上信笔涂抹出纯洁的相思与无望的忧伤。科代表收去交给语文老师。过几天，练习本发下来，语文老师把错别字、病句用红笔改正了，还写下一段批语：“文章写得不错，有真情实感，如果你能在大学里把它亲手交给那位女同学就好了！”老师寥寥数语，在人生关键处给予指点，真有点石成金之效，使这位高三学生“浪子回头”，安心读书，结果考上一所著名大学。

我们有些老师遇到这类事情，可能就不能冷静地处理了，而是简单地横加指责，呵斥，辱骂，认为恋情萌动的孩子不纯洁，大逆不道。君不见，某校一女学生因为喜欢上一男同学，被老师发现后，点名批评，告知家长。结果，这位女学生承受不了，跳楼自杀，酿成了悲剧。

同一件事，却给人生的轨迹划出了不同角度的抛物线。

孔子云：“过也，人皆见之；更也，人皆仰之。”作为教书育人的教师要宽容学生的错误，把犯错误的权利还给学生，为学生提供一个相互接纳和包容的学习场所；让学生不仅从错误、失败中学到知识，而且还能够从中获得成长的动力。千万不能在学生出现过错时将其一棒打死，也不能时刻记着学生的短处妄加指责。面对犯错误的学生，不要动不动就大声呵斥、讽刺挖苦，挫伤学生的身心和人格，而要充满爱心和期待。我们要容忍学生犯错误，更要帮助学生改正错误，不要漠视学生的上进心。从尊重学生、爱护学生出发，冷静、慎重地分析学生“犯错误”的原因及其心理活动，从他们“犯错误”中寻找教育时机，然后“对症下药”，给学生真诚引导，耐心启发，及时施教。心理学家告诉我们，要使学生接受你的批评，你就要与学生保持“同体观”的关系，即在学生看来你是为他好。这样，师生双方的心理距离拉近了，学生就不会感到心理压力，从而真心接受批评。正如有位教师所说：“学生看起来最不值得爱的时候，恰恰是学生最需要爱的时候。如果你讨厌学生，那么你的教育还没有开始，实质上就已经结束了。”苏霍姆林斯基指出：“要知道孩子是不会故意做坏事的，如果教育者硬认为孩子有这种意图，是蓄意于不良行为的，这就是教育上的无知。这样在教师竭力‘砍掉劣根’的同时，把所有的根子都砍掉了，结果使学生时代生机勃勃的幼芽枯萎了。”

教育不仅仅是知识的传授，还要从心灵走向心灵。实践告诉我们，为人师者，要学会宽容，学会保护，学会善待，学会带着一颗宽容的心欣赏每一个孩子，尤其是被称之为“后进生”的孩子。用爱去拥抱学生，包容学生，用爱的心灵去关注、关怀每一位学生，哪怕是一个幼小孩子的心灵。宽容是教师的美德，是教师知识和能力的结晶，它有一种巨大的人格魅力，它能产生强大的凝聚力和感染力；宽容也是一种豁达和挚爱，它如一泓清泉可滋润人的心田；宽容是一种深厚的涵养，是一种善待生活，善待他人的境界。宽容蕴藏着一种殷切的期望和潜在的教育动力。教育具备宽容这一美德尤为重要，因为它可以让重负在宽容中释放，让心灵在宽容中净化，让生命在宽容中升华。

宽容学生，善待学生，不是对学生宠爱，无原则迁就，放任自流，而是要严格要求。“躬自厚而薄责于人”。那么，如何以严肃的态度矫正学生的错误，如何用赏罚分明的措施培养学生的是非荣辱观念？这就要求教师有一颗善良的心和一种博大的胸襟，以责人之心责己，以恕己之心恕人，要懂得换位思考，懂得如何“替别人想一想”。要求教师亲近学生，细心体察，全面、深入、细致地了解学生，做到严格要求，有的放矢，落到实处，严而有格，严爱适度。在严格要求又热情爱护中，要严在当严时，爱在细微处。充满爱的严与表现为严的爱相结合，才能赢得学生的尊敬和理解，赢得家长的信任与支持。要用放大镜看学生的优点，用缩小镜看他们的缺点，教师对所有学生应一视同仁，无论他是出生于干部权贵之家或平民百姓人家，无论他是品学兼优的好学生或是令人头疼的后进生。爱得公正，爱得让学生信服。教师只有用爱心对待每一个学生，特别是思想行为有偏差、文化学习滞后的学生，更要用宽容心对待他们。对于学习较差的同学，要特别注意保护他们的积极性。爱默生说：“教育成功的秘密在于尊重学生。”尊重学生，就要不伤害学生的人格。要知道，每个人都有一颗成为好人的心。因而教师在严格要求之中，要体现出更多的关心和爱护，这样才能使学生体会到潜藏在教师内心深处的信任和尊重，才能建立平等、民主、互信的师生关系，也才能赢得学生的尊重和爱戴。为此，对不同个性的学生，应采用不同的情感教学方法。对于性格软弱、自卑感强的学生，教师要多激励，鼓励他们学会自我欣赏，帮助他们树立自信心。对于所谓的“调皮蛋”，要摸准心理特点，抓住弱点，寻找时机，加强教育，同时提出希望和要求，让他们感受关爱的真诚。

宽容是金。在新时代里，教师要多给学生宽容和理解。只有宽容的教育氛围，才有利于学生的全面成长和个性发展。就像一首小诗所说的：

土地宽容了种子，拥有了收获；
大海宽容了江河，拥有了浩瀚；
天空宽容了云霞，拥有了神采；
人生宽容了遗憾，拥有了未来。

（本文发表于《湛江教育》2011年第5期，有改动）

要做教育家　不做“教书匠”

课程改革呼唤教师走专业化成长道路，从“教书匠”成为教育专家。那么，教师如何从“教书匠”的角色转变成为教育专家？

一、确立新的教育理念——教师从“教书匠”成为教育家的关键

当今，我们进入了经济全球化、政治多元化、信息网络化、教育人本化的世界新格局。新时代对教师提出了更高的要求，把不断发展、更新教育观念作为教师从“教师匠”成为教育专家的重要组成部分。著名教育家苏霍姆林斯基说：“学生眼里的教师应当是一位聪明、博学、善于思考、热爱知识的人，教师的知识越深厚，视野越宽广，科学素养越全面，他就在更大程度上不仅是一位教师，而且是一位教育者。”为此，教师要确立新的教育理念，不断更新教育观念，充分认识专业素养不仅包括与时代精神相通的教育理念，而且在知识结构上不再局限于“学科知识+教育学知识”的传统模式，强调多层复合的结构特征，还要有较强的人际交往能力、管理能力、教育研究能力。摒弃“应试教育”的片面教学观，树立正确的教育观、质量观和人才观，坚持以人为本、以学生为主体的教育理念，以创新精神的培养为基础，以创新能力的培养为目标，全面推进素质教育。要自觉培养社会公德、职业道德，把忠诚于人民的教育事业作为师德建设的最高准则，教书育人，为人师

表，敬业爱生，真正做到“师爱为魂”、“学为人师，行为世范”。

二、确立终身学习意识——教师从“教书匠”成为教育家的基础

在新知识、新观念、新理论不断涌现的今天，教师必须树立终身学习的理念，不断提高教书育人的本领。教师加强学习是时代的要求，是从教的要求。古人云：“大志非才不就，大才非学不成。”

“问渠哪得清如许，为有源头活水来。”作为人类文化知识的传播者——教师，虽然受过专门的学习和训练，并取得各类证书，但不是一劳永逸。许多知识已老化，许多观念已落后。课堂上表现出教学形式呆板、创新不足，这些都影响了教学的质量，成为教师职业发展的瓶颈。教师只有确立终身学习的意识，不断接受新生事物，学习新知识，拓宽知识视野。教师通过学习和筛选，不断吸取新知识，以丰富自己的知识内涵，更新和改善自己的知识结构，加厚自己的学科功底；通过沉淀、积累、内化，锻铸成自身的素养和才干，提升自身的精神、气质和品性，从而在教育教学过程中善于正确地把握教育方向，较好地解决教育中遇到的实际问题。教师，只有学识渊博才能上好课。所谓渊博，即专业知识精深，相关知识广博，并且有相应的坚实的理论功底和研究能力。这样的教师上课，才能解惑释疑，可信度高，学生听课是一种享受，由课到人，他们对教师油然而生敬慕之情，激发起强烈的求知欲望和浓厚的学习兴趣。在科学知识激增的今天，教师不仅需要模仿和继承，更要敢于创新，勇于创新，积极探索教学改革。不仅要努力改进教学方法、教学方式，还要加强对教学艺术的研究，研究学生的认知规律、心理状态、接受特点，做到有教无类。

当前，中小学新一轮课程改革的实施，是传统教育向现代教育转轨的时期，无论是教育思想、教育内容等都有了相当大的改变，要求教育观念、教育方式和教育手段等也随之相应的创新，这就需要一大批学习型、研究型的教师，引领教育风骚。教师只有确立终生学习的意识，并积极实践，理论联系实际，用专业理论来更新自身的知识体系，锻造教书育人扎实的基本功，才能不负时代的重托、历史的使命。

三、确立教育创新意识——教师从“教书匠”成为教育家的根本

教育本身就是一个创新的过程。新时代的教师必须具有强烈的创新意识和创新激情，富于求索精神，并且有知识创新和技术创新的能力。要坚持教育创新，积极探索与时代相适应的教育思想、教学模式，改变以知识传授为中心的教学思路，以

培养学生的创新意识和实践能力为目标，从教学思想到教学方式上，大胆突破。要以积极的心态，用发展的眼光去分析教育现状，审视教育现象，反思教育行为，探究教育过程，总结教育经验，用新课程理念指导自己的教育教学实践，诠释自己的教育教学行为。

“知识经济在某种意义上说就是创新教育”，每一项竞争都要求教育培养出的人才具有强烈的创新意识和创造能力。教育家第斯多惠曾说：“教学的艺术不仅仅在于传授本领，而在于激励、呼唤、鼓励。”为此，教师必须在教学中激励学生大胆探索，培养创新思维能力，开发学生创造的潜能，促进学生全面发展，提高学生在新世纪的竞争能力。教育是一门艺术，一门富有创造性的艺术。面对学生的千差万别，知识的千变万化，教师不能仅仅满足于学习现成的知识和已有的经验，还要勇于在实践中去发现新问题、探索新规律、提出新见解、创造新经验。这样，在看似平凡的教育中显现出创造的意境，培养出符合时代需要的创新型人才。

四、确立教育科研意识——教师从“教书匠”成为教育家的必然

传统意义上的教师大多都是单纯“传授”知识的辛苦型的“教书匠”，他们的行为往往出现囿于备课、上课、批改作业、辅导学生的圈子里。他们不是研究如何“教”，在提高课堂教学效益上下功夫；而是研究如何“考”，在分数上下功夫。这种只会传授知识的教书匠的传统做法已不能适应现代教育的需要。

教育要获得长足发展，其第一推动力显然是教育科学，而不能依赖加重学生负担来发展教育。以教育的科学推进科学的教育，已经是时代的呼唤。教育科研能力是从事基础教育的教师必备的能力，是广大教师专业化发展的核心素养，也是一个教师成熟度高低的重要标志。苏霍姆林斯基对引导教师确立科研意识，积极参加教研活动曾做出了呐喊：“如果你想让教师的劳动能够给教师带来一些乐趣，使天天上课不至于变成一种单调乏味的义务，那你就应当引导每一位教师走上从事研究这条幸福的道路上来。”因此，必须确立教育科研意识，树立科研兴教的教育理念，明确教育科研在教育理论与教育实践之间的中介地位，教育科研是教育的第一生产力，是伴随着知识经济到来的教育基本观念。树立和增强从事教育科研的意识和自觉性，将教育科研作为各项工作的原动力，引导、促进各项工作的改革与创新，使教育科研更好地发挥作用，促进学校的可持续发展，促进教师朝着研究型教师的方向转化。

教师的教育科研必须立足于学科教学及本人的教学实践。在教育实践中，大胆地置疑，积极地发现，自主地研究，辩证地思考，深入地探索，除旧立新，去伪存真，摸索教育规律，总结本学科的教学经验和教学体会，不能为研究而研究，应当把教学与教研统一起来，并把教研贯穿于教学的各个环节之中，不能脱离教学实际

去贪大求全。要把先进的教育理论与教学实践相结合，创造出适合自身教学特点和本地区教学实际的一套行之有效的教学工作经验，以达到提高教学效果的目的。研究课题必须从本校教育教学面临的突出问题中选题，从成功的教育教学经验中选题，从教师自身工作实践的矛盾和困惑中选题。要把重点放在理论与实践的结合点上，同时兼顾学科的生长点。要注重过程、注重参与和经验分享，而不是追求形式、追求立项、追求发展、追求验收和鉴定。

（本文发表于《湛江教育》2008 年第 1 期，有改动）

从高中教学水平评估
看综合实践活动课程的实施

岁末，笔者参加了广东省普通高中教学水平评估工作。在评估工作中，查阅了学校综合实践活动课程有关档案资料，核实了有关数据，考察了学校课程资源的开展和利用，观看了学生探究性学习活动，和个别老师座谈，进行问卷调查，抽听了综合实践活动课。总的来说，学校认真执行《综合实践活动指导纲要》和《广东省综合实践活动教学指导意见》，落实了课程标准，创造性地实施综合实践活动课程，教师逐步成熟，业务水平不断提高，学生的创新意识和实践能力得到发展，但同时也带来一些思考。本文试从学校综合实践活动课程的实施谈些感想，以期与大家共同商榷。

一、实践与探索

从 2004 年秋季开始，广东省普通高中把综合实践活动课作为必修课开设。为使该课程顺利开设，广东省教育厅教研室组织有关专家编写《广东省普通新课程实验综合实践活动教学指导意见》，并取得实际效果，促进了综合实践活动课程的实施。

1. 加强了课程实施的领导和管理

为使综合实践活动课程顺利实施，学校加强了综合实践活动课程实施工作的领导，建立起与课程实施相适应的管理体系。一是成立综合实践活动课程实施领导小组，加强对综合实践活动课程实施的领导、规划、组织和协调。二是规划课程方案，构建综合实践活动课程整体框架。如制订了《综合实践活动课程计划》、《综合实践活动课程开设方案》和《综合实践活动课程教学常规管理制度》等，从制度上对综合实践活动课程的实施予以支撑，使综合实践活动课程的实施和管理较快地走向正常化。三是成立了综合实践活动教研组，根据课程的需要选好任课教师，这样有专人负责研究和指导综合实践活动，对课程实施情况及时检查和指导，真正将课程纳入学校课程与教学管理之中。

清远市英德中学，结合学校实际，建立规范的管理制度，探索具有学校特色的“以学生为主体，面向学生生活，注重学生实践，强调活动综合”的综合实践活动课程的理念，制订切实可行的《研究性学习课程实施方案》、《课题研究管理规章制度》等，组建全员参与的综合实践活动课程的指导教师队伍，对课程内容、实施方式、教师安排、资源建设、师资培训、课程评价、学分认定等方面工作做了整体规划。明确综合实践活动课程实施教师责任制，确定每位教师每学期承担综合实践活动课程的任务量，确保综合实践活动课程有效实施，保证学生活动的指导力量。

2. 加强了校本培训和校本教研

学校根据综合实践活动课程的发展规划，及早规划教师的培训，选派教师参加省综合实践活动课程教师培训，为课程的实施发挥引领作用。同时，学校从实际出发，积极开展有一定实效的校本培训，逐步建立起一支能较好地发挥引领作用的综合实践活动骨干教师队伍。如清远市英德中学开展了“三级培训”（班主任和指导教师培训；学生课题组长培训；学生全员培训），效果较好。目前，学校开展的研究性学习课题有300个以上，出版了《研究性学习成果》一书，编辑了3本英德中学综合实践活动论文集。又如，清远市清新县一中在“有教无类，成人成才”的办学理念和“互动创新，善教乐学，和谐发展”的教学理念的指引下，以“一切为了学生的全面发展”为综合实践活动课程教学的宗旨，同时，提炼出了“自主、合作、体验、发展”的综合实践活动学科教学理念。在这一理念的指导下，创造性地实施综合实践活动课程。学校根据综合实践活动课程的发展规划，针对学校青年教师多的特点，积极开展了有一定实效的校本培训，有计划地实施了青年教师培训（培青催熟）工程和师徒帮带（一帮一）工程，加速青年教师的成长。

3. 加强了课程资源和实践基地建设

学校根据综合实践活动的开放性、社会性和实践性等特征，从学校的优势和实际出发，一是加强了综合实践活动的课程资源建设，开发了具有特色的校本课程。如清远市清新县一中，学校的12个教研组开发出版了15本实用的校本课程。二是加强实践基地建设。学校统筹规划，根据本地区的资源情况，建立综合实践活动基地，积极与当地社区等单位联合开发和建设活动基地，搭建了学生积极参与、学习的平台。

学生在教师的指导下，走出教室，参与社区和社会实践活动，获得直接经验，发展实践能力，增强社会责任感，增强组织纪律性、集体观念，培养吃苦耐劳的精神。清远市清新县一中06届高一（10）班陆秋谊同学在军训后的体会上这样写：

整个军训过程充满了苦、辣、酸、甜，给我们以后的人生留下了美好的回忆和重要的经历，每当我想起，就会特别珍惜现在的幸福，希望以后能有更多的机会去体验军人的生活。

4. 加强了课程实施和课程评价

学校加强了综合实践活动课程的实施，一是综合实践活动课程的内容紧紧围绕研究性学习、社区服务与社会实践三个领域，按照人与自然、人与社会和他人与自我三个维度进行设计和组织实施。有活动具体指导策略、有安全保障措施。学校根据集中和分散相结合的原则，为学生统筹安排好研究性学习活动的学习时间，指导学生完成若干个课题研究；每学年安排社会实践教学和社区服务。二是加强教学管理，如清远市清新县一中在教学管理过程中，不断完善和规范了备课组的集体备课制度，备课组活动要求做到“四定”、“六备”，采取了科组活动、相互听评课活动和优质课比赛活动等形式，促进了教师教学水平的提高。

为实现综合实践活动课程评价的发展功能，学校建立了综合实践活动课程评价机制，促进了课程的有效实施。一是学校注重综合实践活动课程的评价，从评价的科学性、全面性和可操作性出发，结合综合实践活动课程的要素进行评价。清远市清新县一中设计了《综合实践活动课程评价表》来规范和调整教师的教学行为。从“两个纬度”（①活动过程中学生的情感、态度和价值观的发展状况；②活动过程中学生的行为能力、交流合作能力及创新与发现能力）和“四个经度”（① 自我评价；②小组评价；③教师评价；④家长与社会人士评价）设计了《综合实践活动能力评价表》和《档案袋评价》等学生评价方案，取得了一定的成效。又如，清远市英德中学制定了《综合实践活动课程评价与学分认定制度》，对综合实践活动的评价，遵循重过程、重应用、重亲身体验、重全员参与原则。评价采用学生评价（自我评价与小组评价）与教师评价相结合，过程性评价与终结性评价相结合的方式，重点放在过程性评价上，体现了评价的诊断、导向和改进功能。二是加强综合实践活动的过程管理和档案管理，建立学生成长记录袋。将学生研究性学习活动、社区服务与社会实践完成的时间、质量及考评结果，记入学生的成绩档案，纳入学生综合素质评价体系。清远市英德中学每学期举行一次综合实践活动成果的展示与研讨、结题报告，为学生所获得的成果提供表现的平台。

评价机制的建立成了学校综合实践活动课程顺利实施的“助推器”，有效地促进了综合实践活动课程的创新与完善，促进了学校文化的重建，促进了学校与社区的互动，促进了师生生活方式的转变。

二、问题与思考

综合实践活动课程是新课标实施过程中应运而生的一门新课程，成为新一轮课改的一个亮点。但同时由于它是一门高度综合的课程，所以它又是新课程改革中的一个难点。在实施综合实践活动课程的实际过程中存在着诸多的问题。如教师观念的转变，教学方式的变革，师资力量的不足；课程资源的匮乏和开发能力的不足；教育评价策略不到位。再者，由于综合实践活动课程没有课程标准，没有教材，没有教参，没有专职教师，尤其是难以对这门课程量化评估，综合实践活动过程缺乏基本规范，教师指导不力，降低了综合实践活动课程实施的有效性和目标达成。时至今日，很多学校的综合实践活动课程的实施仍然是步履维艰，难以成为常态课。

三、思路与做法

回顾普通高中综合实践活动课程的实践、探索与思考，只能说是一个开端。综合实践活动课程实施之路还很长，需要解决的问题还很多。

课程改革的一个重要问题就是课程的落实，综合实践活动课程是新课程的重要组成部分，没开设综合实践活动课程就等于没有进行课改，没开好综合实践活动课程就等于没有进行好课改。各级教育部门和学校要进一步贯彻落实《综合实践活动指导纲要》和《广东省综合实践活动教学指导意见》，整合学校课程，以综合为特征，以实践为核心，以活动为载体，着力培养学生的创新精神和实践能力，全面提高学生素质，不断提高综合实践活动课程的实施水平。

1. 领导重视是综合实践活动课程实施的前提

落实综合实践活动指导纲要，促进综合实践活动课程走向“规范化”、“常态化”，必须提高领导的认识，提高领导执行新课程的自觉性。只有领导认识真正提高了，才会重视该课程，该课程在学校才可能“合法化、规范化、常态化”，综合实践活动才能落到实处。

各级教育部门和学校领导要不断更新教育观念，改变教学行为，进一步提高对“综合实践活动课程”的认识，把开设“综合实践活动课程”提高到贯彻方针、落实课程计划的高度来认识，牢记综合实践活动课程的宗旨是以帮助学生转变学习方式，通过探索性、研究性、自主性的学习和实践，提高综合运用所学知识解决实际问题的能力，培养创新精神和实践能力；通过深入社会，服务社会，增强学生的社会责任感和使命感。切实从学生综合素质发展的角度出发，尊重国家课程计划的严肃性和规范性，落实课程计划，保证课时，合理安排指导教师。在实施综合实践活动课程的过程中，学校要加强各学科教师之间的联系与合作，发挥年级组在组织、统筹、协调上的作用，强调班主任在综合实践活动管理上的重要作用，建立必要的组织体系和运作机制，对综合实践活动实行全方位、全过程的监控和管理。我认为，综合实践活动课程是检验各级教育部门和学校领导的教育思想和教育良知的一门课程。

2. 教师队伍素质是综合实践活动课程实施的关键

课程实施，师资是关键。综合实践活动课程新、观念新、内容新，作为施于全体学生的必修课，没有一支庞大的专兼职相结合的教师队伍是无法胜任的。没有全体教师的参与和共同努力，没有高素质教师的精心设计和安排，没有大量时间和精力的投入，这门既没课标又没教材的课程将极有可能成为空设课程。

各级教育部门要加强教师队伍建设，不断优化教师队伍结构，提高教师队伍的综合素质。教研部门要坚持以人为本抓师资队伍建设，以“名师”、“继续教育”等工程为突破口，多层面、多渠道开展教师培训，举行各类专题报告会、研讨会等，造就一批热爱综合实践活动课程的专业工作者。学校要逐步建立和培养一支专兼职教师队伍。由于没有专职教师，这门课程的生命力和可持续发展将受到严峻的挑战。学校要积极探索，努力构建一支素质较高的综合实践活动指导教师队伍，不断提高综合实践活动课程的指导教师的水平。学科组要扎实开展校本培训和校本教研，创新培训和教研形式，提高校本教研的实效性和针对性，提高综合实践活动的教学水平和教师的教科研能力，构建学校的教学特色。作为教学实践主体的教师必然要参与课程研究，而且要扮演双重角色：教师和研究者。要加强新课程理论的学习，探索有效指导策略，促进自身专业发展，提高课题研究的科学性、实效性和前瞻性。要通过多种方式交流与合作，一起分享综合实践活动课程经验、探讨综合实践活动课程的实施策略、反思综合实践活动课程实施过程中存在的问题，使综合实践活动课程稳步推进。

3. 课程资源开发是综合实践活动课程实施的基础

课程资源与课程存在着十分密切的关系，课程资源是课程实施的最起码的条件和支持。课程实施的范围和水平，一方面取决于课程资源的丰富程度，另一方面更取决于课程资源的开发和运用水平，也就是课程资源的适切程度。综合实践活动强调学生的自主探究与主动实践，是培养学生的运用能力、动手能力、合作能力及创新能力的一种非常重要的途径。

学校要因地制宜，合理挖掘当地教育资源，进一步增强课程建设与课程资源开发能力。要从社区、学校资源、师资条件、场地设备和经费等实际情况出发，综合开发和利用校内外教育资源，开发更多综合实践活动的时间和空间，为综合实践活动课程的实施创造良好的教学条件，为学生提供一个开放性的面向实际的、主动探究的学习环境。学校课程的开发、师资培训、教学研究、场地设备的添置和教学管理等必须综合考虑，同步进行。

4. 组织落实是综合实践活动课程实施的保障

综合实践活动课程是国家规定、地方管理、校本实施的课程。各级教育部门要有专人负责综合实践活动课程，加强课程实施的管理和督导检查，对没有按要求开课的学校主要领导要通报批评，批评教育不改的要撤职。学校要进一步加强课程制度建设，不断完善实施“综合实践活动课程”的计划和方案，认真落实好课程计划，开齐、开足、开好综合实践活动课程。在认真落实课程设置的基础上，要建立与综合实践活动课程相适应的保障制度，建立教师指导行为的基本规范和指导行为常规，增强教师指导的有效性。要设置相应的综合实践活动教研组，选择组织能力、责任心、综合素质强的专职教师担任组长，制订全校综合实践活动的实施计划，组织、指导、参与实施及开展教研活动。综合实践活动的开展要立足本班、本学校、本地实际，合理选择，不能一概而论。

5. 教学评价是综合实践活动课程实施的导向

教学评价是综合实践活动课程实施的重要组成部分，是实现课程目标的重要环节，教学评价在综合实践活动课程的实施中发挥着导向和监控的作用。如何树立正确的评价理念，积极开展综合实践活动课程评价目标、内容、方法等问题的研究，是广大教师关注的热点话题。

学校要结合教学实践，努力探索具有本地特色的教学评价的有效途径，在实践中不断总结经验，完善科学、有效、合理的评价机制。课程评价应体现素质教育思想、促进学生全面发展、激励教师上进和推动课程评价体系不断完善，体现评价内容、主体和方法的多元化，既要关注结果，更要关注过程，真正发挥评价的激励导向和发展功能，进一步推动综合实践活动课程的实施。教学评价要注重过程评价。综合实践活动学习主要是培养学生策划、组织、协调和实施能力，目的是让学生从活动中获得情感体验，积累生活阅历，体验成功或失败，这些才是最宝贵的，是学生终身受益的。至于最后的总结、报告等应是水到渠成的，不必拘泥形式。要针对学生参加综合实践活动的表现、体验以及活动成果对学生进行评价，也是对学生参与活动过程的水平和质量的检验。

清远市清新县一中田凤老师在《教学反思》中写道：“在今后的综合实践活动中，不断追求、超越，在这片肥沃的土地上执着耕耘，使山区高中的综合实践活动出现柳暗花明又一村的新局面。”让我们踏着奥运的鼓点，一起携手迎接综合实践活动课程灿烂的明天！

（本文发表于《新课程探索》2008 年第 5 期，以题为《综合实践活动课程的实践研究》获得广东省2010 年综合实践活动课程“可持续发展教育”主题活动论文评比一等奖，有改动）

迎接综合实践活动的春天

老师们、同学们：

大家好！季节的脚步踏进了9月的门槛，处处洋溢着金秋收获的喜悦。湛江第一中学金沙湾学校坚决贯彻党的教育方针，坚定地执行国家的教育法律法规，奉行“为每一位学生的快乐学习提供优质学位”的办学宗旨，秉承“以人为本，和谐发展，力求冒尖”的办学理念，以“创造一流教育环境，塑造一流教育品牌”为办学目标，全校教职员工团结奋斗，精于教学，勤于育人，取得了新的教育教学成果。

金秋送爽，硕果飘香。湛江第一中学金沙湾学校在推进综合实践活动课程的实践中取得了很好的成绩，在全市层面来说，起了带头和示范的作用。

林卫萍副校长亲自主持广东省德育科研《以“红树林保育”为主题的环境与可持续发展教育研究》的课题研究，并主持广东省中小学教学研究“十二五”规划课题《主题活动促进小学生高阶能力发展的实践研究》的子课题《优化主题活动，培养学生小主人翁精神的研究》的课题研究。她的《特色课程打造学校品牌——以“红树林保育”为主题的环境与可持续发展教育综合实践活动评述》论文获得广东省2011年度综合实践活动优秀课例和优秀论文评选二等奖，湛江市一等奖。林卫萍副校长被我市推荐参加2012年广东省中小学综合实践活动骨干教师培训。

申瑶瑶老师的《我为校庆活动出金点子》录像课获得广东省2012小学综合实践活动教学录像评选二等奖（全市共报送3个，均获得广东省二等奖。全省一等奖11人、二等奖23人、三等奖31人）。

陈燕君老师的《探寻红树林里的奥秘》录像课参加广东省2012年中学综合实践活动教学录像评选（评选结果尚未公布）。

本学期金沙湾学校开我市先河，成立了综合实践活动教研组，这将更好地指导、研究综合实践活动教学，提高综合实践活动教学效益。今天，举行“综合实践活动课启动仪式”，进一步把综合实践活动推向纵深发展。作为综合实践活动教研员的我倍感高兴，谨表示热烈的祝贺！祝贺湛江第一中学金沙湾学校综合实践活动课越开越好！同时，我们将看到，在湛江第一中学金沙湾学校的示范带动下，我市将会迎来综合实践活动明媚的春天。

综合实践活动课程伴随着新课程的改革走进了我们的视野。它既像一位温情款款的少女向我们展示她的特有的柔情；又像是一位整装待发的战士，他的飒爽英姿让我们倍感精神为之一振；更像一位智者，他为了孩子们的未来，在默默地努力着。

综合实践活动课程是我国《基础教育课程改革纲要（试行）》规定的3—9年级学生的一门必修课，是基于学生的直接经验，密切联系学生自身生活和社会生活，注重对知识、技能的综合运用，体现经验和生活对学生发展价值的实践性课程。它包括研究性学习、社区服务与社会实践、劳动与技术教育三大要素。其总目标是通过密切学生与生活的联系、学校与社会的联系，引导学生在积极参与实践的过程中获得积极体验和丰富经验；提高学生对自然、社会和自我的内在联系的整体认识，发展、培养、提高学生的创新意识和实践能力、社会责任感以及学生良好的个性品质等。所以，综合实践活动课程的确立，超越了以往传统的、有严密知识体系的学科界限，强调以学生经验、社会实际和社会需要为根本，体现了教育价值的时代性，顺应了当今社会对人才培养的要求。开设综合实践活动课的意义绝不在新设一门课程，而是对传统教育思想和育人模式的重大挑战，其意义和目的在于促进学生整体素质发展，促进学校课程的创新与发展，促进教师专业成长与发展。它将是中国基础教育有史以来最深刻的革命性变化。

综合实践活动课程不是其他课程的辅助或者附庸，而是一门具有独特功能和价值的相对独立的课程，与其他课程相比，它具有综合性、实践性、活动性、开放性、自主性、生成性等特点。综合实践活动课程带给老师、学生的发展变化是任何一门学科课程所无法替代的，它和学科课程相互补充、共同促进学生的全面素质的提高和发展。因此，综合实践活动课程的开设不是权宜之计，而应着眼于长远目标。

作为一门特殊的课程，综合实践活动课程不受教材约束，内容丰富，形式多样，空间广泛，没有固定的操作模式，最重要的是它注重过程而不是结果，关注学生在过程中的成长；但它又很难，它是关注学生一生发展的课程，它没有现成的教材，需要教师自己开发课程，对教师的专业水平提出了更高的要求，对教师的传统教育经验提出了全新的挑战。鲁迅先生说过："世上本没有路，走的人多了，也便成了路。"我想我们的综合实践活动课程不就是这样的一条路吗？它没有方向，没有尽头，更不知道走这条路的人都会怎样？但是有一点是可以肯定的，孩子们和老师们都在这条路上逐渐成长、成熟。

总之，对孩子们来说，每一次的综合实践活动，都将成为他们人生道路上的一份财富；对老师们而言，每一次的综合实践活动，都将给我们以更多更丰富的感悟和经验的积累。

"金秋九月，知了声声切。报道丰收人喜悦，也是旧日作别。应试教育肆虐，常常梦忆当年。今天别开生面，挥毫点键悠然。"我衷心祝愿学校的综合实践活动课程开展得越来越好。愿我们的老师们和孩子们在综合实践活动中越走越好，越走越远。让我们张开双臂，热烈地拥抱综合实践活动的春天吧！

（本文为2012年9月7日湛江第一中学金沙湾学校"综合实践活动课启动仪式"上的讲稿，有改动）

加强教学管理　推进学校发展
全面提高我市基础教育教学质量

——2008 年中考质量分析及教学建议

一、2008 年考试成绩分析

2008 年中考各科较大幅度降低命题难度，试题总难度系数为 0.56，除英语难度系数为 0.47 和政治难度系数为 0.71 外，其他学科难度系数相当。试题难度见表 1。

表 1　2008 年中考各学科试题难度一览表

年份	语文		数学	英语		政治	物理	化学	历史	试题总难度
	笔试	普通话		笔试	口语					
2008	0.60	0.62	0.54	0.47	0.47	0.71	0.58	0.55	0.55	0.56
2007	0.54	0. 54	0.56	0.42	0.37	0.55	0.50	0.57	0.50	0.52

（一）总分情况

今年中考总分（不含体育成绩）为 860 分。全市总分平均分为 485 分。按照 2007 年 3 月出台的《湛江市初中毕业班教学质量评价方案》，优秀率为报考人数的 10%，良好率为报考人数的 30%，及格率为报考人数的 60%。相对应的原始总分分数分别为 725，606 和 419 分，优良率较好的县（市、区）是赤坎区、霞山区、吴川市。

中考总分平均分（不含体育成绩）前三名的县（市、区）是霞山区 579 分，第二名是赤坎区 575 分，第三名是开发区 536 分；总分平均分前三名的学校是湛江一中 722 分，第二名是湛江市二中 701 分，第三名是廉江中学 676 分；平均分较高的规模较大的学校是吴川一中、湛江市四中、雷州实验初中、雷州一中、湛师附中、遂溪一中、徐闻梅溪中学、湛江市二十中、雷城中学。作为镇一级所在地中学连续取得优异成绩的学校是湛江湖光中学、太平中学，吴川川西中学、吴阳中学、塘尾中学；进步较大，总平均分超过 500 分的学校有湛江五中、湛江华港学校、吴川四中、麻章中学、坡头二中、雷州龙门中学、东里二中、客路中学、遂溪北坡初中、西溪初中、港门初中、廉江良垌三中、石颈二中等。总分平均分最低的学校为193分。总分平均分情况见表2—4。

表2 2008年中考总分平均分一览表

项目	全市	徐闻县	雷州市	遂溪县	廉江市	吴川市	赤坎区	霞山区	麻章区	坡头区	东海岛	开发区
文化分	485	451	463	481	472	479	575	579	496	510	469	536
体育分	29	34	27	33	27	27	34	30	30	28	28	31
总分平均分	514	485	491	514	499	506	609	609	526	539	497	567

表3 2008年中考总分平均分前50名学校数统计表

项目	全市	徐闻县	雷州市	遂溪县	廉江市	吴川市	赤坎区	霞山区	麻章区	坡头区	东海岛	开发区
学校总数	353	36	46	49	72	64	17	25	13	16	8	7
学校数	50	4	5	1	3	6	8	10	3	6	1	3
占学校总数百分比/%	14.2	11.1	10.9	2.0	4.2	9.4	47.1	40.0	23.1	37.5	12.5	42.9

表4 2008年中考总分平均分倒数50名学校数统计表

项目	全市	徐闻县	雷州市	遂溪县	廉江市	吴川市	赤坎区	霞山区	麻章区	坡头区	东海岛	开发区
学校总数	353	36	46	49	72	64	17	25	13	16	8	7
学校数	50	2	3	0	10	26	2	4	1	1	0	1
占学校总数百分比/%	14.2	5.6	6.5	0	13.9	40.6	11.8	16.0	7.7	6.3	0	14.3

总分最高为湛江市二中陈小媛879分，第二名877分（湛江一中张书瑜、林慧，湛江市二中陈芍杏）。全市总分800分以上学生人数为3873人，占毕业生2.40%，赤坎区为11.82%，霞山区为6.42%。全市总分540分以上学生人数为47885人，占毕业生29.67%，赤坎区为53.31%，霞山区为45.95%。

（二）学科情况

各学科成绩情况见表5—6。

表5 各学科平均分前三名学校一览表

名次	语文				数学	
	笔试		普通话			
	学校	平均分	学校	平均分	学校	平均分
1	湛江一中	120.9	湛江一中	15.5	湛江一中	128.9
2	湛江市二中	119.9	湛江市二中	15.1	雷州市实验初级中学	124.1
3	湛江市四中	117.5	廉江中学	14.9	湛江市二中	123.8

续表

名次	英语				物理	
	笔试		口试			
	学校	平均分	学校	平均分	学校	平均分
1	湛江一中	124.2	湛江一中	11.7	湛江一中	102.4
2	湛江市二中	117.4	湛江市二中	11.2	湛江市二中	99.0
3	廉江中学	112.6	湛江市四中	10.5	金沙湾新城学校	98.4

名次	化学		政治		历史	
	学校	平均分	学校	平均分	学校	平均分
1	湛江一中	102.4	湛江市二中	69.1	湛江一中	59.2
2	雷州一中	98.3	廉江市二中	68.5	湛江市二中	59.1
3	金沙湾新城学校	98.1	湛江一中	68.5	雷州市实验初级中学	54.5

表6　2008年中考总分及各学科平均分低于全市平均分学校数统计表

		总分	语文（笔试）	普通话	数学	英语	物理	化学	政治	历史
全市	平均分	514	90.0	12.3	81.2	70.7	69.7	65.7	56.9	38.4
	最高分	760	120.9	15.5	128.9	124.2	102.4	102.4	69.1	59.2
	最低分	224	31.5	7.0	81.2	27.6	30.8	21.6	31.8	16.3
学校数	徐闻县	29	28	27	28	29	29	28	28	29
	雷州市	32	36	34	29	37	29	30	31	34
	遂溪县	30	30	24	32	38	31	33	25	28
	廉江市	56	52	59	56	58	54	53	56	55
	吴川市	50	48	54	51	50	49	49	48	49
	赤坎区	6	5	3	7	6	7	5	5	5
	霞山区	11	8	7	11	12	10	10	11	8
	麻章区	9	7	7	10	10	9	9	8	8
	坡头区	5	5	6	5	4	5	5	7	6
	东海岛	5	3	3	3	3	5	6	5	5
	开发区	2	2	2	2	3	2	2	2	4
	全市	235	224	226	234	250	230	230	226	231

注：总分含体育术科分数。

（三）报考情况

今年中考全市报考率为65.32%，报考考生占本地区人口为1.48%，吴川市报考率最高，为85.52%，报考考生占本地区人口1.89%。报考率小于全市报考率的县（市、区）有徐闻县、雷州市、廉江市、坡头区、东海区，报考率比较低的是坡头区，为51.96%。全市报考人数小于100人的学校有74所，约占全市学校数的21%。报考情况见表7—11。

表7　2008年中考各学科平均分前50名学校数统计表

县（市、区）	学校总数	学科									
		语文		英语			数学	物理	化学	政治	历史
		总分	普通话	总分	笔试	口试					
		学校数	学校数	学校数	学校数	学校数	学校数	学校数	学校数	学校数	学校数
徐闻县	36	3	4	4	4	4	6	4	5	6	4
雷州市	46	5	5	4	5	5	6	8	8	6	4
遂溪县	49	1	1	1	1	1	1	2	2	3	2
廉江市	72	3	3	4	4	4	3	3	4	4	3
吴川市	64	6	2	6	6	6	6	6	7	7	7
赤坎区	17	9	9	9	8	9	6	8	6	8	9
霞山区	25	11	13	10	10	11	8	8	9	8	10
麻章区	13	3	4	3	3	3	3	3	3	3	3
坡头区	16	5	5	6	6	7	6	6	4	3	3
东海岛	8	1	1	0	0	0	1	1	0	0	0
开发区	7	3	4	3	3	2	4	2	2	2	5
合　计	353	50	51	50	50	52	50	51	50	50	50

表8　2008年中考各学科平均分倒数50名学校数统计表

县（市、区）	学校总数	学科									
		语文		英语			数学	物理	化学	政治	历史
		总分	普通话	总分	笔试	口试					
		学校数	学校数	学校数	学校数	学校数	学校数	学校数	学校数	学校数	学校数
徐闻县	36	6	2	2	2	3	2	2	2	3	2
雷州市	46	5	3	2	2	5	2	1	1	3	2
遂溪县	49	1	1	2	2	1	0	0	1	2	0
廉江市	72	12	13	9	9	7	9	8	8	10	12
吴川市	64	22	27	25	26	26	27	28	26	27	29
赤坎区	17	1	2	2	2	1	2	2	2	1	1
霞山区	25	2	1	5	5	4	5	4	5	2	2
麻章区	13	1	1	1	1	1	1	2	1	2	1
坡头区	16	0	0	1	1	1	0	1	1	0	0
东海岛	8	0	0	0	0	0	0	0	1	0	0
开发区	7	1	1	1	1	1	2	2	2	1	1
合计	353	51	51	50	51	50	50	50	50	51	50

表 9　2008 年中考报考情况统计表（一）

县（市、区）		人口（万）	本地区人口占全市人口的比例（%）	年份	报考人数	报考考生占本地区人口的比例（%）
市辖区	赤坎区	22	3.08	2008	4196	1.91
				2007	4368	1.99
	霞山区	35	4.90	2008	6710	1.92
				2007	7086	2.02
	麻章区	26	3.64	2008	3349	1.29
				2007	3326	1.28
	坡头区	38	5.32	2008	4660	1.23
				2007	6328	1.67
	东海岛	21	2.94	2008	1832	0.87
				2007	2731	1.30
	开发区	4	0.56	2008	672	1.68
				2007	642	1.60
	合计	146	20.44	2008	21419	1.51
				2007	24481	1.72
徐闻县		68	9.52	2008	9865	1.45
				2007	10214	1.50
雷州市		150	21.01	2008	20555	1.37
				2007	19275	1.29
遂溪县		99	13.87	2008	13529	1.37
				2007	14202	1.43
廉江市		150	21.01	2008	20991	1.40
				2007	21338	1.42
吴川市		101	14.15	2008	19068	1.89
				2007	18410	1.82
全市		714	100	2008	105427	1.48
				2007	107920	1.51

表 10　2008 年中考报考情况统计表（二）

县（市、区）	报考情况		
	毕业人数	报考人数	报考率（%）
全市	161404	105427	65.32
徐闻县	17133	9865	57.58
雷州市	35148	20555	58.48

续表

县（市、区）	报考情况		
	毕业人数	报考人数	报考率（%）
遂溪县	19072	13529	70.94
廉江市	35088	20991	59.82
吴川市	22296	19068	85.52
赤坎区	5239	4196	80.09
霞山区	9928	6710	67.59
麻章区	4564	3349	73.38
坡头区	8969	4660	51.96
东海岛	3079	1832	59.50
开发区	888	672	75.68

表11　2008年湛江市中考报考人数100人以下的学校统计表

县（市、区）	学校数总数	学校数	占学校总数的比例（%）	最少学生数
徐闻县	36	10	27.78	28
雷州市	46	8	17.39	16
遂溪县	49	8	16.33	17
廉江市	72	13	18.06	27
吴川市	64	13	20.31	28
赤坎区	17	5	29.41	9
霞山区	25	9	36.00	31
麻章区	13	1	7.69	77
坡头区	16	2	12.50	20
东海岛	8	1	12.50	82
开发区	7	4	57.14	12
全市	353	74	20.96	—

（四）存在的主要问题

今年中考成绩是较显著的，但也存在一些不容忽视的问题。

（1）有些学校主要领导长期不上课，不深入教学，对教学工作管理、检查、指导的力度不够，对教学过程的微观管理不到位，教学管理制度不落实，教学行为不规范，学校教学工作计划性不强，整改措施缺乏针对性、实效性，影响了教学工作持续发展和教学质量的进一步提升。

（2）部分学校“教法”和“学法”未能适应新课程改革的要求。一是不少教师缺乏对新课程理念的学习和研究，教学观念未得到根本的转变，仍采用原有的教学方式、方法和手段来进行新课程的教学，即“新教材、旧教法”。二是学生没有适应新的教学模式。新课程的教学中有不少学生自主学习和自主探究的内容，由于学生受到原有的教学模式和学习模式的影响，对于自主学习和自主探究的问题感到无所适从，学生难以进入新课程改革的角色中。

（3）学校发展很不均衡，城乡学校差距有逐渐扩大的趋向。有些学校办学规模过小，教学质量整体水平较低，也造成教学资源浪费。廉江市、吴川市各学科平均分低于全市平均分的学校均约占75%。开发区某民办学校报考人数只有12人，总分平均分224分，语文平均分31.5分；霞山区某中学数学平均分17.8分；廉江市某中学物理平均分30.8分。

（4）还没有建立与新课程相适应的评价体系。不少学校一如既往地用老办法来评价教师、评价课堂教学和评价学生的学业成绩，普遍存在重结果轻过程或者只评价结果不评价过程的现象。

（5）没有正确认识初三分流的意义，对初三分流存在误区。有的学校为了提高升学率、平均分，不准学生参加考试，美其名曰“分流”，但实际学生的分流没有到位，去向不清。如某区某中学，毕业生494人，参加中考的只有214人，占毕业生43.3%，分流280人，但实际分流到有关学校的只有50多人。

（6）对实验教学没有引起足够的重视。新课标十分强调学生动手能力的培养，有的地市已全面进行了实验操作考核，而我市有的初中实验室被挤占，实验药品、仪器跟不上课改的要求，因而造成学生的操作水平逐步下降，学生动手操作能力普遍较差。

（7）部分学校存在考什么教什么的现象。生物、地理两科有被边缘化的趋向。据了解，由于中考科目没有考生物、地理，因而有部分初中不开设生物、地理，长此下去，必定对高考带来严重影响，也是对学生的未来成长不负责任的表现。

（8）英语教学没有得到应有的重视。英语学科是考试科目中对学生能力要求最低的学科，对一般初中而言，狠抓英语学科是最有利提高总分的，但由于部分校长英语教学观念跟不上社会变化发展的需要，并且大部分镇初中英语师资又缺乏，因而造成英语学科成绩停步不前。

（9）各县（市、区）体育学科成绩分差大，平均分最高的县区达到34分，最低的才27分，分差7分，分差比例达26%。综观体育学科的分数差，并不能真正反映学生的体育成绩，很大程度上是考试管理不严格、不规范所造成的，一定程度上也造成了中考考试的不公平，这也是社会议论较多的问题。

二、2009年中考备考建议

2008年中考虽然已经结束，但全面提高我市基础教育质量的路还很长，我们肩上的担子还很重。全市广大教育工作者和各部门要通过总结中考经验和教训，认真落实国家教育方针，认真落实课程标准，以知识和能力为主线，夯实学科的知识基础，培养学生的创新精神和实践能力。把学校的教学质量作为学校生存与发展的生命线，强化教育教学管理，优化课堂教学，优化资源整合，激发教师敬业精神，启发学生学习动力，使毕业生在达到义务教育的基础上具有扎实的基础知识和较强的应试能力，为高一级学校输送高质量的生源。

下面，我就2009年的中考工作谈几点意见。

1. 加快推进基础教育课程改革实验

基础教育课程改革是为全面实施素质教育而推行的一项重大改革举措，各级教育行政部门和学校不能把这项工作当作一项一般的业务工作来抓，一定要高度重视这项事关教育改革全局、事关教育长远发展的重大工作，切实加强领导，精心组织实施，不断提高组织管理水平，把实验工作不断引向深入，确保课程改革工作顺利、健康开展。在组织实施中要做到“三个到位”，“三个落实”，即领导责任到位、政策措施到位、经费投入到位；课改计划落实、动员部署落实、评估督导落实。探索制定与新课程实施相适应的教学管理制度，包括备课、上课、作业、学习辅导等教学常规管理制度和课堂教学评价方案，规范教师的教学行为，加强对教学过程的全程管理，防止出现“新课程，旧教法”，“穿新鞋，走老路”的现象。温家宝总理曾指出：“教学改革还要回到学、思、知、行这四个方面的结合，就是学思要联系，知行要统一。”要在重视基础知识、基本技能教学的同时，引导教师为学生创设自主、合作、探究的机会。鼓励教师与学生有效利用现代教育技术，倡导多样化的教学组织形式，提高教学效益，促进学思联系，知行统一。加强对课改实验工作全过程的跟踪评估，有计划地开展检查和督导工作，发现典型，要及时总结经验并加以推广；发现问题，及时指导、调整和改进。

2. 加快推进教学质量目标管理

提高教育质量是教育工作永恒的主题，也是人民群众关注的焦点。近几年，经过全市上下的共同努力，我市基础教育事业实现了超常规的发展，特别是事业规模、办学条件已进入了新的历史阶段。在扩大规模、改善办学条件的同时，更要关注教学质量，我们必须及时把教育工作的注意力、兴奋点转向质量、聚焦质量。各教研部门要对提高教学质量中的重点、难点问题开展专题调研，全面回顾、总结和反思在新课程实施方面所取得的经验和教训，在调查研究的基础上，建立新的课程、教材体系和适应全面推进素质教育要求的评价体系，认真实施《湛江市基础教育教学质量目标管理方案》，加强课程、课堂和教学质量跟踪管理的指导和研究，切实加强教学质量监控和管理工作。根据课程标准的要求和教学的实际，抓教学质量目标的制订、教学质量目标的落实、教学质量目标的检查和评估。教学目标管理和评价的内容要多元化，既要重视学生的学业成绩，也要重视学生的学习能力、创新能力和实践能力。积极开展市、县（市、区）、学校三级教学质量目标考评工作，全面提高我市中小学校教学质量。

3. 加快推进基础教育协调均衡发展

解决好义务教育区域间、校际间发展不均衡的问题，是关系人民群众切身利益、促进教育公平的大事。没有教育机会的均等，就谈不上社会公平。因此，各级教育行政部门要把义务教育均衡发展纳入工作整体规划，本着“巩固、深化、提高、发展”的工作方针，对均衡发展的各项任务制订出具体的目标和实施步骤，有计划、有步骤地实施县域内义务教育均衡发展。构建基础教育均衡发展的平台，加强统筹和调控，从教育管理体制的完善、布局结构的调整、师资队伍的建设以及信息资源的共享等方面多下功夫。

优化教育资源配置，推动校长和教师资源流动制度化，对有些学科的教师可以实行联聘，对名教师、优秀教师要实行区域共享，让他们在更大范围内发挥作用。开展城乡优质学校和农村薄弱学校结对帮扶活动，帮助和指导学校开展教学研究和教育科研，改进教育教学方法，提高管理水平、教育质量和办学效益。加强薄弱学校改造，为学校选派事业心强、有管理经验和开拓精神的校长，鼓励骨干教师到薄弱学校任教，选拔农村学校和城乡薄弱学校干部和教师到优质学校挂职锻炼。挖掘学校自身潜力，走内涵式发展道路。

利用现代教育网络建设庞大丰富的教育资源信息库，借助现代化的信息教育平台，实现优质教育资源共享，缩短城乡之间、强校与弱校之间的办学差距，实现真正意义上的均衡发展。

深化升学制度改革，坚决执行义务教育阶段划片招生、就近入学政策，严禁义务教育阶段各类学校以组织考试或变相考试方式择优选拔新生，严禁以各类竞赛成绩作为录取新生的依据，坚决取缔重点校、重点班。在实施义务教育均衡发展过程中，不仅要将着力点放在大力发展农村教育和薄弱学校改造上面，还要关注优质学校，开发优质教育资源，充分发挥优质学校在实施素质教育以及信息技术应用和创新人才培养中的示范、辐射和带动作用。

4. 加快推进评价与考试制度改革

评价与考试制度的改革是课程改革推进的关键环节，必须加强探索和实验，面对新课程，如何有效地发挥评价考试的导向作用，引导家长和社会形成新的质量观、人才观，是新课程推进中需要重点研究的问题。我们强调评价主体的多元、评价方式的多样，强调重视过程性评价，关注学生的综合素质评定，并不等于不要考试，而是期望通过评价和考试内容及方式的改革，更好地发挥评价促进学生发展的功能，使评价与考试更具有科学性，更加客观、公正，符合学生成长规律。各级教育行政部门和学校必须认识到评价与考试的改革是课程改革的一个有机组成部分，同时，也是保障课程改革顺利进行和保证稳步提高教学质量的关键之一。要根据《教育部关于积极推进中小学评价与考试制度改革的通知》精神，建立起有利于促进教师职业道德和专业水平提高的教师评价体系，建立起有利于提高教育质量的学校评价体系，建立起有利于学生发展的学生评价体系。

通过改革中小学评价与考试制度，更好地提高学生的综合素质和教师的教学水平，为学校实施素质教育提供保障，使评价过程成为促进教育教学质量提高的过程。要不断完善义务教育阶段学校教育教学评价体系，抓好义务教育阶段学校的不定期教学质量监测考试。各学科要在全面调研的基础上，有序完成学科教学质量分析报告和成绩统计，及时将考试情况通报到县（市、区），反馈到学校。

5. 加大教师队伍建设力度

胡锦涛总书记指出："没有高水平的教师队伍，就没有高质量的教育。"汪洋书记最近就解决中小学代课教师和教师工资福利待遇问题时说："教育事关民族兴旺、人民福祉和国家未来，教育是推动一个地区发展的软实力，教师则是教育的第一资源，是办高质量教育的根本。"我们都有深切的体会，没有高素质的教师，一切高质量教育的计划都会陷于空谈。我们要把教师队伍建设放在首位，加强教师的管理、教育，着力打造一支师德高尚，专业知识丰富，管理水平高、教学业务扎实的教师队伍，促进学校可持续发展。

首先，要加强教师职业道德建设。学为人师，行为世范，是对教师职业道德的高度提升。温家宝总理在2009年教师节寄语全国教师："要志存高远，爱国敬业；要为人师表，强己律己；要严谨督学，与时俱进。"各级教育部门和学校要把加强教师道德建设摆在突出重要的位置，在教师培养、培训工作中，把师德教育作为重要内容。要重视教师思想政治工作，增强教师全面贯彻党的教育方针、实施素质教育的自觉性，要求教师自觉履行《中华人民共和国教师法》规定的义务。通过强化学校教育教学管理、建章立制、树立典型的措施，培养教师良好的职业道德，恪守"敬业爱生、明礼诚信、平等合作、勤学乐教、廉洁奉献"的教师基本道德规范，努力提高教师的思想道德水平，忠诚人民的教育事业，热爱学生、敬业探索、无私奉献，争当为人民服务的教师。要把教师职业道德作为教师职务聘任、晋升的重要依据。对教书育人的先进教师，予以表彰奖励。师德不合格的人不能当教师。俗话说："教育无小事，事事是教育；教师无小节，节节是楷模。"广大教师和教育工作者要牢记使命，坚持以德修身，以德立教，以德育人，努力践行胡锦涛总书记提出的"爱岗敬业、关爱学生，刻苦钻研、严谨笃学，勇于创新、奋发进取，淡泊名利、志存高远"的要求，注意自己的一言一行，一举一动，在普通平凡的生活中体现出自己高尚的道德情操。只有这样才能显示自己的人格魅力，才能被学生所接受，才能让人民满意。

二是加强班主任队伍建设。要全面提高初中教学质量，校风建设是关键。而优良的校风又必须有赖于优秀的班主任队伍，因此初中教师队伍建设中，首当其冲的是班主任队伍建设。只有形成一支优秀的班主任队伍，才能有效提高中考成绩。

三是，要加强教师教书育人能力建设。教师必须树立终身学习的理念，不断提高教书育人的本领。教师加强学习是时代的要求，是从教的要求。古人云：大志非才不就，大才非学不成。现在，一些教师的知识结构老化，知识更新速度慢，课堂上表现出教学形式呆板、创新不足，这些都影响了教学的质量，成为教师职业发展的瓶颈。教师要不断拓宽知识视野，学习新知识，树立新理念，研究新方法，更新和改善自己的知识结构，不断提升自身的精神、气质和品性，不断积累经验和智慧。教师，只有学识渊博才能上好课。所谓渊博，即专业知识精深，相关知识广博，并且有相应的坚实的理论功底和研究能力。这样的老师上课，才能解惑释疑，可信度高，学生听课是一种享受，由课到人，他们对教师油然而生敬慕的心情，激发起强烈的求知欲望和浓厚的学习兴趣。在科学知识激增的今天，教师不仅需要模仿和继承，更要敢于创新，勇于创新，积极探索教学改革；不仅要努力改进教学方法、教学方式，还要加强对教学艺术的研究，研究学生的认知规律、心理状态、接受特点，做到有教无类。

6. 加大中考备考管理力度

中考备考是在原有的基础上进行一种较高层次的学习过程。因此，在中考复习教学中，要树立“以学生发展为本”的理念，强化复习教学管理，营造和谐、民主的师生关系及课堂教学氛围。

教师要善于研究学生心理，走入学生内心世界，做学生心灵的塑造者、心理的疏导者、生活的指导者、学习的引导者，为学生的健康成长营造积极、向上的精神环境。只有这样，才能更有效地提高复习效率。

要优化课堂教学过程，教师要研究课堂、决战课堂、关注细节、夯实基础、落实常规。2009 年的命题难度基本保持稳定，只对个别学科难度和英语等做适当调整。教师要积极优化教法、学法，吃透“课标”、“考试说明”，认真研读教材，科学处理教材，明确考试的内容、范围、要求，全面而有重点地指导学生复习，使复习更具科学性、针对性和高效性。

要精心设计教学过程，激发学生的学习兴趣与积极性、主动性，切实提高课堂学习效率；教师上课要在面向全体学生的基础上，分类指导。要全面分析学生，制订分类指导的措施，让优等生吃得饱，中等生吃得好，后进生吃得了，做到培优促中辅困，使全体学生学有所得，提高整体教学质量。

要优化复习方法与策略。中考复习一定要坚守“回归课本、夯实基础、优化方法、拓展能力”的原则，把知识、技能、能力、方法一起抓，遵循规律，精讲精练，循序渐进，环环紧扣，螺旋上升，处理好复习进度与质量的关系。

要对教材中的知识进行梳理概括、归纳整理，构建知识的框架，使知识成为一个有机联系的整体。

要强化学法、考试指导，针对学科特点，教师要归纳、总结出不同知识模块、不同考试题型的学习方法、考试技巧。

要联系生活实际，在生活化情境中提高审题、分析、迁移、解题能力，把知识进行纵向或横向的联系结合，促进知识的迁移，进一步形成良好的认识结构。

要结合中考方向组织专题化、序列化的总复习，强化学生的错题管理意识，从而提高学业水平。重视学生非智力因素的影响，加强学生考试前的心理辅导。

要优化复习资料筛选。学生使用的资料忌滥，教师收集的资料宜广。因此，要认真做好复习资料的筛选，切实减轻学生的经济负担和学习负担。学校要利用有利条件，加强校外的合作与交流，实现资源共享，促进学校均衡发展。

7. 规范初中分流，使分流工作更具有实质性

坚决杜绝以分流为幌子，片面追求升学率。对那些强迫学生分流，又没有落实到相关职业技术学校、技工学校等就读的学校领导要严肃批评。对那些参与招生中介的学校领导、老师要严肃处理。

杏坛雨润风光好，桃苑辉生景物新。回首2008年中考的艰辛，我们倍感欣慰。展望2009年的中考，我们充分相信凤凰涅槃，浴火重生，必将迎来绚丽的明天。天行健，君子以自强不息。让我们弘扬奥运“自信、自强、自尊”的精神，团结协作，努力拼搏，不甘平庸，锐意进取，不断深化教育改革，推进学校均衡发展，全面提高我市基础教育质量。

质疑——创新思维的起跑线

创新始于质疑，质疑是创新思维的现实起点和开端。

无数发明创造的实践证明，谁敢于合理质疑、敢于率先提出问题，谁就能最先开辟一条全新的创造之路。疑处有奇迹，疑处出真知，疑处有突破，敢于质疑，就会有奇迹般的创新成果。伽利略敢于向“权威的论断”质疑，从比萨斜塔实验中发现了自由落体定律；牛顿敢于质疑，经推理抽象概括出了牛顿运动第一定律，揭示了力和运动的真正内在联系，从而奠定了经典力学的基础……

“问题是创造之源，疑问是创造之母。”质疑是开启学生思维的金钥匙，对培养学生发现问题、分析问题、解决问题的能力，学会“自能读书”有着不可低估的作用。古人云：“学贵有疑，小疑则小进，大疑则大进；疑者，觉悟之机也，一番觉悟，一番长进。”著名教育家陶行知说：“发明千千万，起点是一问……人力胜天工，只在每事问。”巴尔扎克曾经说过：“打开一切科学的钥匙毫无异议的是问号。”

学生学习的过程，其实质就是学生不断“生疑——质疑——解疑”的过程。因此，必须转变教育观念，改变教师满堂问的弊端。要改变以知识传授为中心的教学思路，以培养学生的创新意识和实践能力为目标，从教学思想到教学方式上，大胆突破，摒弃陈旧的教育观念和教学模式，用积极、科学、艺术的方法对学生进行培养和引导，提高学生的创新思维能力。要变教师问学生为学生问教师，把提问的权力还给学生，并尊重和保护学生这种权利。即使学生由于知识、经验不足，提出的想法、见解和设计方案是幼稚的，甚至是错误的，这种创新精神也是很可贵的，教师不应当轻易地否定了之。要让学生主动参与，充分发挥学生的主体地位，启发诱导学生积极思维，让学生积极主动地去学、去想、去疑、去问，发表独立见解，使他们在师生互动解决问题的过程中不断产生新的有价值的问题，让新的问题又激发学生不断去探索、发现。这样，才能体现学生的主体地位，才能提高学生分析问题、解决问题的能力，才能取得理想的教学效果，才能让新课标的理念落到实处，才能让课堂真正成为学生自主学习和实践创新的天地。

建立民主、平等的师生关系，为学生质疑创设良好氛围。学生只有在民主、宽松、和谐的环境中，才能充分解放自己的个性，开放自己的思维，才敢于质疑。这就要求教师在教学中要注重和善于创设情境，给学生的质疑创造良好的机会，提供充足的空间，形成一种宽松、活跃、和谐、民主的氛围。在人格上尊重学生，以平等的心态对待每一位学生，并及时给予激励性的评价。鼓励学生敢于打破思维定式、质疑权威，标新立异，异想天开。鼓励学生敢于质疑、善于质疑、乐于质疑，养成善思敢问的习惯和心理品质，使质疑成为学生学习的内在需求，成为师生交流的桥梁，使学生由被动质疑逐步转向主动质疑，帮助学生认识自我，建立信心，从而调动其学习的主动性和积极性。

不断改进教学方法，教给学生质疑的方法。要从引导学生的多思多问入手，认真思考，精心设计，努力优化课堂的提问，有效地发挥课堂提问所特有的“路标”作用。可引导学生从课题上质疑，也可从概念内涵的挖掘及外延的拓展上质疑，从教材的重点、难点处质疑，还可从矛盾之处质疑，或者从不同的角度质疑等。要抓住学生好奇心强的特点，把他们学习探究的兴趣充分调动起来，因势利导，化好奇心为强烈的求知欲，使学生认知的动力系统和智力系统处于兴奋状态，认识活动和意向活动全部参与投入，从而使学生产生疑惑，积极思维，使学生的智力活动达到最佳状态。不仅要善待学生的提问，而且要善于从中筛选出有价值的问题，鼓励和引导学生凭借各自的智慧去探索知识，解决疑难，进而达到问得巧、问得精、问得新、问得有思维价值。同时，不仅要让学生在课堂上保存发扬这种良好的学习品质，还要把这种良好的学习品质进一步延伸，使学生在课外也能积极主动地质疑，把课堂上学到的知识应用到实际生活中，做生活中的有心人。这样就能发现学习中、生活中处处有问题可提，会在无疑处生疑，从而提高质疑能力，变“要我问”为“我要问”、“我会问”，形成一种永恒的追求。

质疑，是人类创新的出发点，创新常常从“问号”起步。一个个不平凡的问号，为人们画出一条条创新的起跑线。

（本文发表于《湛江教育》2014 年第 4 期，有改动）

创新——教师专业化发展的灵魂

激发学生创新意识，培养学生创造性学习的行为习惯，既是深化教育改革，全面推进素质教育的迫切要求，更是21世纪信息社会发展的必然规律。联合国教科文组织在《教育的方法与内容》一文中，将培养学生的创造性放在第二位，地位仅次于培养学生科学的人道主义。2001年教育部颁布的《基础教育课程改革纲要（试行）》规定了新课程的核心是关注人的发展，人的创新精神、实践能力的培养。伴随着基础教育课程改革的实施，培养学生创新意识是新时代的要求。心理学家皮亚杰指出，教育的首要目标在于培养有能力创新的人，而不是简单重复前人已经做过的事情。

创新是一个民族进步的灵魂，是一个国家兴旺发达的不竭动力。教育在培养民族创新精神和培养创造性人才方面肩负着特殊的使命，而教育创新的关键就在于教师。创新教育在教师要求上，不再满足于“传道、授业”，而要求教师能在对学生进行创新教育的过程中起引导和示范作用。只有具备创新意识、创新精神的教师，才能培养具有创新意识的学生。

教师必须牢固树立创新意识，树立“创造伟大”的观念，把提高自身的创新意识和能力摆在比培养学生创新能力更高的位置上，做一个具有强烈的创新意识和创新激情，富于求索精神，并且有着知识创新和技术创新能力的新时代的创新型人才。要切实转变教育观念，坚持以人为本，从培养新世纪人才素质的高度出发，充分认识开发学生创新潜能的重要意义，担负起培养创新人才的重任。坚持以创新精神的培养为基础，以创新能力的培养为目标，不折不扣地实施素质教育。而实施素质教育的根本目的不是让学生考高分，上名牌，而是如何发展学生的创新能力，培养创造性的人才。我们要培养有创新精神的科学家，更要培养有创新精神的工人、农民，实现教育主体观、教育质量观、教育方法观和学生发展观的共同改变。只有这样，教师才能从自己的创新实践中发现创新能力形成和发展的规律，为创新教育提供最直接、最深刻的体验。

教育是一门艺术，一门富有创造性的艺术。列夫·托尔斯泰曾说过：“如果学生在学校里学习的结果是使自己什么也不会创造，那他一生将永远是模仿和抄袭。”在新课程的实施中，许多教师对新课程有了一定的了解，但要想娴熟自如地驾驭新课程，培养创新型人才，必须进一步更新观念、创新教法和改进评价机制，教师如果一味因循守旧、依照惯例，绝不能培养出富有个性、生动活泼、具有主体意识的学生。只有因材施教，在看似平凡的教育中显现出创造的意境，才能培养出符合时代需要的人才。

教师必须坚持以教育创新为先导，努力打破自己的思维定式，博学多才，敢想、敢说、敢为，勇于探索。不断创新教育行为，改进教学方式方法，积极探索与时代相适应的教育思想、教学模式、评价机制。要创造一种民主、宽松、友好的教学环境，使学生在心理放松的情况下形成一个无拘无束的思维空间，能促进学生积极思维，驰骋想象，敢于标新立异，敢于质疑，敢于发表不同见解，敢于有新思路和方法，让学生有创新的意识、习惯，多层次、多角度地培养学生的创新精神和创新能力。要以课堂教学为主阵地，将创新教育寓于课堂教学之中，把传授技能作为开发学生智力、培养学生能力的途径和手段，努力培养学生推崇创新，追求创新和以创新为荣的思维意识。要坚持创造性思维训练，自觉地将知识传授与创新思维相结合，注重学生对知识的理解和接受能力，培养学生善于综合、开拓新领域的能力以及掌握创新的方法。要真正落实学生的主体地位，尊重学生的个性，调动学生的主动性和积极性，培养学生的主体性和创造性，让学生得以和谐发展。以全新的视角走进课堂，把课堂还给学生，让学生做课堂的主人，而不是让教师像过去一样驾驭课堂，导演学生。激发学生的创新意识，开发学生创新的潜能，捕捉学生的创新思维的闪光点，发展学生的创新能力，使学生在猜想验证中创新、在质疑释疑中创新、在实践操作中创新、在尝试学习中创新、在和谐环境中创新，实现创新性学习，成为创新性人才。

“日日自新无歇时”。教师要不断解放思想，实事求是，努力实现自我超越，唯有如此，才能把自己培养成为具有创新精神的“研究者”，教学活动的积极参与者，把握时代脉搏的新时代的创新型教师。

（本文发表于《湛江教育》2014 年第 12 期，有改动）

学习——教师专业化发展的支撑点

古人云：“学如弓弩，才似箭镞，识以领之，方能中鹄。”董仲舒也曾言：“常玉不琢，不成文章；君子不学，不成其德。”“勉强学问，则闻见博而知益明。”原国家科技部部长朱丽兰女士对学习更有一番精辟的论述：“学习是生存的前提，学习是发展的基础，学习是创新的本钱。”在新知识、新观念、新理论不断涌现的今天，作为人类文化知识的传播者——教师，除了具有专业知识之外，还要具有教育理论修养，具备教育问题意识和科研能力。必须具备一般人所没有的学识、眼光、精神结构、气质修养。而养就非凡的气质修养的重要的途径是学习、是读书。

当今时代，学习不仅仅是工作的需要，是提升自身素养的需要，甚至已成为人生乃至生命的重要组成部分。终身教育和终身学习是当代教师职业发展的必由之路。过去人们常说要给学生一杯水，教师要有一桶水。现在人们说，一桶水不够，教师要有一条常流常清的小河，必须是活水源头。不管是一桶水还是一条河，都要求教师不断充实知识、更新知识，提高专业素养，促进专业化发展。教师的专业发展是一个终身过程，既要靠岗前培养，更要靠职后的进一步学习。教师职前培养功效是非常有限的，它只是教师专业化发展的起步。因此，教师必须确立终身学习的意识。“严谨笃学，与时俱进，活到老，学到老”是新世纪教师应有的终身教育、终身学习观。教师必须不断努力去学习，不断改变目前落后的教育观念和教学方法，不断接受新生事物，学习新的东西，更新自己的知识结构，不断充实自己，完善自己，提高自己，以促进自身知识的更新和教育技能的提高，以适应素质教育发展的要求，以适应教育现代化建设的需要。

教师必须强化终身学习的动力，自觉成为不倦的学习者，不断提高自己的知识底蕴和专业素养。教师的专业素养不仅包括要有与时代精神相通的教育理念，而且在知识结构上不再局限于“学科知识 + 教育学知识”的传统模式，强调多层复合的结构特征，还要有较强的人际交往能力、管理能力、教育研究能力。不但要有扎实的文化科学知识、系统的专业知识和教育理论，还需要了解哲学、社会学、管理学、心理学等学科知识及基本原理，了解新世纪国际教育发展的新理念、新动向，了解教育政策、教育形势和教育改革的趋势，更要懂得党的方针政策和相关法规。新时期的教育需要一大批学习型、研究型的教师，引领教育风骚。这就要求教师学会学习，锻造教书育人扎实的基本功。学会学习是教师从教的基础。要指导学生怎样学习，教师应是学习的典范，应该率先学会怎样学习。教师要教给学生发现真理的方法，而非简单的奉送真理，即授之以渔。

教师虽然受过专门的学习和训练，而且有了学历证书，但这不应是一劳永逸的。学历只代表过去，人生还有很多没有经历过的经验与常识，学习力才是将来。随着现代科技的飞速发展，许多知识已老化，许多观念已落后，大量的新知识不断涌现。教师不应仅满足于师范教育所学的知识，而应对新知识有“春江水暖鸭先知”的意识，有获取新知识的能力，站到新知识的前沿，强化专业知识，使自己的课堂常教常新，永远流淌着时代的春水。

再次，当前处于教育改革的攻坚阶段，处于传统教育向现代教育转轨的时期，中小学实施新一轮的课程改革，无论是教育思想、教育内容等都有了相当大的变革，要求教师的教育观念、教育方式和教育手段等也随之相应的创新。教师自身修养的提升与完善已经成为当务之急。面对课改的新形势、新任务，迫切要求教师加强学习研究。学习不能仅停留在钻研教材的层面上，今后的教师不是凭教材来讲课，凭经验来教学，而要凭科研，凭自己对学科课程理念的理解和把握来教学。教师专业成长要求教师在不断学习本学科的专业知识外，还应该有计划、有重点、有选择地学习一些现代教育理论和教育科研的基础知识，使教师掌握教育学、管理学、心理学的基本理论和科研的基本方法，从而能站在一定的高度来研究、反思教学，不断提高理论水平和研究、解决问题的能力，以适应新形势发展的要求。教师的学习，还包括在教学活动中通过学生对自己教学的反馈来了解自己在专业知识的掌握与教学方面存在的问题。教师要勤于思考，善于思考，要把精力用在潜心钻研教学上。在教学中，要及时总结成功的经验和失败的教训，不断修正和深化，并上升到理性认识，切实提升自身的教学教研水平和能力，促进自身的专业化发展。

高尔基曾说："人的天才只是火花，要想使它成熊熊火焰，那就只有学习！学习！"教师是人类永恒的职业，但社会对教师的条件的选择并不永恒，时代对教师的要求越来越高。苏霍姆林斯基曾说："学生眼里的教师应当是一位聪明、博学、善于思考、热爱知识的人，教师的学识越深湛，视野越宽广，科学素养越全面，他就在更大程度上不仅是一位教师，而且是一位教育者。"学习是自身修养完善的一把金钥匙。博观而约取，厚积而薄发。让学习成为教师专业化发展的支撑点，使每一位教师都成为名副其实的教育者。

（本文发表于《湛江教育》2015 年第 2 期，有改动）

科研——教师专业化发展的着力点

教育科研意识就是对教育活动主动的追求和探索，是运用教育科学理论指导教育活动的前提，是对所从事的教育活动清晰而完整的认识。它既表现为教师行为对教育环境的主动适应，也表现为教师行为对教育环境的积极影响和改造，这是促进教师专业化发展，成为教育专家的重要特征。布肯汉姆曾说："教师研究不应该是专业人员专有的领域，它没有不同于教育自身的界限。实际上，研究不是一个领域，而是一种态度。"国际劳工组织、联合国教科文组织在《关于教师地位的建议(1966)》中指出，教师职业是一种要求教师具备经过严格而持续不断地研究才能获得并维持专业知识及专门技能的公共业务。

作为现代教师必须确立教育科研意识，树立科研兴教的教育理念，增强教育科研的使命感，明确教育科研在教育理论与教育实践之间的中介地位，教育科研是学校改革与发展的新的增长点和第一生产力；教育科研是提高教育质量的有效手段；

参与教育科研成为教师专业发展的有效途径；是伴随着知识经济到来的教育基本观念。如果教师只凭教学经验和教学热情，没有强烈的科研意识，教学上就不会有新的突破和提高。只有将先进的教育科学理念内化为自我意识的教师，才可能将教育科学的巨大的能动性、物质性充分体现出来。只有教师对这一概念进行时代的重建，才能意识到教师是升华自我、完善自我、有着丰富的创造力和生命活力的职业。因此，教师必须把教育科研变成一种态度、一种职业生活方式，不仅要会教、会学，还必须会研究，把教、学、研融为一体。必须由经验型（知识型）、技术型向研究型转化，由过去的“教”与“学”拓展为“教、学、研”三位一体，成为研究性的教师。并利用教育科研的迁移效应，迅速提高自身教学能力，促进教育质量的提高。

假如只“教书”，这样的老师是很轻松的，但那只是教育的低层次——“教书匠”。当教育改革向深处迈进，当新课程理念逐步推广，当代教育需要的是“能教”、“善研”的“学者型”、“科研型”教师，这是教师专业成长中最为重要的因素。在这一方面，学校必须紧握时代脉搏，以教研为突破口，以此来推动教师的专业成长，练就过硬的教育教学功夫，把以“教研兴校”作为学校发展的重要策略。学校要建设成为学习型组织，形成教师终身学习的校园文化氛围。学习型组织是指通过培养整个组织的学习气氛、充分发挥组织成员的创造性思维能力，建立一种有机的、符合人性的、能持续发展的组织，以促进教师在工作过程中实现自我超越，共同发展。积极营造一个有利于师生学习的、催人奋进的、具有浓郁人文气息的校园文化氛围，创建一个师生双方情感共融、教学相长、共同探求新知的宽松愉快的教育氛围，在培育学生全面发展的同时，实现全体教师的专业发展。教师要深入研究学生，研究他们的心理、学习状态、个性及其转化矫正的方法。在研究性的教育实践中，不断提升自己的教育教学能力，练就娴熟的教学技艺，形成适合自己个性特征的教学风格和模式，进而提升自己的专业化水平。

新一轮课程改革要求教师在教中学，在学中研，与新课程改革一起发展和成长。教师要不断提高教育科研能力，以教育科研引领着教学的改革与创新，以科研促进教学，以教学带动科研，用科学的教育理论和先进的教育模式去指导教育教学实践，创造出适合自身教学特点和本地区教学实际的一套行之有效的教学工作经验，真正发挥科研促教的作用，实现科研兴教的目的。要立足于学科教学及本人的教学实践，把教学活动作为教育科研的切入点，在教学中发现问题，分析问题，认识问题，总结出本学科的教学经验和教学体会，不能为研究而研究，应当把教学与教研统一起来，并把教研贯穿于教学的各个环节之中，不能脱离教学实际去贪大求全。要重视基础理论和方法的创新，把握学科前沿，突出重点，强调课题研究的先进性、科学性和可操作性。在课题的选择上，把重点放在理论与实践的结合点上，同时兼顾学科的生长点。坚决杜绝课题研究中的形式主义和脱离实际的倾向。通过课题研究，形成自己独特的教育教学风格，使自己从单纯的教育实施者转变为教育的研究者、探索者；从书本知识的传授者转变为教学改革的实践者，能自觉地把教育教学活动作为研究对象，探索提高教育教学质量的途径；能持续不断对自身的教育教学行为进行反思和提炼，从而使自己的教育智慧得到提升，教育能力得到发展，从“教书匠”向教育行家、教育专家转变。这是教师研究能力在教育教学中的深刻表现，是一名教师专业化发展的重要标志和追求的最高境界。

朝阳润万物，天行健不息。时代呼唤教师教育科研，新课程呼唤教师教育科研。教师不能仅仅用知识，更要用自己的思想、智慧、情感、精神去工作，必须不断研究。因为研究，所面对的问题才能不断解决，才能成为名副其实的研究型教师，才能不简单重复别人的劳动，才能创造性地游历自己的专业世界，体验专业生涯给自己带来的幸福和快乐。让教育科研成为教师专业化发展的着力点。

（本文发表于《湛江教育》2014年第8期，有改动）

反思——教师专业化发展的助推器

叶澜教授说：“一个教师写一辈子教案，不一定成为名师；如果一个教师写三年反思，有可能成为名师。”波斯纳提出：“教师的成长=经验+反思”。教学反思是教学理念的反思、教学行为的反思、教学艺术的反思。通过反思，积累教育教学经验教训，更新教学观念，改善教学行为，提升教学水平，提高教学质量。通过反思，使自己的教学精益求精，渐臻完美。教师自我反思是教师专业化发展的助推器。

但是，我们的许多教师没有充分认识到这一点，不太愿意去进行教学反思。教学常规中强调教师要写教学后记，但真正用心去写的不多。每年要求教师写一篇论文，但一些教师总是敷衍了事，总不想认真去反思自己的教育教学实践。如何有效地进行反思实践，促进教师的专业化发展？

1. 增强反思意识

教师要明确教学反思的作用，增强反思意识。教学反思有利于教师进行教学研究，有利于教师从传授型向学者型转变。教学反思就是将教育理论成果转化为教学行为。教师在课堂教学中遇到某一现象，发现某些问题，有针对性地进行反思，或者在教师之间进行讨论，并将新的理解和借鉴运用到教学实践中去，不断改善教学行为，形成良性循环，这是提高教学效果的有效方法。教师必须将反思看作是一种职责、一种修养，一种境界。在实践前思，保证行而有序；在实践中思，保持行而不迷；在实践后思，确保其行而有得。要切实走出“有问题才进行反思”或者“为了应付学校要求才进行反思”的误区，不断地对专业进行自我观察、审视、判断、评价与设计，对自己的思想及行为进行深入的思考，从而发现问题，分析问题，诊断原因。要用批判的眼光看待事物、看待自我，不断地对自我及自身的教育实践进行积极、主动的分析和思考，实现自我挑战，自我超越。只有教师充分认识到反思对自身成长和学生发展的重要性，才能把被动反思转化为积极主动的反思，把反思变成一种日常教学习惯。只有坚持正确自觉的“为教学的反思”、“教学中的反思”和“教学后的反思”，教师才能在理论的指导下，在对经验的反思总结中，做出更符合教学规律的教学决策，从而促进自身的成长，促进学生的全面发展。

2. 找准反思着力点

反思实践的过程，并非对教育教学事件及现象进行简单再现和泛泛评论，而应当对其本质进行深度思考，这就要求教师的反思确有针对，有的放矢。这个“的”就是教学反思的突破口，教师进行反思实践的着力点。新一轮课程改革是当前教师专业成长的重要发展阶段。这一阶段，离开了教师的自我发展意识，教师就不会对发生在自己周围看似平常的教育现象进行思考与探索，就不会对自己熟悉的、习以为常的教育实践实行深刻地判断与反省，而失去理性的探究。作为反思实践者的教师，必须建构起自己的经验标准和评价体系，找准反思实践的着力点。这样，反思实践才会有参照的依据和比对的标杆。只有这样，才会培养起具有一定高度和共性特征的反思标准，在此基础上，也才会训练出对教学事件和现象进行反思的敏锐眼光。

教师要对教学内容进行反思。教师可以在课堂教学的细节处理中，寻找自己已有的经验和行为与新课程理念的差距，不断提高对新课程理念的认识和理解；也可以在自己或同伴不成功的教学案例中，针对出现的教学设计优秀而教学效果不佳的问题，提高自己或同伴将新课程理念转化为自觉教学行为的效率，有效促进自己或同伴教学行为方式的转变；还可以在富有争议的教学案例中，对争议点进行不断追问，对造成争议的教学思想和行为深入思考和探究，不断促进教学思想和教学行为的自我改造和重塑。

教师要对教学习惯进行反思。每位教师在长期的教学过程中，都会无意识地形成一些教学习惯。在一般情况下它们可能是可行的，而在一些特殊的情况中，就会暴露出弊端，从而对课堂教学产生不利的影响。这就要求教师必须经常性地进行深入反思，优化反思方法，写好教学反思日记等。

教师的自我反省来自于自我意识的觉醒，是以自己实践中的问题、困惑和迷茫为起点的。根据专家的看法，对于新手型教师来说，应以自身教学技能反思为切入点；对于适应型教师来说，应以课堂教学策略反思为切入点；对于成熟型教师来说，应以自身教学理念反思为切入点；对于专家型教师来说，应以教育研究反思为切入点。

3. 创造反思环境

学校是教师从事教学的主阵地，给教师营造良好的反思氛围，将有利于促进教师的专业化发展。为此，学校要努力营造“自觉的自我反思、和谐的同伴反思、宽松的师生反思”氛围，为教师自我反思创造条件。从教师专业化发展的角度看，加强与同事的合作交流，互相学习，取长补短，走出教师职业的孤独状态，这是教师进行自我反思的有效途径。教师通过与教师之间的沟通与交流，使反思者从别人身上折射或反射出自身的问题，从而得到顿悟、启发的反思方法。同时，教师可以根据自己的专业发展规划，将目前的教师反思内容和现有水平，与教师专业发展序列表中相应专业发展时期的内容和水平相比较，找出自身素质和教育实践中的薄弱环节，进行深入思考与探究。

反思是教师专业化发展的永恒主题。人们常说，乐业积淀底气，学习滋养元气，反思造就灵气。一日三省，持之以恒。教师在专业化成长的道路上，有积极的心态，有扎实的学习，有深刻的反思，就能达到“职业有认同感、事业有成就感、人生有幸福感”的理想境界。

（本文发表于《湛江教育》2014 年第 11 期，有改动，并与前述三篇文章整合，以题为《新课程背景下如何促进教师专业化发展》在广东教育学会 2013 学年度学术讨论会征文中被评为一等奖）

师者，德为首，能为本

我们正面临知识经济时代的挑战。这个挑战实质是创新的挑战。江泽民同志在第三次全国教育工作会议上的讲话中指出：“教育是知识创新、传播和应用的主要基地，也是培育创新精神和创新人才的重要摇篮。无论在培养高素质的劳动者和专业人才方面，还是在提高创新能力和提供知识、技术创新成果以及增强民族凝聚力方面，都具有独特的重要意义。”因此，开创教育新纪元，实现中华民族的伟大复兴，教师肩负着庄严的使命。那么，人民教师如何才能不辱使命？

一、师以德为首

何谓师德？师德是教师在从事教育劳动和履行职责时必须遵循的行为准则和规范的总和。我国古代教育家韩愈说过：“师者，传道授业解惑也。”《新三字经》也说：“教之道，德为先。”《中华人民共和国教师法》明确规定：“教师是履行教育教学职责的专业人员，承担教书育人，培养社会主义事业建设者和接班人，提高民族素质的使命。”江泽民同志曾在讲话中指出：“在我国，人民教师是社会主义精神文明的传播者和建设者。”不管是从古到今的学者名人，还是国家法规、教育章程都强调教师的责任是教书育人。

教书是育人的手段，育人是教书的目的。教师在教书育人的过程中，利用课堂、课后“授业、解惑”仅仅是工作的一个方面；而教师的榜样作用是育人的更重要的一方面。当前，市场经济社会给人们带来丰富的物质生活的同时，也使某些丑陋行为得以在社会上泛滥，并波及学校，使某些教师在一些方面出现道德失范。

所以，我们必须吸取教训，立高尚师德，树师表形象。必须把师德看得高于一切，把师德修养看作是合格教师的头等大事，把师德水平作为优秀教师的重要条件。要加强学习，努力提高自身的思想道德修养，把握时代对教师的要求，树立正确的教育观、质量观和人才观，增强实施素质教育的自觉性，发挥师表风范，树立公仆意识，增强法制观念，敬业爱岗，严谨治学，全心全意地为学生服务，认真负责地做好教书育人工作，“捧着一颗心来，不带半根草去”。

二、师以能为本

开创教育新纪元的内核在于创新，在于提高人的创新素质，培养人的创新意识、创新精神和创新能力。要培养具有创新素质人才，就必须有具备创新素质的教师。江泽民同志在第三次全国教育工作会议上的讲话中明确指出：“要大力加强教师队伍的建设，不断优化队伍结构和提高队伍素质。”《中共中央国务院关于深化教育改革全面推进素质教育的决定》中提出：“优化结构，建设全面推进素质教育的高质量的教师队伍。”新的历史时期党对师资队伍建设提出了更高的要求。

然而，我们教师队伍的综合素质离教育现代化的要求距离还很远。虽然中小学教师基本学历达标，但现代化教育意识不强，应用现代教育技术本领很差。如学校有了投影机，有些教师也不会操作，更谈不上制作幻灯片；有些学校早已安装了计算机、多媒体电教平台，但教师普遍不懂得电教媒体的优化组合，不懂得电化教学设计。因而，这些现代化的教育装备不能很好地发挥辅助教学的作用。实践证明，教师队伍的科学素养是一所学校的真正生命力，是教育面向现代化的根本保证。

因此，我们必须强化师资队伍建设，不断优化教师队伍结构，要建立一支具有创新素质的现代化教师队伍，从整体上提高教师队伍的创新意识、创新精神和创新能力。学校要建立优化教师队伍的有效机制，要形成浓厚的科研学术氛围，促进教师不断进取。作为教师个体，要更新教育观念，确立现代教育思想与意识，创造一定的师业，练就过硬的师能，要树立终生学习的自觉性，不断增强学力，要自我进修，自我完善，自我提高，不断学习新的知识，进一步丰富自己的科学文化素养，努力掌握现代教育技术理论和手段，以适应教育现代化的要求。

（本文发表于《湛江教育》1999年第12期，有改动）

教学艺术篇

传授知识　培养能力　开拓思维

——初中物理教学之我见

在物理教学中，要坚持“确保基础，注重应用，提高素质，分流优化”的原则，将知识的传授，能力的培养，智力的发展和思想情操的陶冶熔于一炉，把课上得立体化，发挥课堂教学多功能的作用。

一、面向全体学生，加强学法指导

义务教育的任务是为了提高全民族的素质，培养有理想、有道德、有文化、有纪律的社会主义人才。因此，我们要更新教育观念，把应试教育转变为素质教育，把面向少数升入高中有望的尖子学生转变为面向全体学生，确保基础，因材施教，分流优化，大面积提高教育质量。

物理教学主要是通过学生的观察、实验、思维等去获得知识和培养能力。所以，在课堂教学中，要处理好以下几个关系：教师的主导作用与学生的主体作用的关系；掌握知识与培养能力的关系；教法与学法的关系；理论与实践的关系；智力因素与非智力因素的关系。使学生在课堂上积极地动眼、动口、动手、动脑，参与教学的全过程。只有这样，学生才能真正理解和掌握所学的物理知识并获得相应的能力。

教育家陶行知先生认为，“先生的责任不在教，而在教学生学。”我们不仅要重视教法的研究，更应重视改善学生学法的探讨，加强对学生进行学法的指导，改变过去教师讲，学生听，或学生问，教师答的直线往复，把教师的“教”作用于全体学生，将学生的“学”反馈到教师方面去，使学生不仅“学会”而且“会学”。还应该引导学生系统地读书，认真地总结，把课文读准、读全、读活，扎扎实实地打好基础，努力使知识条理化、系统化，建立起知识结构体系。

同时，要努力挖掘教材中的德育因素，寓思想教育于知识传授和能力培养之中，培养学生学习物理的兴趣，使学生热爱科学，自觉地学习科学知识。

二、砥砺思维，发展思维能力

心理学告诉我们：思维，是人们的认识过程、人的智力发展的核心。砥砺思维，发展思维能力是物理教学的重要任务。要发展学生的智力，就要开启学生思维的门扉。在教学过程中，要把传授知识与教会学生思维结合起来，以训练学生思维能力为核心，把思维活动当作教师与学生之间的联系点。要让学生敢于探索，积极求知。通过观察联想、纵向和横向联想、逆向联想等思维方法，提高学生多向思维能力。要引导学生从具体事物中通过对比和类比，抽象出它们的共性，得出物理的概念；从物理实验的事实中进行分析和综合，概括出物理的规律。

做练习题是砥砺学生的思维、培养学生运用知识解决问题的重要途径。因此，要加强解题训练，诸如进行计算题、问答题、选择题的训练等，但要反对“题海战术”。要精心设计练的内容，选择练的角度和方式，努力提高练习的质量和做练习的效益。可通过一问多答，一题多变，一题多解，异题同解等形式进行练习，训练学生解题思维的灵活性和敏捷性，发展学生的思维能力。

三、加强实验，提高实验能力

初中物理教学是以观察、实验为基础的。实验是学生学习物理的重要途径和基本方法，它在教学中的功能有：提供需要的物理事实，使学生进一步理解和掌握物理基本概念和基本规律；培养学生的观察能力、实验能力、从感性认识上升到理性认识的抽象思维能力。通过实验教学，能较好地调动学生学习的积极性，使学生学会正确地使用仪器，学会观察、测量和读数，学会根据实验结果得出结论等，培养学生辩证唯物主义思想和科学态度。

因此，要坚持理论联系实际，重视让学生观察有关现象，大力加强实验教学，把实验教学真正落到实处，保证做好教学大纲中规定的演示实验和学生实验，要进行常规的、有序的实验训练，并创造各种条件，增加学生的动手机会。有条件的学校，还要适当增加探索性和设计性的实验，培养学生的创造性思维。在学生进行观察实验的过程中，教师要加强指导，要求学生认真思考和操作，手脑并用。这样，才能使学生把知识转变为技能，由认知结构向智能结构转化。

（本文发表于《湛江教育》1993年第4期，有改动）

解答物理说理题要义

物理说理题，就是运用简明的语言文字阐释、论证物理问题。通过解答它，可以提高理论联系实际的能力、逻辑思维能力，以及语言组织和表达能力。

如何解答物理说理题呢？要义是：首先审清题意，明确题目所阐述的核心，再进行分析和综合，运用相关概念、原理和规律切题答问。答题时必须做到言之有理，言之有物，言之成序。

一、物理概念、规律型

此类题要注意物理公式的意义，物理概念的内涵和外延，物理规律的适用条件和适用范围，要弄清物理概念与概念、规律与规律之间的区别与联系。

例1：有人根据公式$\rho = M/V$，说“物质的密度ρ跟物质的质量M成正比，跟物质的体积V成反比。”这种说法对吗？为什么？

如果答“对”，则显然是错误的。产生错误的原因是没有正确地理解公式的物理意义，片面地用数学运算去理解公式$\rho = M/V$。该公式是量度式，不是决定式。物质的密度是物质本身的属性。

二、物理现象型

解释物理现象，是认识和改造物质世界的重要手段。因此，要解释好物理现象，必须注意发掘隐蔽的条件，具体分析每一现象中的特殊条件，要善于从题意的词语中看准现象条件的变化，抓住本质问题，一语道破。

例2：在高山上用普通的锅煮鸡蛋，水烧开很久了，但鸡蛋也煮不熟，为什么？

如果答“高山上的气压低，而且用的是普通锅，锅内的热量容易跑掉，故煮不熟鸡蛋”，这是错误的。东西煮得熟与不熟，除了必须供给足够的热量外，还决定于加热时水的最高温度。正确答案是：因为鸡蛋必须在100℃左右时方可煮熟，由于高山上的气压远低于1个标准大气压，水的沸点也就低于100℃，所以鸡蛋煮不熟。

三、物理实验型

通过对物理仪器的构造、实验原理、实验步骤、实验结论等进行分析，加深理解物理概念和规律，提高观察能力和实验能力。

例3：物体浸没在液体中，在不同深度受到的浮力是否相等？为什么？设计一个实验来验证你的答案是否正确。

答：相等。根据$F_{浮} = \rho_{液} g V_{排}$，当物体浸没在液体中时，无论物体在哪个深度，它所排开的液体体积都相同，而液体的密度可以认为是不变的，所以它在不同深度处所受到的浮力都是相等的。

上述结论可用实验来验证：将物体用弹簧秤拉着浸没于盛水的玻璃杯中，用手托着玻璃杯缓缓上下移动，并保持物体浸没在水中，虽然物体在水中的深度在改变，但弹簧指针的位置并不变，这就说明了物体在不同深度处所受到的浮力都是相等的。

（本文以《如何解答物理说理题》为题，发表于《物理的教与学》1994 年第 5 期，有改动）

指导学生解答选择题的三项要领

物理选择题，具有一定的思考性和迷惑性，不但概念性强，而且知识容量大。它可以考查对基本概念和规律的掌握情况；考查对物理知识灵活正确运用的程度；考查实验中实验原理、仪器的选择和使用，实验现象的观察和数据分析等实验能力。通过解答选择题，可以使学生能力得到培养和提高。

一、强化概念理解

物理概念是物理思维和推理的依据。只有准确熟练地掌握概念的物理意义（概念内涵）、使用范围（概念外延）和与此概念有关的概念之间的区别与联系，才能对答案进行全面的分析与推理。

例 1：如图 1 所示，用细绳挂物体于天花板上，当物体静止时，则：

（1）物体对绳的拉力等于物体的重力，这是一对作用力和反作用力；

（2）物体对绳的拉力等于物体的重力，这是一对平衡力；

（3）物体对绳的拉力和绳对物体的拉力是一对相互作用力；

（4）绳对物体的拉力和物体的重力是一对平衡力。

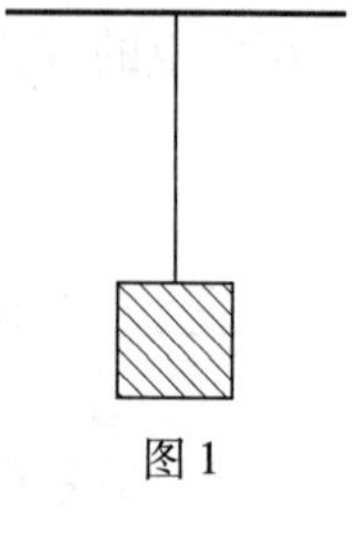

图 1

这里涉及作用力和反作用力及平衡力的概念。在力的内涵上，它们相同的是大小相等，方向相反。区别是：作用力和反作用力分别作用在两个物体上，而平衡力是作用在同一个物体上。在力的外延上，它们的区别是：作用力与反作用力是同性质的力，且同时存在，同时消失，而平衡力则不然。本题答案应选（3）和（4）。

二、强化技巧训练

要培养学生正确灵活运用所学知识解决问题的能力，就要加强解题技巧的训练，求新求巧，不落窠臼。古人云："授人以鱼，不如授之以渔。"在解答选择题时，要引导学生运用基本规律进行认真的分析和推导，授以解题技巧。

例2：如图2所示，一根细而均匀的木棒重100N，一端悬挂一重物 G（体积不计），这时木棒有1/3的长度浮出水面。则重物 G 的重力：

①40N；②50N；③33.3N；④66.6N。

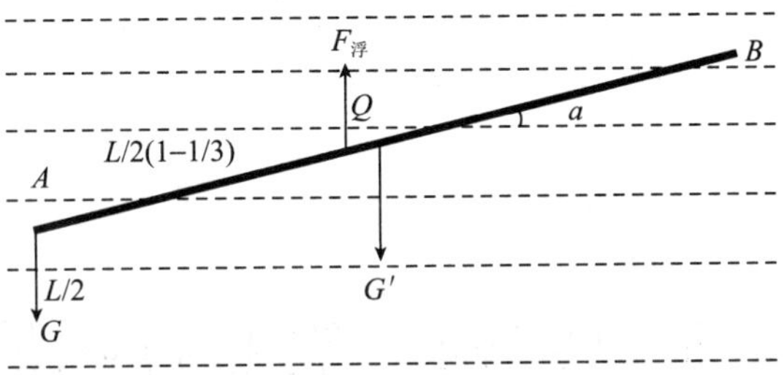

图2

解答例2的技巧就巧在选浮力的作用点 Q 为固定转动轴。木棒的受力如图2所示。根据 $\Sigma M=0$，即，$\Sigma M=G(L/2)(1-1/3)\cos a-G'(L/6)\cos a=0$，这样使问题简单明了，从而很快得到 $G=50N$。

例3：一汽球以5m/s的速度匀速上升，在距离地面10m处气球上掉出一重物。此物从离开气球到落回地面所需的时间：①2s；②1.5s；③3s。

解答例3的技巧就巧在运用位移概念，直接应用运动公式不必考虑运动的中间过程，使题目由繁变简。但需要确定坐标原点和坐标轴的正方向。如选重物离开气球时离地位置为原点，向上方向为正，则 $-h=V_0t-1/2gt^2$，解之得 $t=2s$。

三、强化技能训练

培养学生的动手实验能力和运用数学解决物理问题的能力，是物理教学的基本任务之一。物理选择题是考查学生掌握和运用这些能力的形式之一，要正确地解答这类选择题，必须善于运用实验技能和数学工具。

例4：0℃的水结成0℃的冰时，体积增大1/9，则密度减少：

①1/10；②1/9；③1/11；④1/8。

答：②似乎有理，③④只是猜想，均没有通过有根据的推算，致使结论错误。通过数学运算可得正确答案应是①。

例5：某学生用伏安法测电灯电阻时，误把安培表与伏特表位置对调，如图3

所示，将造成：

（1）安培表烧坏；

（2）伏特表烧坏；

（3）灯泡烧坏；

（4）灯泡不亮。

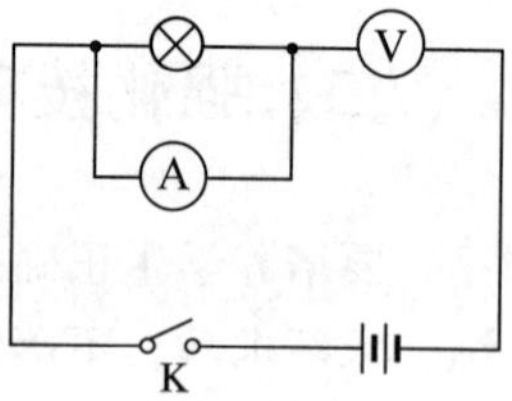

图 3

当伏特表串联在电路里时，由于伏特表电阻很大，故电路电流很小，因此，伏特表、灯泡均不会被烧坏，只是灯泡不亮（因为安培表与灯泡并联的等效电阻远比伏特表的电阻小，分压很小）。

（本文以《如何解答好选择题》为题，发表于《物理的教与学》1992 年第 7 期，获 1994 年“全国中学物理教学改革经验交流会”论文二等奖，有改动）

优化知识结构　提高解题能力

复习不是知识的重复讲解，机械练习，而是在原有的基础上进行一种较高层次的学习过程。美国心理学家索里曾说过：“一次有高度动机的复习可能相当于十次消极的重复。”因此，复习教学必须注意将知识、技能、能力、方法一起抓。首先，要对教材中的知识进行梳理、归纳，构建物理知识的框架，使知识系统化、条理化、网络化，成为一个有机联系的整体。其次，要选择好练的角度，对知识进行纵向或横向的结合，促进知识的迁移，进一步形成良好的认识结构。

<table>
<tr><td rowspan="11">电学知识结构</td><td rowspan="3" colspan="2">摩擦起电现象</td><td colspan="2">电荷：正负电荷及相互作用</td></tr>
<tr><td rowspan="2">电子论</td><td>摩擦起电原因</td></tr>
<tr><td>导体和绝缘体</td></tr>
<tr><td rowspan="8">概念</td><td>电量</td><td colspan="2">$Q = It$（库仑）</td></tr>
<tr><td rowspan="3">电流</td><td colspan="2">电流方向</td></tr>
<tr><td colspan="2">电热效应：热、磁、化学效应</td></tr>
<tr><td colspan="2">电流强度 $I = U/R$（安培）</td></tr>
<tr><td>电压</td><td colspan="2">$U = W/Q$（伏特）</td></tr>
<tr><td>电阻</td><td colspan="2">$R = U/I$（欧姆）由材料、长度、横截面积来决定</td></tr>
<tr><td>电功</td><td colspan="2">$W = UIt$（焦耳）</td></tr>
<tr><td>电功率</td><td colspan="2">$P = UI$（瓦特）</td></tr>
</table>

续表

电学知识结构	定律	欧姆定律	$I = U/R$
		焦耳定律	$Q = I^2 Rt$
	电路	电路图	
		串联电路的特点	
		并联电路的特点	
	实验	伏安法测电阻	伏特表、安培表、滑动变阻器的使用
		测量小灯泡功率	

如在电学复习教学过程中，笔者注意优化知识结构，精选练习题，培养学生科学的思维方法，提高学生综合运用知识分析问题和解决问题的能力，从而达到提高解题能力的目的。

例 1：有人根据公式 $R = U/I$，说“导体的电阻跟导体两端的电压成正比，跟通过导体的电流成反比。”这种说法对吗？为什么？

本题一方面使学生正确地理解公式 $R = U/I$ 的物理意义，不能片面地用数学运算去理解公式，即此公式仅是导体电阻的量度式，不是决定式。导体的电阻是导体本身的属性，它的大小决定于导体的长度、横截面积及材料，与外加电压、电流强度无关；另一方面训练了学生的逻辑思维能力和表达能力。

例 2：如图 1 所示，电源电压恒定，当变阻器的滑片 P 从 a 向 b 移动过程中：

A. 安培表、伏特表的示数变小；

B. 安培表示数变大，伏特表示数变小；

C. 安培表、伏特表的示数变大；

D. 安培表示数变小，伏特表示数变大。

由图 1 可知，变阻器 R 与电灯 L 串联，伏特表测量 R_{Pb} 两端的电压，当滑片 P 从 a 向 b 移动过程中，R_{Pb} 减小，即 $R_{总} = R_L + R_{Pb}$ 减小，由 $I = \dfrac{U}{R_{总}}$ 可知，安培表示数变大，又 $U_L + U_R = U$ 恒定，$U_L = IR_L$ 增大，故伏特表示数变小。

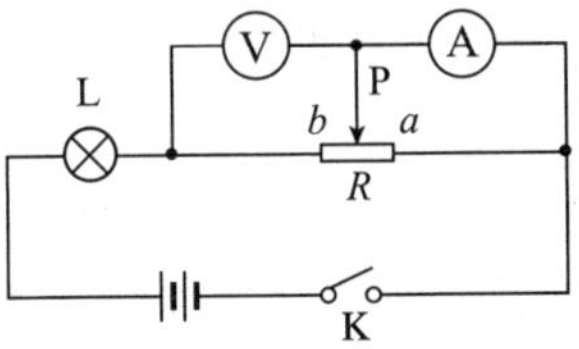

图 1

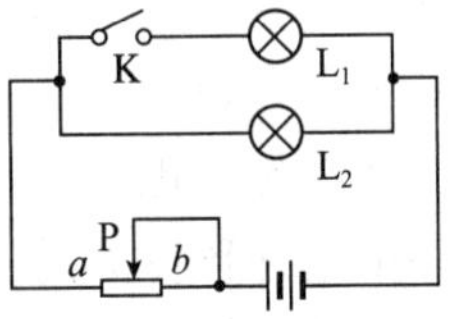

图 2

例 3：如图 2 所示，电源电压 $U = 12V$ 恒定，灯泡 L_1、L_2 标有“6V 3W”、“9V 3W”的字标，则

（1）当 K 闭合时，L_1 正常发光，求 L_2 消耗的功率 P_2。

（2）当 K 断开时，要使 L_2 正常发光，变阻器连入电路的电阻 R 是多少？

分析：当 K 闭合时，L_1 正常发光，即 $U_2=U_1=6V$，故 $P_2=U_2^2/R_2$ [$R_2=(9V)^2/3W$]；当 K 断开时，L_2 与变阻器串联，L_2 正常发光，即 $U_R=3V$，故变阻器连入电路的电阻 $R=U_R/I$（$I=P_2/U_2$，$U_2=9V$）。

通过例 2、3 题的练习，加强培养训练学生的综合解题能力。

（本文发表于《中学物理（初中）》1994 年第 6 期，获得 1994 年“全国第六届物理教学改革研讨会”论文二等奖，有改动）

物理实验教学一得

物理学是一门以实验为基础的自然科学。物理知识来源于实践，特别是来源于科学实验的实践。因此，实验在物理教学中的重要性是不言而喻的。

我曾对《变阻器》这一节的教学做了这样的试验：一个班只是照本宣科；另一个班是先让学生结合滑动变阻器的实物预习课文，上课时结合实物，边演示，边总结，边板书，然后让学生分组操作。前者，枯燥无味，学无所得。后者，通过学生边听，边议，边看，边做，边想，效果甚佳。

爱因斯坦说过，“兴趣和爱好是最大的动力。”要吸引学生进行实验，必须改进物理实验方法，提高学生对物理实验的兴趣。学生学习的课堂不单是实验室，还包括日常生活这个大课堂。所以，在物理教学中，我常常让学生把实验现象和日常生活中遇到的物理问题联系起来，提高他们的兴趣，从而透过现象，探索事物的本质。

如在引入大气压强概念而做“水杯－厚纸片”的实验时，首先让学生根据日常生活的现象去猜想厚纸片为什么不会掉下来，再演示实验，接着由几个大个子学生做“马德堡半球”实验。当学生看到纸片不会掉下来和两个空心钢球没有被拉开时，无不感到新奇有趣。

又如在讲《摩擦起电》一节时，学生用塑料笔杆摩擦头发吸引纸屑。本来这些现象在学生眼中是神秘莫测的，现在他们随手可做，便感到物理学并不神秘了，从而提高了实验的教学效果。

（本文发表于《湛江教育》1991 年第 6 期，有改动）

1993年坡头区中考物理试卷抽样分析及教学建议

1993年中考评卷工作结束之后，我们对坡头区60名考生的物理成绩进行了抽样统计和分析。现将统计结果和本人的看法略述如下：

1. 考生成绩的统计分析

（1）试卷各题（60名）考生得分情况统计如表1所示。

表1　各部分所占的比例和得分情况比较

类别	题量	分数	得分率/%
力学	12	35	56
热学	8	18	70.6
电学	12	39	59.8
光学	4	8	63.8
小计	36	100	—
填空题	10	20	68.6
选择题	20	45	63.1
实验题	3	14	75.6
计算题	2	16	41.4
问答题	1	5	33.1
小计	36	100	—

从表1中可见，实验题、填空题得分率较高，正答人数较多，考题较为容易；而问答题、计算题得分率较低，正答人数较少，反映了考生的综合应用能力较差。从知识内容看，热学知识得分率较高，力学、电学知识得分率较低。

（2）60名考生成绩按分数段统计，情况如表2所示。

表2　按分数段的统计情况（$N=60$）

项目	0－39	40－59	60－79	80－89	90－99	满分	及格	优秀	最高分	最低分	平均分
考生人数	12	15	15	12	6	0	31	15	99	12	61
所占比例/%	20	25	25	20	10	0	52	25			

从表2中可看出，考生成绩呈正态分布，中间大两头小。平均分61.1，及格率51.7%。与去年（全区平均分50.6，及格率33.5%）相比，物理成绩有所“提高”。

（3）如果把得分率低于35%的题目规定为偏难题，得分率高于80%的题目规定为偏易题，其他为适中题，那么以此为标准，对60分答卷进行了统计，得出本次考题偏难题有3道，共16分；偏易题有8道，共18分；适中题有25道，共66分。如表3所示。

表3　偏难、偏易题分数分布情况比较

项目	偏难题	适中题	偏易题
题量	3	25	8
累计分	16	66	18
占总分比例/%	16	66	18

2. 试题的特点

（1）今年的试题与前两年比较，题型和各部分的分数分布相对稳定（见表1）。今年全区的平均分56.8，比去年增加3.62分，及格率为43.9%，比去年高10个百分点，客观上反映了“试题”难度有所下降。试题紧扣大纲，源于教材，没有偏题、怪题，难度适中。

表4　近年来中考题量与分数分布比较

	1991年		1992年		1993年	
类别	题量	分数	题量	分数	题量	分数
力学	12	36	10	31	12	35
热学	7	23	11	31	8	18
电学	10	34	9	30	12	39
光学	3	7	4	8	4	8
小计	32	100	34	100	36	100
填空题	10	20	10	20	10	20
选择题	15	39	17	39	20	45
实验题	3	14	3	14	3	14
计算题	3	22	3	22	2	16
问答题	1	5	1	5	1	5
小计	32	100	34	100	36	100

（2）试题覆盖面大，各部分知识所占的比例合理，考查的知识点涉及面宽，几乎各部分的重要概念、定律、定理都有所体现，重视对物理知识的理解、掌握、运用的考查。

（3）试题注重基本仪器使用的实验考查。考查了安培表、托盘天平的读数等问题。

3. 初中物理教学建议

（1）紧扣大纲，立足课本，打好基础。今年试题基础题约占66分。因此，在教学中，要克服重资料、轻课本的现象，紧扣教学大纲，立足课本，深入挖掘教材，注重知识的纵横联系，注重教材内容与中考试题的联系；要重视物理概念的形成过程与重要结论的推导过程，扎扎实实地打好基础；要克服盲目地追求多练而攀高、求难、爬陡坡，脱离基础，溢出教材的基本要求的倾向。

（2）确保基础，注重综合，发展能力。“试题”中力学、电学所占的比分很高，所以在全面复习的基础上，着重在这方面加大训练的力度，适当爬坡。

新教学大纲明确指出“练习是使学生掌握知识、形成技能、发展智力的重要手段。”因此，在教学中要发挥练习的教育功能，加强综合能力的训练和培养，要从教学目标出发，注重练的整体性和阶段性，要重视知识的系统性，要教给学生探索、分析、归纳等解决问题的方法，使学生将所学到的知识转化为技能技巧，达到理解和掌握基础知识、培养能力、发展智力的境地。

（3）理论联系实际，加强说理题教学。从统计中可知，问答题得分率很低（33.4%），在评卷中发现一考生，总分94分，但问答题却得零分。因此，在教学中，要加强问答题教学，提高学生理论联系实际的能力，提高逻辑思维能力以及语言组织和表达能力。

（本文以《1993年中考物理试卷抽样分析及教学建议》为题，发表于《湛江教育》1993年第5期，有改动）

物理课的导入方法

新课导入如巧妙得体，则有利于调动学生学习的积极性，提高课堂教学效益。

1. 创设悬念

物理教学的效益与质量不仅取决于教师的积极性，更取决于学生学习的积极性。新颖的设计，有趣的语言等，皆可激发学生的求知欲，引发学生学习的兴趣。因此，精心设计有趣而学生暂时又无法解答的问题，创设悬念，就能激发学生学习的积极性，提高课堂教学效果。

例如，教“汽化和液化”时，我先演示“纸锅烧水”实验，取一张光滑的厚纸，做成一个小纸锅。纸锅里装些水，放到火上加热，过一会儿水沸腾了，而纸锅不会燃烧。

通过创设悬念，激起了学生的好奇心，把学生的学习动机诱发出来。这样，学生一开始就对新课产生了浓厚的兴趣，课堂上也就会积极思考。

2. 实验探索

实验是引导学生热爱科学、探索新知识的有效途径之一。因此，在新课导入时，要注意引导学生观察教师的演示实验或亲自动手实验，引导他们在积极主动地观察、实验、操作中，发现新问题，探索和获取新知识，从而增强学生的观察能力、操作能力。

例如，在引入“大气压强”的概念时，先演示马德堡半球实验，然后让学生动手做小实验：取一个盛满水的杯子，用硬纸片把杯口盖严，手按住纸片倒过来，放开手后，纸片不会掉下，杯子里的水不会流出来。学生通过认真观察、分析，认识了大气压强的存在。这样，教师再引入新课，效果甚佳。

3. 形象直观

在日常生活中，学生积累了丰富的感性材料，这为学习新知识提供了有利的条件。因此，在新课引入时，要充分利用学生已有的感性经验，启动学生的多种感官，参与教学活动，从而形成清晰的表象，为认识和理解新知识创造了条件。

例如，教“音调、响度和音色”时，分别请学生听教师课前录制的两段声音(一段是轻音乐，另一段是噪声)，播放后，提问：同学们听后有什么感觉？同样是声音，给人的感受为什么差异如此之大？

又如，教“平面镜”时，先请学生用平面镜看自己的脸在平面镜中的像，并改变镜到脸的距离，注意观察像的大小和像到镜的距离的变化，然后让学生思考问题。

总之，采用最佳的方法导入新课，以激发学生的学习兴趣，是发展智力、提高能力的需要。

(本文发表于《物理的教与学》1998 年第 19 期，有改动)

激趣·引思

课堂教学是实现学生探索未知，获取新知，掌握技能，发展智力的过程。心理学家皮亚杰说：“智慧训练的目的在于造就智慧的主动探索者。”因此，在教学过程中，教师必须很好地启迪学生的智慧，让他们善于质疑，并在解疑中主动去探索问题，发展思维，获取解决问题的能力。

一、设疑激趣

所谓设疑，就是有意识地设置阻碍，造成疑惑，让学生带着疑问去学。古人说："学起于思，思源于疑。"疑，既是积极思维的表现，又是探索问题的动力。因此，在教学过程中要注意创设和谐氛围，唤醒和诱发学生的情感，合理地设疑，激发学生内在的求知欲、好奇心，让学生于无疑处生疑，"为弟子讲授，必时时诘问之，令其善疑，诱以审问"，让学生开展积极的思维活动，以引发学生的求知欲和学习的兴趣，使学生的思维处于"心愤愤，口悱悱"的状态。

例如，教学高中《物理》"动量定理"一节时，笔者先介绍这样一则报道：×年×月×日一架庞大的飞机被一个飞鸟撞坏，因此坠毁。

问题一提出，学生无不惊奇，窃窃私语，认为不可思议，简直是天方夜谭。接着请学生估算一下飞鸟对飞机的冲击力。设飞机速度 $v=300\text{m/s}$，与一只身长 $l=20\text{cm}$，质量 $m=1\text{kg}$ 的飞鸟相撞。撞前飞鸟的速度可忽略，碰撞时间 $t=l/v$。通过计算，学生终于明白了道理。

又如，教学高中《物理》"摩擦力"一节时，一开始笔者先提出一个有趣的问题，激起学生的思考："一辆停放在水平地面上的汽车，假如有一小孩去推它，能不能推得动呢?"

"推不动!"学生肯定地回答。

"如果地面是光滑的呢?"

"仍然推不动!"

接着，引导学生分析判断，排除了"物体能否运动，决定于其质量与推力大小"的错误概念。

二、以疑引思

苏霍姆林斯基指出："让学生体验到一种自己在亲身参与掌握知识的情感，乃是唤起少年特有的对知识的兴趣的重要条件。"在设疑激趣的基础上，以学生原有的知识水平为依据，按教材的内在知识结构，引导学生开动思维机器，主动探索新的知识，求得物理规律。

例如，教学初中《物理》"电流的磁场"一节时，笔者先提出疑难问题，以疑引思，再通过启发，实验探索，让学生自己探求知识。

第一步，启发性提问："带电体和磁体都有相互作用，这相似的性质难道是一种巧合吗？电和磁之间是不是存在着某种关系呢?"

第二步，实验性探索。分别演示奥斯特实验：①直线电流的磁场；②通电螺线管的磁场。

进行演示实验后，在学生已有感性知识的基础上，提出问题："实验现象说明了什么？为什么通电时磁针会偏转?"由于演示和推理紧密结合，开拓了学生的思维。学生通过探索，得出结论：通电导体周围存在着磁场，磁场和电流同时出现，同时消失。

第三步，在此基础上，让学生动手做上述实验。结合实验，引导学生进一步探索，电流周围的磁场是怎样的？磁力线的方向与电流的方向之间存在着什么关系？

通过这样设疑、激趣、探索知识的过程，使学生在探索中“自求得之”——直线电流周围的磁力线方向（通电螺线管两端的磁极性质）跟电流方向的关系可用安培定则来判定。

（本文发表于《湛江教育》1997 年第 3 期，获得 1998 年“全国第八届中学物理教学改革研讨会”论文二等奖，有改动）

启发思维　培养兴趣

——初中物理新课的引入

新课引入是否引人入胜，是教好一节课的重要条件之一，好的引入能使学生注意力集中，思维活跃，兴趣盎然。因此，必须重视新课引入这一教学环节。

一、诱发动机

诱发学生的学习动机，启发学生的思维，是培养学生引起兴趣学习新知识的重要手段。因此，新课的引入，就要诱发动机，为学生创设一个“心求通而未得，口欲言而未能”的愤悱情境，使学生思有方向，学有目标。

例如，教“杠杆的应用”时，我一开始就讲了希腊物理学家阿基米德曾经说过，给他一个支点和一根足够长的杠杆，他可以把地球撬起来。然后问学生：他这个说法有道理吗？能实现吗？

教“电流的磁场”时，我先做实验：在静止的磁针上拉一根与磁针平行的导线，给导线通电时，磁针立刻偏转。接着问学生：磁针为什么会偏转？

这样，通过巧布疑阵，激起学生的好奇心，把学生的学习动机诱发出来，并使他们带着一种强烈的求知欲去学习。

二、巧设悬念

悬念，从心理学角度讲，是人们心理活动中的一种强烈的关切和期待心理。这种心理活动，具有很大的诱惑力，给人造成一种跃跃欲试和急于求知的紧迫情境，是感情上的一个闸门。因此，有些新课的引入，要设法使学生产生悬念。

例如，教“运动和静止”时，我向学生提了个问题：一汽车由南向北行驶，我们看见车上的一位乘客正呼呼睡大觉。乘客是处于静止状态还是运动状态呢？

通过一段时间的学生辩论，由汽车上睡觉的人，引到“机械运动”和“参照物”这两个概念。

巧设悬念，就能激发学生的学习兴趣，更好地理解概念。

三、联系实际

初中学生形象思维特别强，他们的思维往往靠感性知识所支持。因此，引入新课内容时，如果联系实际，运用生活中的实际例子来导入，就会把学生的注意力引入“好奇”境地，增强学习新知识的自觉性。

例如，教“大气的压强”时，结合生活实例，提出问题：自来水笔吸水时，把笔上的弹簧片按几下，墨水就被吸到橡皮管里去了，这是什么原因？

用这种方法引入新课，学生感到亲切有趣，学习情绪高涨，一经老师引导，就能自己学会。

（本文发表于《湛江教育》1992 年第 4 期，有改动）

凭借板书　启迪思路

板书，是教师经常使用的一种教学手段，是课堂教学信息传递的主要载体。教师通过精心设计不同形式的板书，对学生学习兴趣的激发，思路的启迪，内容的理解，知识的巩固，智力的发展起着重要的点化作用。

一、提纲式板书

这种板书，把课文内容编织成网络，使之系统化、条理化，起着提纲挈领的作用。学生凭借板书的启迪，理清知识的脉络，强化知识的记忆。如教初中《物理》“凸透镜的应用”一节时，设计如下板书：

$$\text{凸透镜成像}\begin{cases}\text{实像}\begin{cases}\text{倒立缩小 } u>2f \text{ 照相机}\\ \text{倒立放大 } f<u<2f \text{ 幻灯机}\end{cases}\\ \text{虚像——（正立放大）} u<f \text{ 放大镜}\end{cases}$$

二、表格式板书

为了更好地启发学生，弄清几个容易混淆的物理量之间的关系或区别，可以运用表格形式的板书，这样，就能使学生一目了然，形成整体。既分化了知识的难点，又澄清了模糊的概念。如教“汽化”一节时，将蒸发和沸腾的区别与联系用表格板书列表如下：

蒸发与沸腾的区别

项目	蒸发	沸腾
共同点	汽化现象，需要吸热	汽化现象，需要吸热
发生地点	只在液体表面进行	在液体表面和内部同时进行
剧烈程度	缓慢的汽化现象	剧烈的汽化现象
影响因素	液体蒸发快慢跟液体的温度、表面积的大小、表面上气流的速度有关	液面上的压强增大，沸点升高；液面上的压强减少，沸点降低

三、综合式板书

这种板书就是通过对课文内容的精心提炼和信息浓缩，将章节的几个概念之间的相互关系表现出来，启迪学生分析它们之间的关系。这样，就能加深对概念的理解，点化出知识的重点。如教初中《物理》“辐射”一节时，将热传递的三种方式综合起来，设计了这样的板书：

热传递方式
- 传导——热从物体温度较高的部分沿着物体传到温度较低的部分。——传热时物质不流动，主要是在固体中进行。
- 对流——热靠液体或气体的流动来传递。——只能在气体或液体中进行。
- 辐射——热由物体沿直线向外射去。——不需要任何媒介物，可以在真空中进行。

（本文发表于《物理的教与学》1993年第5期，有改动）

如何加强分组实验的指导与管理

分组实验的指导与管理是实验教学的一项很重要的工作。如何组织和指导学生进行分组实验，加强教学仪器的管理，降低教学仪器的损耗率，提高教学仪器的使用效益，无疑是实验教学中不可忽视的问题。

实践告诉我们，学生的实验是否成功，取决于在实验前学生对实验目的是否明确，对选用的实验器材，使用的实验仪器是否了解，尤其对实验方法、步骤和操作技能是否搞清楚等。因为只有目的要求具体和方法步骤明确，才能为顺利地开展实验教学创造良好的前提。

为此，上实验课前，要做充分的准备工作。①上好指导课。如上“观察水的沸腾”实验课，我讲解清楚点燃和熄灭酒精灯的正确方法和错误方法，并且强调绝对禁止用酒精灯引燃另一只酒精灯，不要碰倒酒精灯，万一洒出的酒精在桌上燃烧起来，不要惊慌，应立刻用湿抹布扑盖。通过实验事实来强调遵守实验规则的重要性，让学生实验前对实验操作有一个初步且印象深刻的认识。②对学生进行分组，实行定组定位入座，并指定一名组长。每次“学生实验”，组长必须提前到实验室清点、验收、核对实验台上的实验器材，填写《学生实验记录单》。③做好演示实验。如上“用电压表和电流表测电阻”实验课，实验前，我提出问题让学生思考：使用电压表和电流表要注意哪些事项？接着讲清实验目的、实验仪器的使用方法，然后做好演示实验。实验完毕，我强调实验中要注意的事项。这样，学生对分组实验有一个大体轮廓，然后让学生进行预习。我明确向学生宣布：不预习不准做实验，并在课堂上采取不同方式检查预习情况。

实验课教学不同于一般的理论课，它是在实验教师的指导下，由学生独立地完成实验操作，观察实验现象，记录实验数据等，并对实验结果进行分析、讨论，最后得出正确的结论。这样，实验课堂，是一个生动活泼的练兵场，学生既要动手，又要动脑。实验教师既是指导员，又是教练员。如果指导、管理不当，整个实验课堂就会乱哄哄的，一会儿这里出问题，一会儿那里出问题，教师往往忙得不亦乐乎。因此，在实验课堂上，教师要讲清楚仪器的使用方法及易发生的故障，引导学生养成自己排除故障的思考方法。这样既能减少陷于盲目操作而造成的仪器损坏，又能使教师不陷于被动地解答学生实验中出现的问题。

实验教学工作的重点不是一般地讲解和说明，而是有计划、有针对性地个别指导。因此，实验教师不只是“讲解员”、“裁判员”，更是肩负重任的“教练员”。

这样，实验教师要充分发挥自己的主导作用，系统而细致地观察学生实验的操作过程，对于每个学生的实验操作做到心中有数，及时发现问题、解决问题，对个别组在实验过程中存在的问题，耐心指导。如上“测定小灯泡的功率”的分组实验课，我首先讲清楚滑动变阻器、安培表、伏特表的使用方法和注意事项。在学生实验时，注意观察滑动变阻器、伏特表和安培表接线方法是否正确，以防止实验开始时损坏小灯泡、安培表等。因为实验教学不仅要求学生动手，而且还要动脑，不但应该了解“怎么样”，而且还要懂得“为什么”。所以，每次实验完毕，对学生在实验过程中所观察的现象和记录的数据，我帮助他们认真分析整理，引导他们得出科学的结论。一方面有利于学生进一步理解和巩固所学的知识；另一方面培养了他们热爱科学的兴趣，提高他们爱护学校财产的自觉性。对实验不成功的个别组，要帮助他们找出失败的原因，从中吸取教训，从而保证整体的实验教学质量。

做完实验后，我反复强调，首先把自己实验台上的物品整理好，组长检查，然后，报告老师。正常情况下操作损坏的器材，按正常损耗记入《记录单》，若违反实验程序或不应造成的仪器损坏，应责令实验小组或当事人，执行登记、赔偿。

严格的管理，及时有效的耐心指导，使学生通过实验课的学习，加强了纪律性，提高了观察能力、分析能力、理论联系实际能力和实验操作能力，同时，大大地避免了仪器损坏和不该发生的事故，提高了教学仪器的使用效率，使实验教学在实施素质教育中发挥了应有的作用。

（本文发表于《广东教学报》2001 年第 39 期，有改动）

《大气压强》的教学设计

《大气压强》这一节的教学目标是通过引导学生认识大气压强的存在，感知大气压强的大小。在教学活动过程中，注意培养学生的观察能力、动手操作能力和运用物理知识解释物理现象的实际应用能力，使学生懂得知识来源于实践的真理。

一、建立一个重要概念

通过投影马德堡半球实验，引导学生观察，并进行讲解，接着演示教材中的实验：在玻璃杯内盛满水后用硬纸片将杯口盖严，用手按住，将杯子倒置，放开手后，纸片不会下落，水也流不出来。

这样，通过引导学生认真观察、分析，认识了大气压强的存在。水到渠成地建立了大气压强的概念。

二、做好两个主要实验

（1）马德堡半球实验。取出马德堡半球，用抽气机抽出球内的空气，然后让16个学生分成两组，亲自演示马德堡半球的实验。接着让全班的学生动手用皮碗模拟马德堡半球实验。

（2）托里拆利实验。教学中，首先利用教学挂图，讲述托里拆利实验原理，使学生对实验有所认识，再演示实验。实验时要向学生指出，水银柱的高度与玻璃管的粗细以及倾斜程度无关，并要求学生记住标准大气压强的值。

名　称	设计者	示意图	意　义
马德堡半球实验	奥托·冯·格里克	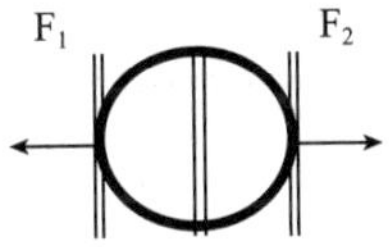	揭示了大气压强的存在，说明了大气压强是很大的
托里拆利实验	托里拆利	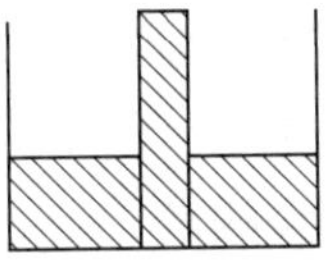	揭示了大气压强的存在，测出了大气压强的值

通过以上两个实验的演示，使学生感知大气压强的大小，即一个标准大气压强的值为10^5Pa，相当于一个质量为50kg的同学站在手掌（面积约为50cm^2）上产生的压强。

教学中通过投影对两个主要实验进行归纳（见上表）。

三、运用知识解释三个现象

用投影机投示练习题，让学生运用已学知识解释现象。

（1）自来水笔吸水时，把笔上的弹簧片按几下，墨水就吸到橡皮管里去，这是为什么？

（2）甲、乙两个同学，甲同学用普通的塑料管吸瓶中的水，乙同学把玻璃管通过塞得很紧的盛水的瓶子里，再吸瓶中的水。你观察到什么现象，并解释你观察到的现象（让两个学生亲自操作）。

（3）讨论课本中的练习（先让学生讨论，再演示，最后教师归纳、解释）。

通过教师演示实验，学生动手操作，积极讨论和练习，激发了学生学习的兴趣，优化了信息反馈过程，使学生牢固地掌握了新知识，提高了能力，达到了本课的教学目标。

（本文发表于《广东教学报》1999 年第 44 期，有改动）

谈谈优化作业布置的原则

学生的课业负担过重，已成为全面推进素质教育的严重障碍，是当前基础教育存在的一个突出的问题。要减轻学生课业负担，全面提高教学质量，笔者认为，就要从知识、方法、技巧、能力的高度去筛选作业，坚持优化作业布置的五个原则，布置作业做到科学性、系统性、针对性和趣味性。

1. 目标性原则

作业的布置要有明确的目的和较强的针对性，切忌随意。每次布置作业，首先要搞清楚所留的作业的目的是什么，即让学生掌握运用什么知识，形成什么技能。为了巩固所学知识，必须给学生布置作业，但布置作业，要认真筛选，做到数量恰到好处。不能随意布置，更不能搞题海战术。

2. 典型性原则

作业的布置要结合学生的实际，以教材为基本内容，既要有重点性，又要有代表性，以少胜多，练在关键处。因此，作业的布置要精心设计和巧妙安排，要讲究精当和典型。学生做这样的题，能起到以一当十的作用，收到举一反三、触类旁通的效果。作业布置切忌机械重复。

3. 递进性原则

学生做题的过程是理解和运用基础知识的过程，学生对知识的学习是循序渐进的。因此，作业的布置要依据教学大纲中“知道”、“理解”、“掌握”的层次教学要求，由浅入深，由易到难，循序渐进，要充分地照顾到大多数学生的接受能力，这样才能学有所得，大面积提高教学质量。可设计如下三个层次的作业。第一层是基本的、单项的、模仿性的题目，使知识内化；第二层是综合性的、变式性的题目，把知识转化为技能；第三层是一些思维性、创造性的题目，使知识结构向智能转化。切忌布置难题偏题，挫伤学生学习的积极性。

4. 培优辅困原则

在给学生布置作业时，要注重培优辅困原则，让学生根据自己的程度要求，选做深浅适宜的习题，使不同层次的学生在知识能力方面都得到有效的提高。对于基础好智商高的学生应适当拔高，题目可以稍难一些，让这些优生吃得饱，对于学困生要多着重于基础知识的训练。作业布置千万不要一刀切，否则会出现优生吃不饱而学困生吃不了的局面。

5. 多样性原则

多样是指作业的形式应当多样，目的各有侧重。既要有侧重知识深化的习题，又要有侧重方法训练的习题；也可适当合理地布置一些内容由学生自己选择的课外作业，如阅读性作业，能使学生通过阅读增强对所学知识的理解，自学能力也得到培养；还可以结合课堂教学给学生布置一些实验、观察、制作等动手动脑的操作性作业，使学生对某些现象有系统的观察和了解，使学生的技能得到培养。

总之，作业不在多，而在精，目的在于巩固知识，提高能力，启迪智慧。

（本文发表于《广东教学报》2000 年第 29 期，有改动）

运用现代教育技术　优化物理实验教学

物理是一门以观察和实验为基础的学科。物理实验是建立物理概念，巩固所学内容不可缺少的实践过程，是物理教学不容忽视的一个重要环节，是实施素质教育的主渠道和有效手段。然而，抽象的物理概念、变化的物理过程、瞬间发生的物理现象，往往受条件、时间、空间的限制，单凭实验器材不尽如人意。而现代技术在物理实验教学上的广泛应用，使之有机结合、成为一体，超越了教学的传统视野，为教学活动提供了广阔的空间。在平时的实验教学中，将讲不清、道不明，看不见、摸不着，较复杂、难理解的地方，进行可视化、模拟化、智能化处理，形象地呈现事物的现象，具体地表达事物发展的过程，生动地揭示事物变化规律，使抽象的物理现象、复杂的物理过程直观显示或模拟出来，大大激发了学生学习的兴趣，降低了教学难度，优化了传统的物理实验教学，拓展了课堂教学空间。

1. 化小为大，增加观察的可见度

在物理实验教学中，由于某些物理仪器的性能差，可视范围小，可见度差，实验操作时间长（或短）等原因，实验的成功率不高或效果不明显，学生难以观察到实验过程和数据，使实验教学受到了影响。对于那些“微观世界看不见，庞然大物又说不清”的实验，在过去的教学中只能让学生看看挂图或教师用语言、文字加以描述，这样，学生很难得到正确完整的认识和印象。现在，可将一些实验和现代教育技术整合，发挥现代教育技术“化小为大”的优势，将微观现象“放大”处理、宏观现象“缩小”处理，将实验过程和数据展现在学生面前，突出实验现象，提高可见度。如带电粒子的运动、卢瑟福α散射实验、核外电子跃迁等微观现象，虽然看不到、摸不着，但却是客观实在的。要让学生对这些物理现象建立清晰的物理图景，就必须让学生“看”得见它们。笔者通过现代教育技术模拟微观粒子，把它们运动的动态过程进行展示。在传统教学中有关天体运动情景只能依靠学生想象，而利用现代教育技术手段可把月球绕地球运转、地球绕太阳运转、卫星发射等宏观天体运动进行模拟微小化处理，为学生演示。

又如，磁场的概念比较抽象，条形磁铁、U 形磁铁，同各磁极之间和异名磁极之间的磁感线分布以及直线电流的磁场的磁感线和通电螺线管的磁感线分布形状各不相同。传统的演示方法是：先将玻璃板放在磁铁上面，将铁屑均匀地撒在玻璃板上，轻轻敲动玻璃板，使铁屑在磁场的作用下形成磁感线分布图形。因平面放置，学生看不清楚，教师只好端着玻璃板走到台下，巡回让部分学生看清，如果让每个学生都看清，需要大量的时间，就要影响教学进度。笔者在“磁场”和“电流的磁场”教学时，利用投影技术将上述的几种演示结果投影到幕布上，全班学生在同一时间都能清楚地看到各种磁感线的分布情况。这样大大增强了实验教学的说服力，加深了学生对“磁场”的认识，使学生更好地把所学的知识应用到实际生活中去。这样“化小为大”，学生一目了然，收到了立竿见影的效果。

2. 抽象问题形象化

物理学是研究物质运动和变化的科学，很多情况下用传统的教学手段不易表现物理学的“动”和“变”的特点，而现代教育技术可将抽象化的文字符号转化为具体可观的事物，将文字叙述与客观事物联系起来，模拟物体的运动过程或所处的状态，使抽象问题形象化，静止图形动态化。借助现代教育技术可丰富学生的认知表象，培养学生的认知能力，冲破时空限制，激发学生的探索兴趣。如在“机械波”教学时，这种比较抽象的知识点学生很难理解，笔者借助现代教育技术“化虚为实”的优势，用石头扔在水槽中出现动态水波，再用投影仪将这一现象投射到幕布上，让学生联想物体振动是以波的形式向四面八方传播的，而并不只停留在一点上。同时，我又用多媒体电脑，以动画的形式制作成平面画面，通过各质点的振动，定格并闪烁横波的各个物理量，如波长、周期、振幅等，此时单箭头表示的是质点的振动方向，双箭头表示振幅，并利用定位操作插入语言讲解。这样，将横波及波动图象表现得清清楚楚，把本来很复杂、抽象的知识形象地展现在学生面前，原来学生很难理解的知识便很容易地掌握了。

3. 复杂问题简单化

有些常规实验受其实验内容和实验装置的限制，实验过程太快，使学生对实验的变化过程难以理解，借助现代教育技术的帮助，可以弥补这方面的不足。现代教育技术不但能使实验以动态的演示方式出现，还能放慢、甚至停留某一实验变化过程，按其变化顺序分步演示，分步剖析，使复杂问题简单化、形象化。例如，在

“简谐振动”教学时，笔者利用多媒体电脑制作弹簧振子课件进行教学。该课件利用动画技巧低速模拟演示弹簧振子，这种模拟演示既可连续播放，也可以随时定格在某一状态供老师进行分析。这样直观形象的教学，使学生获得深刻的感性认识，更易掌握简谐振动的特点和规律。又如，关于失重状态下物体间压力是否存在的实验：壁上有孔的塑料水瓶盛水后自由下落，在下落过程中观察孔中是否有水流出。由于塑料水瓶自由下落的时间很短，学生尚未反应过来就已结束，观察不到现象。笔者在课前先将实验过程拍成录像，在制作时利用慢放效果，现象十分明显，学生印象十分深刻，事隔月余，提起时仍津津乐道。

在物理教学中应重视实验教学已成共识，虽然形象化的多媒体课件不能代替具体的实际实验，但有些物理实验在课堂教学中实验条件难于满足时，可借助现代教育技术进行教学。例如，在讲解某些测量仪器的内部构造时，在课堂上不便拆卸仪器，这时通过课件演示可以起到事半功倍的作用。

实践证明：在物理教学中，有目的地恰当地将现代教育技术与物理实验互相配合，有效地扩大了感知的信息量，优化了课堂教学结构，提高了实验教学效益。

（本文发表于《广东电教》2001年第4期，有改动）

多媒体技术辅助教学例说

多媒体技术的教学特点，在于它能形象地呈现事物的现象，具体地表达事物发展的过程，生动地揭示事物变化的规律，使抽象的知识转化为一定的物质形态，使教学中一些难做或无法做的演示变得轻而易举。计算机多媒体在教学中的使用，改善了教学媒体的表现力和交互性，促进了课堂教学内容、教学方法、教学过程的全面优化，提高了课堂教学质量和效率，培养了学生的创新精神和创新能力。

1. 创设情境，明理导行

政治课的教学主要是向学生传授马克思主义基本观点和基本原理，培养学生正确的观点、立场和方法。许多概念和原理是比较抽象的，照本宣科地讲解与分析势必使学生感到索然无味，失去兴趣，从而影响教学质量的提高。运用现代教育技术和手段，极大地丰富了政治课的教学方法和手段，使抽象的概念具体化、形象化和趣味化，给政治课注入新的活力。陈文胜老师上《主观能动性是人区别于物的特点》一课的新课导入时，利用多媒体创设情境（播放录像）：1998年夏，我国长江、嫩江、松花江流域，发生严重的洪涝灾害，人民解放军众志成城，决战三江。

电教媒体以其生动形象的画面、声情并茂的解说，再现了当年抗洪的战斗场面。这种导入，图文并茂，寓情于景，情景交融，渲染了浓重、激奋的氛围，较好地触发了学生的思想激情，调动起他们学习的主动性，既加深了学生对教材的理解，又强化了政治课的思想教育功能，实现了激情→明理→导行的连贯性和渗透性。

2. 启发引导，化解难点

刘劲鹰老师在立体几何《棱锥、圆锥的体积》（第一课时）教学时，采用多媒体组合教学，为学生提供思维载体，使抽象与具体的概念相互转化，隐形与显形的事物相互转化，以拓宽教学时空维度，降低抽象思维坡度，培养学生空间想象能力，巧破几何教学中的知识难点。

刘老师利用自制的多媒体课件显示，用平行于 α 平面的任意平面 β 截两个锥体，截面和顶点的距离是 h_1，截面面积分别是 S_1 和 S_2。然后引导学生证明并归纳出定理：等底面积等高的两个锥体的体积相等。

接着刘老师用电脑演示将一个三棱柱分割成三个体积相等的三棱锥。利用模型引导学生讨论：锥$_1$与锥$_2$有何共同特征？锥$_2$与锥$_3$有何特征？（等底、等高。）最后演示动画：把三棱锥补成等底面积等高的三棱柱。

课程进行到这一步，刘老师并未急于总结规律，而是用事先准备好的两个等底、等高的圆柱形容器和圆锥形容器做实验，用圆锥形容器装满水，然后倒入圆柱形容器中，三次刚好将圆柱形容器注满。

在电教媒体创设的情境下，学生通过观察——分析——归纳，水到渠成地得出结论：锥体的体积是与它等底、等高的柱体体积的三分之一。

3. 营造氛围，优教促学

语文课中所塑造的优秀人物形象是学生学习的宝贵财富，他们的思想品质、崇高精神对学生的思想起着激励作用。通过他们的一言一行、一举一动，挖掘他们身上所具有的高尚品质和可贵精神，是语文课审美渗透的首要内容。如何有效地挖掘人物的美好品格，是语文老师长期探索的课题。目前，语文老师巧妙地利用多媒体电脑的交互性，将收集的信息以最适合学生习惯、最容易为人接受的形式——图像，提供给学生，使这一课题有了新的突破。如康文利老师在教学初中语文《谈骨气》一课时，将事先从别的媒体上收集的与课文内容有关的图片、影像（民族英雄文天祥抗元兵、民主战士闻一多横眉怒对敌人），以及用电脑绘制《廉者不受嗟来之食》的连环画，在课堂上一一播放。这样调集声、光、色等现代化科技手段，再辅以文字说明，营造课堂气氛，唤起学生对相关背景知识的回忆，使文中人物形象进入学生的情感领域。利用这种教学方法，很自然地把传授知识与陶冶情操有机结合起来，促进了学生形象思维向抽象思维的发展。

4. 省时高效，增大容量

传统复习课的教学方式是教师讲例题→学生做练习→教师讲评→学生再练习。这种传统模式的复习课，费时低效。郑观富老师在《线段的比例式与等积式的证明》的复习课中利用多媒体辅助教学，打破了传统复习课教师讲、学生做的沉闷的课堂气氛，取得了较好的教学效果，得到了听课者的好评。

郑老师在课前把在课堂上要用到的例题、习题、图等制成课件，在上课时使用，这不仅可以提高学生的注意力，激发兴趣，而且可重复展示，灵活方便，节省了大量的教学时间，从而加大了传输给学生的信息量，增大了课堂的教学密度和容量，发展了学生的智能，提高了复习课的教学效率，体现了“课上大容量，课下小负担”的素质教育的特点。从教中学数学 20 多年的南三二中罗真胜校长观后由衷地说：“多媒体技术具有传统教学所无法比拟的多种技术优势。不开展多媒体教学，难以适应时代的要求。”

5. 模拟演示，优化教学

在物理课教学中，抽象的物理概念、变化的物理过程、瞬间发生的物理现象，往往受条件、时间、空间的限制，单凭实验器材演示不尽如人意。而利用多媒体技术，能形象地呈现事物的现象，具体地表达事物发展的过程，生动地揭示事物变化规律，使抽象问题形象化，静止图形动态化，大大地降低教学难度，激发学生学习兴趣，优化物理教学过程。例如，在《机械波》教学时，学生对这种比较抽象的知识点很难理解。这时，邓老师先用石头扔在水槽中出现动态水波，再借助现代教育技术“化虚为实”的优势，用投影仪将水波动态投射在幕布上，让学生看到物体振动时并不停留在一点，而是以波的形式向四面八方传播。同时，又用多媒体电脑，以动画的形式制作二维画面，通过各质点的振动，定格并闪烁横波的各个物理量，如波长、周期、振幅等，此时单箭头表示的是质点的振动方向，双箭头表示振幅。并利用定位操作插入语言讲解。这样，将横波及波动图象表现得清清楚楚，把本来很复杂、抽象的知识形象地展现在学生面前，原来学生很难理解的知识便很容易地掌握了。

（本文发表于《湛江教育》2000 年第 12 期，有改动）

从展评会看多媒体课件的开发

2000 年，我市举办了中小学多媒体教学软件展评会。这次展评会展示的教学软件较多，水平较高，从不同的方位、角度展现我市发展现代教育技术的一种崭新局面。然而，毋庸讳言，展评中的部分课件在教学设计、多媒体技术应用等方面存在这样或那样的问题。如有的课件只是纯粹文字图形的组合，缺乏新意，信息呈现成了书本和黑板的另一种载体；有的课件教学手段和形式上是先进性的，但教学设计依然是陈旧落后的，未能发挥多媒体技术应有的功能；有的课件呈现的信息太多太快，颜色使用过多，音乐效果不和谐，动画图像不协调等。存在这些问题，在所难免，因为，多媒体课件是近几年才在教学中进行开发运用的，它的使用目前还处于初级阶段。随着多媒体课件开发应用水平的不断提高，这些存在的问题必将得到逐步地解决。为提高多媒体课件的开发应用水平，发挥其应有的功能，笔者认为，如下问题，亟待解决。

1. 更新观念，加强学习，提高教师应用计算机辅助教学水平

近年来，我市举办的现代教育技术应用培训班和多媒体课件制作培训班，为中小学培养了一批电教骨干，这批电教骨干在多媒体课件的制作工作中起了示范作用，效果很好。但有些学校领导现代教育意识淡薄，对多媒体课件开发、应用不够重视，甚至舍不得花钱派教师参加培训，致使学校多媒体课件开发工作滞后。

多媒体课件是多媒体技术在教育领域应用的主要成果和标志，是当前现代教育技术应用的主攻方向，它的设计制作水平的高低，直接决定和影响着教学质量。因此，学校的领导要更新教育观念，增强现代教育意识；要充分认识建设一支高素质的教师队伍，是实施教育信息化工程的重中之重，是全面推进素质教育，实现教育现代化的需要；要把提高教师利用计算机辅助教学以及应用信息的能力作为增创教育新优势的根本，坚持以人为本，培训先行，提高素质；要加强教师学习现代教育理论、现代教育技术的力度，切实提高教师应用计算机辅助教学的水平；要开展以计算机和网络为主的信息技术的全员培训工作，通过培训，壮大队伍，提高多媒体课件制作的普及面。掌握一定计算机技术的教师要认真学习现代教育理论，要探索与时代相适应的教育思想、教学模式，探索在教育信息网络化环境下的教学方法、教学结构、教学内容，认真贯彻湛江市教委提出的“精讲、善导、激趣、引思”八字教学要求，进一步提高多媒体课件制作水平，努力使多媒体课件符合教学原则和电教规范要求，使之更具科学性、教育性、教学性、技术性、艺术性。

2. 切实加大学校现代教育技术的硬件设备和软件建设力度

现代教育技术是整个教育改革的制高点或突破口。为抢占21世纪基础教育的制高点，全面推进素质教育，学校要把教育信息资源建设摆在中小学普及信息技术教育工作的重要位置，给予高度重视，要切实加大学校现代教育技术的硬件设备和软件建设力度。硬件设备是实施现代教育技术手段的前提。学校要结合实际，想方设法，广开门路，增加现代教育技术媒体的配置，根据我市中小学的实际，学校可安装多媒体电教平台，教师利用平台制作多媒体课件，并进行教学。软件建设是现代教育技术的重要环节。如果没有充足的软件资料，再好的现代教育技术设施和设备还是不能发挥作用。学校要建立多媒体教学软件库，为教师提供各种资料、素材。

3. 建章立制，营造良好的环境

开发教学软件，为现代化教学服务，是教育信息化工程建设中一项十分重要的工作，是教育发展的自然产物。多媒体课件是优化课堂结构，提高课堂教学效益的有效途径之一。学校要建立完善制作多媒体课件的管理制度，为应用信息技术营造良好的环境。对制作多媒体课件有突出成绩的教师要给予适当的奖励，使教学软件工作进入应用推动创作，创作推进应用的良性循环机制。

（本文发表于《湛江教育》2001 年第 6 期，有改动）

《单摆》的多媒体教学设计

一、教学设想

单摆的振动是简谐振动的重要特例。按常规教学方法，用传统教学媒体做实验，可视程度差，若能在教学设计中，把传统教学媒体与电教媒体相结合进行教学设计，直观性强，可见度高，有利于学生观察理解。这样，既激发学生学习的兴趣，又培养了学生的观察、分析和综合能力。

二、教学过程

根据上面的设想，我利用多媒体电脑进行如下教学过程设计。

1. 复习引路

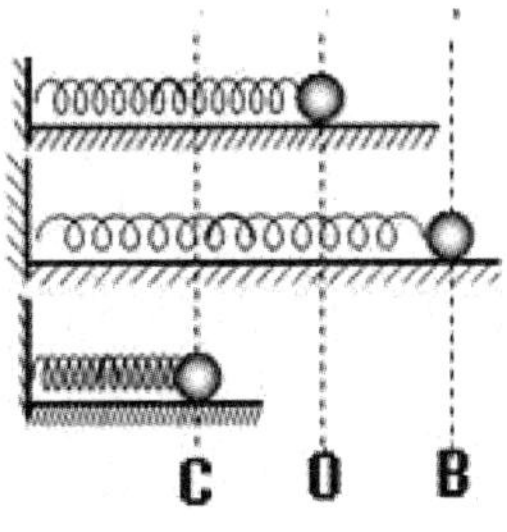

图 1

（1）指出图 1 弹簧振子在 B→O，O→C，C→O，O→B 各段运动中速度和加速度的方向以及它们的大小如何变化。

振子的振动	B→O	O→C	C→O	O→B
速度的方向怎样？大小如何变化？				
加速度的方向怎样？大小如何变化？				

（2）请学生回答问题：弹簧振子的振幅增大到原来的 2 倍时，它的周期如何变化？（①也增大到原来的 2 倍；②减小到原来的 1/2；③不变。）

2. 探索规律

为了让学生理解单摆振动的特点和它做简谐振动的条件，掌握单摆振动的周期公式，我利用多媒体电脑模拟演示单摆振动，模拟演示时，可利用动画技巧低速播放，也可以随时定格在某一状态进行分析。

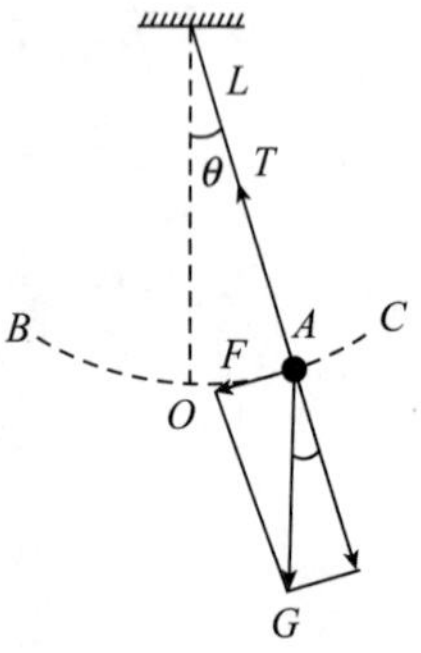

图 2

演示一：单摆的振动，并定格分析摆球在运动中受力的情况，如图 2 所示。

摆球在重力 G 和线的拉力 T 的作用下，沿着以平衡位置 O 为中心的一段圆弧 BC 往复摆动。在研究摆球运动的回复力时，只要考虑重力沿圆弧切线的分力 F 就可以了。通过引导学生进一步直观分析，学生自得，当摆角 θ 很小时（$\theta < 5°$），单摆的振动可以看作是简谐振动。

接下来，笔者采用比较的方法对单摆的振动周期与振幅、质量、摆长的关系进行实验研究。

演示二：验证单摆振动过程周期与振幅、质量、摆长的关系。

（1）振动周期 T 与振幅 A 的关系（摆长和摆球质量相同的两个单摆，当 $A_1 > A_2$时，T 与 A 的关系）。

（2）振动周期 T 与摆球质量 M 的关系（摆长和振幅相同的两个单摆，当 $M_1 > M_2$时，T 与 M 的关系）。

（3）振动周期 T 与摆长 L 的关系（三个单摆，摆 A、摆 B、摆 C，摆长满足 $L_A = 4L$、$L_B = 2L$、$L_C = L$，振动 30 次，测得摆 A 的周期为 60 秒，摆 B 的周期为 42 秒，摆 C 的周期为 30 秒）。

通过引导学生观察、检测、分析，归纳出单摆振动的规律。

单摆振动的规律：

（1）在振幅很小的条件下，单摆的振动周期跟振幅没有关系。这种性质叫等时性。

（2）单摆的振动周期跟摆球的质量没有关系。

（3）单摆的振动周期跟摆长的平方根成正比，跟重力加速度的平方根成反比。

单摆周期的公式为：$T = 2\pi\sqrt{\dfrac{L}{g}}$

3. 应用规律

用电脑演示练习题，检测学生对单摆运动的掌握情况。

（1）当单摆作简谐振动时，摆球摆动过程的回复力是：①摆球重力的一个分力；②摆线的拉力与摆球重力的合力；③摆球的拉力、摆球的重力和向心力的合力；④摆线的拉力与摆球重力的一个分力的合力。

（2）已知一个单摆的周期为 π 秒，它的摆长是多少？若它的摆长缩短一半，则周期为多少？若重力加速度减为原来的 1/4，则周期为多少？

（3）一座摆钟走得慢了，要把它调准，应该怎样改变它的摆长？为什么？

利用多媒体电脑对《单摆》一节课的教学进行设计，把抽象的物理现象、复杂的物理过程模拟出来，直观显示，大大地激发学生的学习兴趣，降低教学难度，达到优化物理课堂教学的目的。

（本文发表于《广东电教》2000 年第 6 期，有改动）

物理实验教学亟待加强

实验教学是中学物理教学中的一个重要环节，但目前却是一个最薄弱环节。中考实验题的得分率较低。笔者最近对 1995 年坡头区中考实验题的得分情况进行抽样统计，得出下表：

1995 年中考物理实验题抽样统计情况（$N=60$）

实验题目要求	本题分数	正答人数	正答率（%）	平均分	得分率（%）
1. 给出几种器材，要求写出测定小铁块密度方法和密度表达式	5	17	28.3	1.95	39
2. 给出实验器材，要求画出电路图和连接实物图，并读出安培表、伏特表的读数	9	0	0	4.4	48.9

抽样结果显示：

（1）多数考生不能正确地写出测定小铁块密度的方法和密度的表达式。

（2）很多考生在连接实物图时，不能正确地连接安培表、伏特表等，没有认真考虑题目要求，不能正确读出伏特表、安培表的读数。

究其原因有以下两点：一是学校实验设备条件差；二是教师不重视实验教学，认为实验可有可无，背实验也照样考高分。由此可见，实验教学亟待加强。这是推进素质教育，提高物理教学质量的重要一环，也是评价教育质量的一个重要方面。

《九年制义务教育初级中学物理教学大纲》（以下简称《大纲》）强调要加强演示实验和学生实验，强调初中物理教育要以观察、实验为基础。大纲共列出学生实验19个（力学8个、电学8个、热学2个、光学1个），演示128个（演示实验98个，挂图、模型、参观30个），学生实验课时数占总课时数11.6%。因此，要提高教学质量，必须做到以下三点。

1. 提高认识，切实加强实验教学的领导

要把加强实验教学提高到大面积提高教学质量，变应试教育为素质教育的高度来认识。学校应按《大纲》和教材的要求，认真检查教师演示实验和学生分组实验的完成情况。

2. 切实加强实验室建设，健全各项管理制度，不断充实实验设施和设备

教学中，教师要严格按要求认真做好演示实验。教师要从科学态度、规范操作方面给学生示范，并启发引导学生从生动的直观现象上升到抽象的思维。对于学生实验，要积极创造条件，努力完成，使每个学生都有动手做实验的机会。

3. 加强实验操作能力的考核

要把培养学生的实验能力当作改革物理教学的一个重要方面来抓，逐步改革物理的考试方法，把实验操作纳入考试内容。要开展实验教学质量检查，教学成绩评价。

（本文发表于《物理的教与学》1996年第10期，有改动）

加强实验教学　推进素质教育

实验教学是实施素质教育的重要途径，它的教育功能已经越来越被广大教育工作者认识和重视。然而，由于长期受传统教育观念的影响，加上实验教学缺乏必要的考核措施，实验教学在某种程度上仍然处于“讲起来重要，教起来次要，考起来不要”的状态。

最近，笔者对坡头区几所中学的实验教学进行检查，同时，对60个学生“用电流表测电流强度”的实验操作进行考核评估。从调查结果来看，实验教学是学校教学工作中的一个薄弱环节。究其原因主要有两点：

（1）学校对实验教学工作不够重视，缺乏必要的管理措施，名义上每所学校都有领导分管实验教学工作，但不少是分而不管，或管而不严。教学大纲上规定的演示实验和学生分组实验未能得到真正的重视和落实，导致教育资源的严重浪费。

（2）实验教师队伍不稳定，事业心不强，业务水平不高导致实验教学水平不高。

由此可见，必须加大实验教学的力度，为全面推进素质教育，培养学生创新精神和实践能力提供物质条件和场地保障。

1. 确立实验教学在素质教育中的地位

《中共中央国务院　关于深化教育改革　全面推进素质教育的决定》（以下简称《决定》）明确提出："加强课程的综合性和实践性，重视实验课教学，培养学生实际操作能力"。《决定》中提出的培养实际操作能力，虽然是从加强实验课教学的角度提出来的，但是它的重要意义远远不止于此。如果把培养学生的创新精神和实践能力作为推行素质教育的核心任务，那么，培养学生的实际操作能力，就是核心任务中的重要组成部分。因此，我们要以素质教育为核心，树立"以人的发展为本，以能力发展为主"的教育观，进一步认识到实验教学是学校全部教育教学工作中十分重要的组成部分，是课堂教学中实施素质教育的主渠道和有效手段。开展实验教学是全面贯彻教育方针，培养创新精神和实践能力的具体体现。通过实验教学开发和培养学生的动手能力、科学意识是素质教育的重要内涵。要确立实验教学在素质教育中的地位，发挥实验教学在素质教育中的功能，把实验教学纳入学校常规教学管理，切实加强领导，加大力度。

2. 培养学生实验操作能力

从智能学角度看，脑、手、语言是智能的三大组成部分，其中最具有实践能力的是手，这里所说的手，是手脑并用的手，是灵巧的手。培养学生的能力，一向是学校教育的中心任务之一。能力的内涵十分丰富，人们通常用"分析问题，解决问题的能力"来概括。在理科教学当中，着重培养观察能力、实验操作能力、思维能力、探索能力、记忆能力、分析与综合能力等，其中实验操作能力最有特点、最富有挑战性。因为实验操作能力集知识、技能、悟性于一身。把抽象的理性方法再现于感性的具体事物之中，把感性的活动与理性方法结合起来，进行信息传输与加工处理。俗话说："百闻不如一见，百看不如一做。"因此，学校要切实重视演示实验，提高课堂教学效益，为概念的建立和理解提供必要的条件。要创造条件，努力上好分组实验课，开展好实践教学，激发学生学习的兴趣，提高学生实验技能和素质。在减负的要求下，更要引导学生开展有益活动，如小制作、小实验等，激发学生自我学习意识和创新精神，落实理论与实际相结合，使学生的综合素质得到提高。学校要不定期地开放实验室，给学生创造更多的动手机会。

3. 建立完善实验教学管理机制和考核评估体系

要把开展实验教学考核评估与学生的实验技能、教师教学效果、学校办学水平、校长工作业绩等联系起来，把实验这个软指标变成硬任务，要营造这样一个良好的环境：为了全面提高教育教学质量，校长亲抓实验教学，理科教师、实验教师研究实验教学，学生为了提高实验技能，走进实验室。

学校要强化实验教学的管理，树立以管理促发展，以使用求效益的观点，建立课堂实验教学评估机制，对理科教师、实验教师的实验教学工作进行定期的检查评估，量化考核。在实验教学中要把实验操作考核作为一个重要环节来抓，要由定性的考核转到定量考核，要从感知、仿试、技能、创新四个层次对学生进行考核。

4. 建设高素质的教师队伍

教师是教育技术装备建设和技术实践运作的关键性要素，教师素质的提高是教育技术装备发挥应有作用的前提之一。建设一支高素质的师资队伍，是全面推进素质教育，实现教育现代化的需要，也是搞好实验教学的需要。没有高素质的师资队伍，教育技术装备将会变成摆设的“高级垃圾”。随着教育信息化时代的到来，计算机网络进课堂，利用计算机使原来不能做，或不能精确测定、分析的实验，通过计算机模拟、数据处理得以实现。这无疑对理科教师、实验教师提出更高的要求。广大教师面对新的教育技术的有力挑战，必须要有紧迫感，做到尽快学习新的媒体技术、驾驭新的媒体，不断提高现代教育技术意识。要认识到随着现代教育技术的飞速发展，教学不仅仅指教师在课堂上的讲授，对教育信息的开发、设计、制作和传递都是教学范畴。因此，教师要注重加强自身综合素质的提高。教师整体素质的提高是创造高质量、高效益教育的迫切要求。要牢固树立为素质教育服务的思想，爱岗敬业，乐于奉献，要苦练“内功”，不断自我进修，自我完善，自我提高，以适应教育现代化的需要。

（本文发表于《湛江教育》2002 年第 4 期，获得 2001 年全国实验教学与管理研讨会论文二等奖，有改动）

提高农村学生作文能力的两点建议

目前，农村学生普遍感到作文难，普遍存在作文水平低的现象。如何提高农村学生的作文能力？不少语文教师写了经验体会文章，从改进教学方法上提出了许多意见。笔者想从另一个角度提出两点建议。

一、语文教师要切实加强写作基本功的训练，提高自身的写作水平

从学生手册看教师写的评语，再看教师写的学期工作计划、学期工作总结，评

审职称提交的教学论文等，不难发现，教师普遍存在写作水平不高的问题，个别甚至可以说是很低的。语文教师的职称评定没有通过，多数是由于提交的教学论文水平低。有些语文教师执教时间很长了，仍然没有评上高级教师职称，主要原因是写作水平低，没有教学论文发表。这恐怕不是个别现象。

毋庸讳言，目前，农村小学有相当多的语文教师，只知道按教学进度布置作文，而不懂得如何指导学生作文，如何批改作文，更不善于进行学生作文的讲评。因此，经常出现教师一布置作文，学生就胡乱地写作文或“天下作文一大抄”的现象。

俗话说，“要给学生一杯水，教师要有一桶水。”作文能力不强的教师如何教出作文水平高的学生呢？可见，提高教师写作水平是提高农村学生作文能力的根本。

因此，语文教师要切实加强写作基本功的训练，提高自身的写作水平。要把读书学习当作第一要务，只有多读书，才能具备渊博的知识，广阔的视野，方可居高临下，游刃有余。其次，要认真开展作文教学的研究，探索优化作文教学的途径，走出作文教学“高耗低效”的困境。再者，语文教师要坚持写读书笔记，多写教学经验体会，要认真写好每学期的工作计划和工作总结，这些都是很好的练笔机会，千万不要敷衍了事，马虎应付。教师在指导学生作文时，自己要先动手写一下，多写才能“笔下生花”。教师经常写些“下水文”，对于提高学生的写作兴趣，切实有效地指导学生提高作文质量，作用是显而易见的。如果教师长期在“岸上”教作文，久而久之，原有的“泳技”也慢慢退化了。

二、搞好图书室（馆）建设，千方百计使学生尽可能多读书

学生要写好作文除了有好的教师指导外，主要还是要多读书。古人云：“读书破万卷，下笔如有神。”真正的作文好手，必然是读书多，“多读心中有本”，厚积而薄发。然而，农村学生由于受家庭条件限制，想要多读书，必然要依靠学校。因此，学校做好图书室（馆）建设，为学生课外阅读提供物质基础是提高学生作文能力的关键。学校要想方设法，加大投入，搞好图书室（馆）建设，不断添置新的图书，图书室（馆）要有专人负责，定期开放图书室（馆）、阅览室，为扩大学生课外阅读，丰富学生的课外知识创造有利条件。

然而现实的状况是，农村小学由于教师编制紧张，除中心小学外，其他层面的小学确实难以选派教师负责图书室（馆）的工作。我曾到过某区一所可谓办得比较好的农村小学进行调研，该校的图书室状况真令人失望。区教育局分配的图书原封不动地摆放在图书室的书柜里，没有编码，也一直没有与学生见面。一问原因，校长直言不讳地说：“学校教师编制紧，无法安排教师负责图书室工作。”这种现象在农村小学普遍存在。编制紧，教师缺，这固然是问题的原因，但也说明学校校长还不够重视学校的图书室（馆）建设工作。如果我们重视图书室（馆）的建设，总

会找到一些解决问题的办法的。鉴于此，对做好图书室（馆）的建设工作，笔者提出以下两点建议。

1. 学校图书班级化

每班在教室后面放置图书柜，学期开学初，学校将图书分到班，班主任老师指定学生负责。每周规定2—3 天下午第 3 节课作为图书开放日。这样，就可为学生提供阅览图书的机会，从而改变学校由于没有专人负责图书室（馆）的工作，造成学校图书被“封杀”的现象。

2. 图书室建设自主化

由于学校经费困难，没有充足的经费购买图书，学校图书室（馆）里的书成了年年“老三篇”。因此，学校图书室（馆）由学生自主建设。从 3 年级起，每生每学期自主购买一本图书，班主任老师提供图书目录，让学生到书店购买，自己看过后捐赠给班图书室（馆）。按一个班 50 人算，4 年学生共捐赠 400 册图书或更多，学生至毕业至少可以阅读 400 册图书。这样，就可以有效地解决学校要建设图书室却没有经费的问题。

以上所述为个人想法，不够成熟，仅且当作引玉之石。

（本文发表于《湛江教育》2003 年第 9 期，有改动）

让幽默唤醒课堂的生机

2013 年某日，某国外交官正在滔滔不绝地进行演讲，轮到观众提问环节时，一名男子向外交官扔出了第一只鞋。外交官反应敏捷，头一歪，身子一缩，很灵巧地躲了过去，紧接着，第二只鞋又飞了过来。没想到，已经有所防备的外交官笑容可掬地伸手想去抓住飞来的鞋，可惜，没有成功。骚动之后，外交官准备继续演讲。继续演讲之前，外交官还幽了袭击者一默：“如果你想这样做，那么，事前应该多练练瞄准。”他还颇具娱乐精神地在一只鞋子上签上了自己的名字。如此遭遇，无疑令人尴尬，但外交官用一句轻描淡写的话语轻松巧妙地化解了。

然而，在教学上很多老师不能冷静处理类似事件的发生，用幽默化解矛盾，消除尴尬。而总是以“严师”自居，高高在上，动辄责骂学生，让学生望而生畏，望而却步。课堂就像一潭死水，毫无生机与活力。

著名教育艺术家李燕杰在总结自己讲课受欢迎的原因时曾说过，我尽力使自己的讲课达到：小说般的情节，相声般的幽默，诗歌般的激情。美国著名心理学家特鲁·赫伯也说过："幽默是一种最有趣、最有感染力、最有普遍意义的传递艺术。"因此，教师要走下"师道尊严"的神坛，寓庄于谐，做学生的良师益友。在课堂教学中要巧妙地运用幽默语言、幽默故事、幽默动作等，激活教学内容，使课堂变得风趣诙谐，精彩纷呈，优化教学效果，达到教与学的双轻松。

名师们的课堂之所以能够吸引学生，成为"乐学"的魅力之源，就是教师们内涵丰富、灵活机智、让人回味无穷的幽默语言。如发现学生忘记带学习用品，教师笑着说："同学们如果是在战场上可不能忘记带枪啊，仗还没打呢，你就得投降了。"这么一说，收到了事半功倍的教育效果。一方面可以避免学生因忘记带学习用具而产生的尴尬，同时也提醒学生今后要提前准备好学习用具。反之，如果为此责怪学生，不仅会耽误课堂时间，同时会使忘带东西的学生心里紧张，间接影响他们学习的效率和效果。

教学艺术高超的教师，无论是讲授深奥的哲学原理，还是教读语言优美的小说或散文，抑或推导抽象的数学公式，都会时时夹杂一些幽默诙谐的语句或故事，使学生在欢笑中激发兴趣，得到启示，受到教益。如一位物理教师讲解照相机成像原理时，给学生讲了一个"照相"的笑话。某君照相时头顶地、脚朝天，别人问他："为何如此照相?"他答曰："照相机只能成倒立的像。"学生听后发出阵阵笑声，从而也牢牢地记下了照相机成倒像的特点。

又如，在导入"遗传和变异"一节时，某位教师借用了一个故事进行导入。一位遗传学教授的夫人对他说："亲爱的，如果我们将来的孩子像你一样的聪明，像我一样的漂亮该多好。"教授对他夫人自嘲似的说："亲爱的，这个我可不敢保证，问题是我们的孩子也有可能像我一样的丑陋，像你一样的愚笨。"听了这个幽默的故事后，学生们先是朗朗地笑开了，然后是略感疑惑，思维顿时放开了——生物为何会有遗传和变异的现象呢？这时，上课的兴趣也来了，教学效果显而易见。

传统的"师道尊严"，往往使学生对教师产生一种隔阂，倘若教师再板起面孔，不苟言笑，更易造成学生对教师敬而远之。教师的幽默，能有效地打破师生间的陌生感，消除彼此间的误会，从而使师生之间的关系更为和谐融洽。如一位老师上课时发现有个男生埋着头在抽屉里玩东西，他来不及走下讲台，便顺手拿起一小节粉笔，悄悄地对学生说："老师是个百发百中的神枪手，你们信不信?"孩子们都很纳闷地看着老师，老师笑笑地举起粉笔，轻轻地一扔，粉笔不偏不斜，刚好落在那个男生的桌子上，教室里一下子爆发出一阵笑声，有赞赏的笑声，惊讶的笑声。男生被笑声吓了一跳，莫名其妙地抬起头来。于是，老师将手做成手枪状，大喝："你已经中弹了，还不缴械投降?"教室里又爆发出了笑声，男生也笑了，举起双手做投降状。这时，老师笑了，学生们也笑了。教师用诙谐的动作，快速地吸引了学生的眼球，让课堂有声有色，真是一"掷"千金。

苏联教育学家斯维特洛夫曾说过："教育家最主要的，也是第一位的助手是幽默。"幽默是教师智慧、学识、机敏、灵感在语言运用中的结晶；是一瞬间闪现的光彩夺目的火花；是性情豁达、思想乐观的自然流露；是一种健康而完备的精神状态；也是构成优秀教师品质的一个重要因素。幽默如一脉新鲜的血液，给课堂带来了勃勃生机，让学生乐此不疲，但幽默不是故弄玄虚的滑稽逗乐，也不是矫揉造作的轻薄取宠，幽默是智慧的自然流露。我们在运用幽默时，应遵循审时度势、适可而止的原则，使之真正为教育教学服务。

（本文发表于《湛江教育》2013 年第 12 期，有改动）

创新，让课堂更美丽

美国经济学家查尔斯·琼斯曾说：“人类的未来取决于创新。”然而，目前，许多中小学课堂教学应有的生机和活力仍然不能激发出来，学生在课堂中的活力依然得不到充分释放，学生的创新思维和创新能力得不到有效的培养。

教师的责任不是把学生训练成一种模式的人，而是要让每一个学生都拥有独特的创新精神和创新意识，发挥自己的创新能力。因此，教师在课堂教学中要把培养学生的创新能力放在首位，促进学生主体性发展，提高学生的创新能力。

一、挖掘创新因素，开发学生的创新潜能

教育家苏霍姆林斯基说过：“在人的心灵深处，都有一种根深蒂固的需要，这就是希望自己是一个发现者、研究者、探索者，而在儿童的精神世界中，这种需要特别强烈。”这就要求教师围绕学生这一基本需要，为学生提供更多的创新机会，开发学生自身的创新潜能。

教学中培养学生创造性思维能力，是一个多角度、多渠道的“整体工程”。教师要从挖掘有利于培养创造性思维的因素着手。挖掘创造性思维训练的因素，关键在于教师要用创造的眼光去钻研。同一个素材，会因教者理解的角度不同，钻研深度的不同，而使学生所得各异。这就要求教师从培养创新人才的需要，从培养学生创造性思维的角度去钻研素材，挖掘素材中诱发学生创造性思维的因素，开辟创新教育的渠道，拓宽课堂教学的空间，拓宽学生的视野，激活学生潜在的创新意识，激发学生的创新思维。教师要通过挖掘创新素材，高效地驾驭素材，并把与时代发展相适应的新知识、新问题引入课堂，与教材内容有机结合，引导学生去主动探究。要在挖掘创新素材的基础上，精心设计有利于培养学生创新能力的教学切入

点，引导和迁移学生的创新意识，以使其发展成为对科学真理的追求与探索，从而进一步强化学习兴趣，激发求知欲，培养创新思维。

如在《热和能》一章教学时，一教师通过“走进微观世界”这个研究课题，让学生登录网站、翻阅图书。丰富的图片资料和形象的结构模型会展现一个异彩纷呈的微观世界。“花香从何而来”、“原子、分子概念的发展简史”、“快乐的水分子”……这些生动的小课题有对分子性质的描述，有对分子、原子发现历史的探讨，有对原子结构的概说，也有生活现象与微观世界的联系……学生们用现代的眼光、用自己的智慧注视着微观世界，比较着宏观与微观两个世界的异同，不断地收集整理，不断地创造展示。通过《分子热运动》和《内能》讨论了地球资源的供不应求；通过《比热容》和《热机》感悟物理世界的神奇；通过物理与生活单元探讨了物理知识在日常生活中的广泛应用……通过这些方法使学生鲜明地感觉到“原来物理的世界这样精彩，原来物理世界离我们这么近!”在整个教学过程中，问题让学生自己去探索，规律让学生自己去发现，结论让学生自己去归纳。学生在问题的解决过程中，掌握了新知识，创新能力也逐步形成和提高。

二、创设宽松情境，发展学生的创新思维

心理学研究表明，学生在轻松、愉快、有趣、富有创新精神的学习环境和氛围中，注意力、想象力、创造力等思维处于积极状态，更容易产生思想的火花，这样才有利于做出大胆的设想，萌发创新思维。德国教育家戈特福尔德·海纳特提出：“教师凡欲促进他的学生的创新力，就必须在他们班倡导一种合作、民主一体的作风，这也有利于集体创新力的发挥。”

课堂教学是培养学生创新意识、创新能力的主渠道，是教师实施创新教学的主战场。只有营造适合培养创新能力的课堂学习氛围，才能让学生在这种氛围中点燃思维的火花，弘扬独特的个性，展露创新的潜能，也才能培养出具有创新能力的人才。因此，在课堂教学中，教师要注意构建和谐、民主的课堂教学氛围，使师生交往的心理状态达到最佳水平，使各种智力和非智力的创新因子都处于最佳活动状态，以情启学，以情促新，以情拓思，做到问题让学生提，思路让学生想，疑难让学生议，错误让学生评，实验让学生做，从而提高教学效率。如一位教师在进行《光的直线传播》教学时，先让学生猜想：“光的传播路线怎样”、“你平时能看见光在空气中传播吗”、“怎样才能看见光在空气中传播”。尽管学生立即就会做出各种各样的猜测，有些是意料之中的，有些是意料之外的，不管学生的猜测结果是否符合教师的意图，教师都不要过早地给予肯定或否定，而要把结果交给学生通过实验来证明。通过这种设疑、释疑的实验活动，不断激励学生通过实验、观察、讨论、模拟等探索手段提出种种假设和猜想，让学生逐步掌握探索物理问题的思路和方法，即提出问题→设计实验→实验探究→讨论分析→得出结论，这样在逐级的发

散链式的思维模式中才能使学生逐步树立问题意识和创新意识，逐步培养学生探究的兴趣和创造性思维。

三、改进评价方法，激励学生的创新志趣

“赞许犹如阳光”。著名心理学家托兰斯说：“我们要想促进创造力，就需要提供一个友善的和有奖赏的环境，已便使之在其中繁荣发展。”对学生的信息反馈进行评价是课堂教学中不可缺少的手段，是激励学生创新志趣的“催化剂”。教师肯定的评价，给学生“一语三春”的感染力量，对促进学生创新意识、增强创新信心，提高创新能力，都有着不可估量的力量。

评价，不仅在于评价对知识的理解是否正确，更在于评出创新自信心，产生激励效应，使学生真正认识到自己的能力和价值，从而更加积极主动地参与下一步的学习创新活动。教师要引导学生对自己的活动做出评价，互相鉴赏活动成果；或者教师对学生的活动成果从个性发展、心理品质等方面做出评价。教师对学生的“标新立异、异想天开”要加以保护，对学生点点滴滴的创新要给予重视。“你见解独特!”；“你真棒!”；“你的想法很好!”及时的鼓励、赞扬像一股股暖流流入学生的心田，使学生不仅得到极大的喜悦与满足，还能推动学生以更大的热情投入下一次的创新活动中。如此良性循环，学生的创新能力定能得到最大程度的提高。如一位教师在进行《20以内的减法》教学时，一位学生提问：“老师，12减9，2减9不够减，我是倒着减的。先用9减2得7，再用10减7得3，因此，12减9等于3，这样做可以吗?”这个问题就像一颗“炸弹”抛了出来。然而，授课老师不但没有批评这位同学，而是高度评价他敢于提出问题，发表自己的见解，并且采取了非常灵活的教学方法，及时组织同学们对这个问题进行讨论，最后达成一致意见。如果教师对学生的表现不闻不问，对一个很有创造性的回答，教师也未知可否，这会无形中扼杀学生的思维，更谈不上激励学生的创新了。

培养学生的创新能力是一个永恒的课题，是一项系统的工程。但只要教师做有心人，大胆创新，勇于探索，积极挖掘潜在的创新资源，千方百计加以激发、唤醒、引领、训练，用自己的智慧，定能让课堂教学成为培养学生创新能力的广阔天地，课堂教学就会呈现出陶行知所说的“处处是创新之地，天天是创新之时，人人是创新之人”的美好境界。

（本文发表于《教育创新》2014年第4期，有改动）

探讨课堂教学　构建高效课堂

——从2013年湛江市中小学校长课堂教学竞赛说起

随着我市新一轮中小学课堂教学改革的不断深入，教师的教学观念不断更新，课堂教学在“以人为本”的理念的引领下，正以崭新的面貌出现在人们面前，课堂教学正逐步走向有效、高效。毋庸置疑，在推进新一轮课堂教学改革中，我市仍有相当多的中小学校长、教师的教学观念还没有真正转变过来，对有效课堂、高效课堂的含义还是一知半解，课堂教学仍然是低效、甚至是无效。

近日笔者有幸参加了相关的教学活动，观摩了校长的课堂教学竞赛。对评委的评分进行抽样统计（见下表）。

评委评分抽样统计表

	评委									平均分
	1	2	3	4	5	6	7	8	9	
校长1	88	85	95	89	93	82	87	87	88	88.2
校长2	90	89	82	91	90	84	85	87	88	87.3
校长3	91	94	89	90	89	85	90	84	90	89.1
校长4	88	85	88	90	91	93	93	85	86	88.8

同一节课，评委评分相差很大。这其中的主要原因就是没有真正把握好课的基本标准。究竟什么课才是一堂好课？我们必须厘清这一关键问题，才能更好地开展课堂教学改革，构建高效课堂，有效地提高课堂教学质量。

一、对“什么样的课是一堂好课”的看法

1. 好课的基本要求

什么样的课是一堂好课？仁者见仁，智者见智，但应该有一个基本要求。著名教育家叶澜教授认为一堂好课应具备以下基本要求，即“五实”：一是有意义的课，即扎实的课；二是有效率的课，即充实的课；三是有生成性的课，即丰实的课；四是常态下的课，即平实的课；五是有待完善的课，即真实的课。

2. 好课的基本条件

（1）注重学生发展：在学生现有的基础上谋求实在的发展，为学生的成长和发

展服务；根据知识目标，培养学生知识技能，夯实双基。

（2）注重知识过程的传达：师生互动、自主学习、合作探究、展示思考的过程；关注学生在课堂上如何讨论、如何交流、如何合作、如何思考、如何获得结论，关注教师如何组织并促进学生讨论。

（3）注重学生情感体验：教师关注如何评价和激励学生的学习、如何激发学生学习的热情和探究的兴趣；有目的地培养学生形成良好的情感品质和正确的价值观，使学生的身心获得健全的发展。

（4）注重个性化与合作并举：尊重学生个别差异和个性特点，允许做出不同解答；鼓励学生合作，协同完成任务。

3. 好课的基本特征

一堂好课，其教学应努力体现教学内容中所含的丰富的教育价值，不仅关注知识与技能的达成，更为重要的是关注其中所蕴含的思想和方法，以及学生能够获得的基本活动经验，把“过程方法”、“情感态度”的目标与“知识技能”目标有机地融合成一个整体。

好课——教学目标有机融合；好课——情境创设指向合理；

好课——教师引导作用明显；好课——学生得到充分发展；

好课——双基[1]训练扎实有效；好课——情感交流渠道畅通。

4. 课堂是什么

（1）课堂不是教师表演的舞台，而是师生之间交往、互动的舞台。

（2）课堂不是对学生进行训练的场所，而是引导学生发展的场所。

（3）课堂不只是传授知识的场所，而且更应该是探究知识的场所。

（4）课堂不是教师教学行为模式化运作的场所，而是教师教育智慧充分展现的场所。

最终的外显形式是：“教得有效、学得愉快、考得满意”。

二、几点思考

根据好课的基本要求，结合当前课堂教学存在的主要问题，笔者对开展课堂教学改革，提高课堂教学效率提出三点思考。

思考之一：以人为本，实现三维教学目标的有机融合

三维教学目标的三位一体不是教师的教或学生的学层面的三位一体，而是课程或知识层面的三位一体。因此，教师要打破传统的教育观念，突出以学生发展为本的思想，关注学生的学习状态，关注学生的发展。立足教学，走向教育；立足教

[1] 双基：通常是指学校教学内容中的基础知识和基本技能。

育，走向社会；立足社会，走向学生。站在学生的角度来设计教学内容，协调好教与学的过程，采用多样、有效的教学方式，使学生成为在知识能力、情感态度和创新精神等方面都得到主动发展，个性鲜明的人。

1. 关注教材转向关注学生，关注学生三维目标的达成

目前，仍有很多教师不是“用教材”而是“教教材”，忽略了对学生各方面的关注，只是用自己最大的力量把教材的知识灌输给了学生。

曾经有这么一节课，教师在黑板上画了一个圆圈，在圆圈外面点了一小点，问学生：“你们看到了什么?”有一学生站起来回答说：“这是母鸡绕着草垛转。”教师听了之后显得有些失望，觉得学生太没有想象力，没有答到今天要教的内容上来，面无喜色地说：“坐下。”从教师的反应，学生当然知道自己回答得不好，教师又请了一位学生，这位学生回答道：“这是地球绕着太阳转。”这时，教师脸上露出了灿烂的笑容……因为这位学生帮助教师答到本节课的内容上来了。其实我们只要认真思考一下，就不难发现这位教师犯了两个错误：①表扬了一位模仿者，否定了一位原创者。②表扬了一个说谎者。

现代的教育需要我们转变观念，尊重学生的回答，应该带着一种诚挚的心关注学生，除了关注他们的知识技能以外，还要关注他们的情感态度与价值观，教师给学生最重要的不是知识，而是学习的兴趣与自信。所以，我们在课堂上应该多提一些“傻问题”，多表扬学生，激发学生的兴趣，让学生变得主动，更加聪明和自信。著名教育学家乌申斯基认为：“任何被迫进行的学习都会扼杀学生掌握知识的意愿。尤其是年龄小的学生，有意注意时间短，持久性差，往往会影响到课堂学习的效果。”我们要学会欣赏学生所讲的，鼓励学生大胆讲出自己的想法，无论合理与否，只要是学生自己发现的、想出来的、讲出来的，就应该给予一定的鼓励，不应该简单地给予冷处理。

2. 关注学生的个性学习

每个学生是不同的个体，有着不同的生活背景，他们在学习中有着不同的经验与体会，对同一个问题的解决，不同的学生也会表现出不同的思维习惯及见解。美国哈佛大学的心理学家加德纳的《智力的结构：多元智能理论》告诉我们：每个人都有着 8 种智能，而且每个人这 8 种智能的发展也将不同，所以我们的教学要关注学生个性差异，学生不是一个机器制造出来的工业品，要承认和接受学生身心发展、认知规律的差异，不能强求一致。如上海一所小学有这样一位学生，他的记忆力相当好，可以说是过目不忘，只要你给他说出哪篇课文题目的头一个字，他就能滔滔不绝地把整篇课文流利地背下来，但是你问他几个简单的数学加减问题，他的反应就显得很慢，这说明这位学生的语言智能很好，而数理智能相对就差了。因此，在教学上，教师应该尽量向学生提供足够的信息，供不同程度的学生选用，让不同程度的学生有不同程度的发展，使每个学生都有成功的机会、成功的体验，从而激发学生的学习兴趣。设计练习时，允许不同程度的学生可以完成不同量的习题，允许有的学生做得慢一些，给予每个学生都有充分思考的时间；评价学生时，尽量减少学生间的横向比较，鼓励学生超越自我。尊重学生还应允许学生获得信息方式的多样化，可以是利用听觉的、可以是依赖视觉的，更可以是需要动手操作来获得的。据专家分析表明，学生的创造性思维是从动手做开始的。

思考之二：教学并重，实现课堂教与学的最佳结合

目前，仍有很多教师关注的是课堂上怎么教，认为只要抓住了教，就是抓住了教学的关键。所以在教学中强调教师怎样教、教什么，而对学生怎样学、学什么则很少关心。从而把教学割裂成两个过程：教师负责教，学生负责学。教的过程即学的过程，学的过程也即教的过程；在教与学的方式方法上，强调以教师为中心，教师讲学生听，教师授学生受，课堂成为教师单向传递教学信息的过程。

上海师范大学王荣生教授指出：我们的教学设计普遍存在着这样的双重扭曲：着眼于教师的教，而较少顾及学生的学；从教法入手而困于教学内容。这种现象导致了教学中“教的活动”比较有结构，相对完整，而“学的活动”则非常零散，没有结构；“教的活动”相对来说比较丰富、多样，而“学的活动”非常机械、呆板、单调。

教学质量的提高，要靠教师在“教师的教”与“学生的学”的过程中，寻找最佳的结合点；要靠教师精湛的业务素质与科学的授课技巧的有机结合；要靠学生对学习科学文化知识兴趣的提高与学习主动性、积极性的有机结合。然而，教学是“教师的教”和“学生的学”所组成的双边活动，因而研究教学既要研究“教师的教”，又要研究“学生的学”，只研究教或只研究学是不全面的。所以，在新课改背景下，教师要转变观念，“教”只是手段，“学”才是目的，要把教的本质定位于学生的学上，教要转化为学，教为学服务。

1. 发挥教师的主导作用

教与学是教学的两个方面。教学过程是教师与学生共同完成的，教师的主要职责是“教”，教师根据培养计划和所教课程的课程标准组织好教学内容，通过一定的教学手段和方法向学生传授；学生的主要职责是“学”，学生通过预习、听课、记笔记、复习、做作业等对教学内容理解、掌握。教师不能把学生教成一个活动的书橱，而是要教学生学习如何思维：教他们学习如何像历史学家研究、分析史料那样，从求知过程中去组织属于他自己的知识。若教师只注重“教”而不注重学生“学”，则容易造成课堂上教师“满堂灌”、“填鸭式”，学生上课记笔记，考试背笔记的被动学习局面，其教学效果往往事倍功半。因此，教师必须树立教与学并重，以学生为本的教学理念。怎样把这一理念转化为自己的教学行为，是每个教师都要思考的问题。在教学过程中，教师是一个引导者、合作者和促进者，教师应充分发挥主导作用，课堂上不仅注重“教”，更要注重学生的“学”，教学生学习，不是向学生灌输些固定的知识，而是启发学生主动去求取知识与组织知识。改变课堂上的

教师忙为学生忙，让学生真正成为学习的主角。坚持“有所为，有所不为”的原则，有意识地引导学生参与教学过程，激发学生的学习兴趣，使学生由被动学习转化为主动学习，实现教与学的最佳结合，有效提升教学效率。

2. 落实学生学习的主体地位

“学生学习的主体地位”这句话已经讲了很多年，但在日常教学过程中，大多数教师的教学方式仍没有改变，学生被教师牵着鼻子走，学生还是被迫地被动地在接受教师布置的任务，教师把知识强行灌输给学生，学生唯教师是从。例如在教学中经常听到老师说：“回去给我把概念抄写20遍……”“下节课必须会背……”等。这里的从属关系，不是教师精心的“导”，学生主动地“学”的关系。因而，学生并未处于学习的主体地位。

现代教育的特征就是发展人的主体性，追求人的全面发展。如果教师还一直充当“主角”，而学生仅仅充当的是“配角”，剥夺了他们自主学习的权力，必定对学生的全面发展造成影响。新课程指出“以学生的发展为本”。因此，教师要牢固树立以学生为主体的教学观念，重视学生学习的过程，激发学生的参与意识，发展学生的学习能力，“真正把课堂还给学生，让学生成为课堂的主人”。相信每一位学生都有发展，给学生提供更多的参与机会，给学生搭建一个自主学习的舞台，培养学生为了适应未来的生活而努力准备，使学生成为积极的探索者、思考者。

思考之三：教学相长，实现课堂教与学的和谐统一

在课堂教学中，教学方法、教学手段是为教学服务的，需根据课程特点、教学内容的需要来取舍，不可千篇一律。如物理课的特点是：一方面理论性、逻辑性强，另一方面其应用性广。又如，通用技术课的特点是：立足实践、高度综合、注重创造、科学与人文融合。因此，在教学中，要根据教学内容特点，科学地、灵活多样地选择教学方法和教学手段，才能真正实现课堂教与学的和谐统一，并取得良好的教学效果。

要想提高教学质量，必须提高学生学习的主动性、积极性。首先，要注意加强对学生的情感投入，有了较好的感情，学生必然爱学老师所教的学科。其次，要引导得法。把知识点设计成小坡度、多台阶，要让学生在知识的大树下，能通过跳一跳摘得“知识之果”，然后在不知不觉中沉浸到学习里，在一个个成功与失败中，品尝探究的乐趣，失败的苦恼，最终收获成功的喜悦。在潜移默化中，学习知识的兴趣大增，情不自禁地全身心投入学科学习，学习水平大大提高。学生爱学，老师乐教，二者相辅相成。在这样的氛围下，教与学的过程得到完美统一，师生的素质共同得到提高，那么，不需加班加点延长教学时间、不必深陷茫茫题海，教学质量提高指日可待。

1. 教学过程是师生平等的过程

和谐的师生关系应该是教师和学生在人格上是平等的。师爱是平等的关键，只

有发自内心的真挚的师爱，才能使师生彼此尊重、理解、信任，才能建立和谐的师生关系。教师怀着“一切为了学生的发展”的观念，鼓励学生大胆地、真实地表达自己的观点和看法。遇到问题时，教师要包容学生，让每一位学生体验到成功的喜悦。在课堂评价中多用“肯定”、“赞美”之词，体现“好话一句三冬暖”的功效。

和谐平等的师生关系会激发学生的学习热情，融洽师生情感。教师应由知识的传授者、灌输者转变为学生的组织者、指导者、帮助者和促进者。在此基础上，要在课堂上体现高密度、快节奏、广信息、大容量的特点，使学生真正成为课堂的主宰。教师一旦把握了造成学生显性和隐性负担过重的原因，并在教学实际中，根据学生的实际，在承认差异的基础上，积极构建符合全体学生主动活动的、全面发展的课堂结构，就能大大提高课堂效率，使课堂呈现“我要学”的可喜现象。

2. 教学过程是教学相长的过程

课堂是学生学习的主要阵地，也是教师教授知识的主要阵地。学生的“学”与教师的“教”通常具有互动性。“教”是外因，“学”是内因。所以，提高课堂教与学的效率，已经成为提高课堂教学质量的关键。

对于教师来说，最迫切的任务就是如何设计合理有效的课堂教学步骤。同时在提高学生学习效率时，也能反过来促进教师更好地进行课堂的教学，从而达到一个教学相长的共生效应。教师要认识到教与学的过程是彼此的、双方的。孔子曰：“三人行，必有吾师焉。”就很好地阐明了这一点。教学过程的确是“生从师而后知”的过程，但这并不意味，“生无长，师皆知”。学生的知识范围也有我们成年人所不触及的。如某教师在对四年级学生进行“认识计算机”的教学中说道：“世界上速度最快的计算机已经达到每秒钟运算上千亿次”。这时一个同学问教师：“中国最快的是多少?”教师答：“几百亿次吧。”学生立即说道：“不对！中国的也上千亿次了。”教师问：“你是怎么知道的?”学生回答：“是从电视上看的”。课后教师上网查证，果然如学生所言。这个事例告诉我们教与学的过程是相互的，有时教师看不到的学生能看到，教师想不到的，学生未必想不到。在教学中，学生通过知识和技能的增加与积累而不断成长，教师也会从学生的身上汲取某些营养元素，实现自身的发展和成长。

总之，教学是一门值得钻研的学问，具有极强的艺术性。要实现有效教学，教师必须认真钻研新课程标准、教学要求、教材内容；必须关注学生已有的生活经验和知识背景，关注学生的自主探索和合作交流，关注学生的情感和情绪体验；必须有利于学生获得学习的自信心和兴趣，有利于学生获得情感、能力、知识的全面发展。

当今的讲台不再是教师唯一的舞台，而成为师生知识、智慧、能力共同展示的舞台。课堂上，只要我们给学生一个展示的时间与空间，他们就会给我们一个惊喜和新的天地。

（本文发表于《教育创新》2014 年第 6 期，有改动）

教育科研篇

扎实工作　创建特色
提高教育科研整体水平

“十五”期间，我市以国家教育部、广东省教育厅《“十五”教育科研指南》为导向，以现代教育技术实验学校为龙头，以校本教研为抓手，以课题研究为突破口，以地方课程和校本课程为载体，结合学校的实际，扎实工作，创建特色，教育科研工作取得了一定的成效，推动了我市基础教育的改革与发展，为大面积提高教育教学质量和办学水平提供了基本保证，为科研兴教做出了贡献。目前，我市教育科研出现这样良好的局面：“科研兴教，科研强校”的理念基本确立；教育科研组织管理网络建立健全；教育科研工作运行机制和激励措施正在逐步完善；教育科研的研究领域逐渐扩大，研究队伍不断壮大，研究成果日益显著；以教育科研促进课堂教学的改观，提升教师的专业化发展速度，带动办学形态的变革，最终促进学生的良好发展，正在显现出明显的成效。

一、全面认识教育科研的地位和作用，建构教育科研管理网络

科学技术是第一生产力，教育科研是促进教育事业发展的第一推动力，是教育改革的催化剂。教育科研又是发展和完善教育科学理论的途径。教育科研的核心是探索与发现新的教育规律，不断丰富、充实和发展教育科学，为发展教育服务。

1. 加强领导，把“科教兴市”的战略落到实处

我们成立教育科研领导小组，建构了教育科研网络，局长任组长，主管教学工作的副局长专抓相关的教育科研工作。县（市、区）也相应成立了领导小组，学校建立健全科研网络，加强了领导，明确了职责，强化了责任。学校第一把手亲抓教育科研。如湛江第一中学杨耀明校长、湛江市第二中学陈铁军校长、湛江市第四中学陈翠兰校长、廉江市第一小学方奕宽校长、吴川市城建小学梁健校长，他们按照教育科研的目标和任务，有计划、有步骤地安排人力、物力、财力，开展课题研究、师资培训和校本课程建设开发等，都取得了较好的效果。

2. 加强管理，形成机制

加强教育科研管理，能促进教育科研工作实现科学、规范和实效基础上的可持续发展，为创建教育强市提供有力支撑，为教育发展打造核心竞争力。我们制定和

下发了《湛江市普通教育科研市级立项课题管理办法（试行）》和《湛江市教育科研管理办法（试行）》，构建教学研究、教育科研、教学管理三位一体的工作机制，进一步健全和完善市、县（市、区）、校三级教育科研管理网络，齐抓共管，整体联动，务实高效。建立教育科研成果评价和奖励体系，并作为教育行政部门决策、学校评估的重要依据。建立教学质量评估和监督体系，促进了学校教学质量的提高，促进了教师教学水平的提高，促进了学生的健康发展。依照《湛江市教育科研管理办法》加强教育科研的过程管理，定期或不定期对学校教育科研工作进行评估，并将结果纳入教育督导室、教育局对学校的整体评估之中并占有一定的比重。同时，还通过举办课题研究成果汇报会、课题研讨会和督导检查加强教育科研的管理，不断提高教育科研的整体水平，使教育科研为教育教学改革的发展起到推动作用，呈现出百花齐放，异彩纷呈的局面。

二、以现代教育技术实验学校为龙头，促进教育科研蓬勃发展

目前，我市被确认为现代教育技术实验学校全国的 2 所、广东省的 10 所、湛江市的 31 所。实验学校发挥排头兵的作用，积极开展教育科研，共有 48 项现代教育技术科研课题在全国、省、市“十五”规划立项。其中，全国立项 7 项，省立项 10 项。我们以现代教育技术实验学校为龙头，推动我市教育科研蓬勃发展。

实验学校把教育科研作为提升学校办学品位，促进学校全面发展的重要工作来抓。湛江市第二中学陈铁军校长亲抓教育科研工作，并被省电教馆聘为国家“十五”教育信息技术科研课题广东省总课题指导小组成员。该校《网络环境下中学英语任务教学模式的研究》课题在中央电教馆“十五”规划立项，学校选派研究能力强，业务水平高，工作责任心强的骨干教师担任课题实验研究工作。建立奖励机制，对承担课题研究工作的教师实行量化考核，成绩与评优挂钩，对成绩优秀的教师给予适当奖励，大大提高了实验教师的积极性。

教育科研在我市中小学成为时尚。吴川市城建小学坚持“以强化教育科研、转变教育观念为核心，以课题研究为载体”营造良好的教育科研氛围。目前，该校有 5 个课题分别在全国、省、市立项。教师人人担负课题研究任务，日常教学工作科研化、课题化。科研立校、科研治校成为看得见、摸得着的事情。廉江市第一小学方奕宽校长认为，教育科研的关键是要将其转化为校长、教师的办学实践；教育科研的目标是要建设一支思想过硬、有独立精神、专业化的教师队伍。

湛江第一中学是全国首批现代教育技术实验学校，2002 年承担了广东省心理健康教育“十五”规划课题《培养中学生良好心理品质促进学习潜能开发研究》的子课题任务，主要探讨学生的良好心理品质与开发学习潜能的内在联系，及培养学生良好心理品质和开发学习潜能的有效方法。从 2002—2005 年，课题组严格按照

实验方案逐步实施，通过9个刺激变量（营造环境、课程学习、学科渗透、心理咨询、开展活动、家庭教育、环境教育、建立心理档案、元认识学习策略指导）对学生进行心理健康教育，构建具有本校特色的心理健康教育模式，逐渐形成“整体构建，形成合力，促进发展”的工作特色，创建了“以课程建设为突破口，以学科渗透为主渠道，以课外活动为延伸，以优化校园环境为辅，整合各方面的力量发展心理健康教育”的中学心理健康教育体系，形成“二线”、“四级”管理网络，取得显著效果。

三、以校本教研为抓手，促进教师专业化发展

建立以校为本的教学研究，开展广泛的教学研究活动，是推进课程改革实验的需要，是教师成长的一条有效途径。我们高扬教学质量主旋律，坚持科研先导，大力实施课题带动战略，以校本教研为抓手，为教师的成长搭建成长平台，推动教师专业发展与可持续发展。

1. 开展形式多样的教学和教研活动

通过召开研讨会、专家报告、教学视导、教学调研、送教下乡、骨干引领、示范带动等形式，加大课程改革力度。

（1）组织报告会。分别邀请了高凌飚教授、广州市教研室张经纬副主任和银川市教科所王玮光副所长做高中新课程实验报告，对全市高中教师进行了课改理论提高培训，收到很好的效果。

（2）开展送教、送讲座下乡等活动，帮助学校实施新课程。在实施新课程的过程中，有不少农村中小学教师感到迷茫和不适应。为了帮助这批教师尽快适应新课程，小学英语等学科送教下乡、做专题讲座，收到良好效果。

（3）举办研讨会。分别承办初中生物（北京师范大学版）新课程全国实验教学研讨会和省高中历史新课程观摩与交流研讨会，受到组委会和与会者的高度评价。

（4）开展教学比赛。举行各种教学活动，促进优秀青年教师脱颖而出。结合省组织的各学科青年教师教学比赛，我市认真组织，层层选拔，以此作为给青年教师“压担子”，促进他们成长。我市参加全国、省教师学科竞赛均取得好的成绩。

2005年上半年，我市举办了新课程教学设计、教学论文评审和课堂教学竞赛活动，对345篇优秀教学设计、258篇优秀教学论文和419名课堂教学竞赛优胜者给予奖励，大大地激发了我市广大教师投身于新课程实验的热情，加强了教师的交流与合作，提高了教师的课程资源开发水平和教学水平。

2. 开展形式新颖，实效性强的校本教研

学校的校本教研工作涉及总体框架、运行机制、操作过程、考核评价等诸多方面，是一个繁杂的系统工程。我市中小学校在开展校本教研中，校长亲自负责抓教

学研究，制定教研制度，指导各教研组制订教研计划，发动全体教师积极参与教学研究，督促和评价学校教研工作。例如，湛江师范学院附属中学，坚持“不出门，学名师，求效益，创特色”的校本教研宗旨，加大校本教研的力度，构建教师终生学习体系，提高教师职业道德和业务水平，造就一支高素质、专业化的教师队伍。学校各教研组具体负责校本教研工作，组织教研课题的实施，组织教师学习教育理论，形成研究意识，自觉参与。例如，确定“新课程教研日”，开展形式新颖、实效性强的教学研讨活动，总结、交流、反思每周教学情况，思考、研讨下周教学内容，要求教师每周做一次教后记、提供一个典型个案、上一节研讨课、提供一个研究的问题等。通过集体备课、教学研讨、教学观摩、说课、评课、教学反思与交流、案例分析、问题会诊、教师与骨干教师对话、专题研讨、教育沙龙等活动方式，发现问题、解决问题，促进同伴有效互助，实现经验共享。通过开展校本教研，及时地解决课改中出现的问题，促进课程改革目标的全面实施，把创造还给教师，让教师在校本教研中充分发挥创造热情，使教育更具有效力，使学校更具有活力，使教师更具有能力。

四、以课题研究为突破口，促进学校全面发展

课题研究是教育科研工作的载体。我们以课题研究为突破口，促进学校全面发展。“十五”期间，我市在国家级立项规划课题 12 项，省级立项规划课题 48 项，市级规划课题 54 项，县（市、区）和学校也都确定了自己的课题。其中，湛江市教育局《实施素质教育，开展中小学校体育整体改革，构建培养学生终身体育意识与能力模式的研究》课题是教育部教育科学“十五”规划重点课题立项，廉江市第一小学《三维三变小学作文网站》课题是全国教育科学“十五”规划（国家级）重点课题立项，湛江市第四中学有 8 个课题在各级立项，其中《高中综合型 STS 课程的构建研究》在教育部“十五”规划课题立项。霞山区教育局刘志平副局长主持研究的《人本主义思想在当代教育行政管理中的应用》课题获省“十五”教育科研重点课题立项。在广东省第五届普通教育教学成果奖评审申报工作中，我市获省第五届普通教育教学成果二等奖 4 项。

在“十五”规划课题实施过程中，我们确立这样的理念：没有学术意识的领导，不是开拓创新的领导；仅仅会教课而不会进行教育科研的教师，不是新时期的合格教师。我们树立科研立校，科研治校，科研兴校的思想，把教育科研看作是促进学校可持续发展的重要因素，通过教育科研来提升学校的办学理念和办学品位，形成学校的办学特色；通过教育科研来更新教师的观念，改革教学方法和评价体系，促进学校全面发展。

1. 加强教育科研骨干队伍建设

我们坚持科研与教研、培训、名师工程等相结合，着力打造一支省、市教育科

研骨干队伍，以提高教师实施素质教育的能力和水平为重点，加强教师培养、培训工作，特别加强中青年教研骨干教师的培训工作，促进专业发展，提高研究能力和水平。“十五”期间全市共培训教研骨干1050人，充分发挥教研骨干的辐射、带动作用，从而造就了一支师德高尚、业务精良、善于从事教育科研的教师队伍。

2. 举办多种形式的培训，提高教师课题研究水平

我们组织与课题有关的研讨与交流，提供相关的课题信息服务。举办了各种形式的报告会，先后邀请北京师范大学现代教育技术研究所所长何克抗教授、华南师范大学未来教育研究中心主任桑新民教授和魏书生做专题报告。校长、教师反应强烈，触动很大，效果很好。教研部门定期到基层学校进行指导、督促和调研，真正做到服务到位、及时、有效。

同时，实施远程教育建设工程，充分利用湛江基础教育网络资源，开展“网上培训、教研、科研”，以教育信息化带动教育科研现代化，加大对外交流与合作的范围和力度。

3. 开展课堂教学“八字”要求，创建湛江课堂教学模式

我们认真贯彻课堂教学“精讲、善导、激趣、引思”八字要求，改革教学方法，改革教学模式。先后举办了全市中小学校长现场教学大赛、教导主任现场教学竞赛、各学科教师说课比赛。参赛的校长3700多人次、教导主任6800多人次，教师8000多人次。参赛的校长、教导主任和教师运用现代教育技术，教学水平有所突破。

4. 组织国家、省级课题科研攻关，不断提高教育科研含金量

在课题研究实验中，我们建立健全教研工作联系制度，坚持总体安排，统筹规划，点面结合，以点带面，滚动推进的原则，抓好重点课题的研究，培植一批教育科研名校和名教师由市教研室牵头，抓好重点课题研究，组成课题攻关队伍，深入做好教育科研的指导，通过宣传发动、专题辅导、典型引路等扎实有效的工作。及时总结推广先进单位的成功经验，促进我市教育科研水平上新的台阶。通过五年的努力，全市教育科研课题研究上水平、上档次。

湛江师范学院附属中学林文良校长主持的课题《学科教学策略与中学生心理素质的培养》获广东省中小学心理健康教育“十五”规划科研课题立项，经过实验研究，初见成效。林文良校长专著《学科教学策略与中学生心理素质的培养》，由广东教育出版社出版。湛江第一中学王涛老师主持的课题《地理教学自主实践、探究、创新实验研究》获教育部教育科学“十五”规划课题立项，该课题2005年3月经中国教育学会专家评审，通过结题鉴定，荣获一等奖。廉江市第一小学“‘三维三变小学作文网站’在小学作文教学中的效能”获全国教育科学“十五”规划教育部重点课题论文一等奖。湛江市第八小学《小学语文课堂教学有效交往策略研究》在省“十五”规划课题立项，2003年该课题研究成果获广东省普教系统教研成果一等奖。

5. 做好科研成果管理和成果转化工作

组织立项课题的中期或终期检查、结题和成果鉴定工作，并召开成果总结表彰会，组织成果征集。成果类型如下：①教育科研论文、专著等；②教育科研实验报告、调查报告、结题报告等；③教育经验总结、个案等；④课件、课例等。

为了更好地推动教育科研成果的推广和转化，我们举办了湛江市第一、第二届普通教育教学成果评审活动，对100多项优秀成果给予表彰、奖励。

五、以校本课程为载体，促进三级课程全面发展

校本课程是新课程改革中学校、教师所面临的一个全新的领域，也是最能体现学校教育特色、彰显教师个性、促进学生个性发展的一个新天地。教师通过参与开发校本课程、编写教材、研讨等一系列活动，不断加深对课程标准、新教材教法的认识和理解，同时彰显个人教学特色，学校通过开设校本课程，服务办学，凸显自己的办学特色。

1. 开发利用课程资源

各地、各校根据新课程要求，充分发挥各种课程资源的作用，使各种资源和学校课程融为一体，更好地为教育发展服务。同时，努力挖掘潜力，争取多方支持，主动开发课程资源，改善办学条件，为基础教育课程改革提供必要条件，特别是面对高中新课程中某些模块的内容或某些新的课程，很多学校在缺乏教学设备和教师的情况下，仍能积极应对。很多学校分别与大专院校和部队等单位合作，为本校的综合实践活动、通用技术课程寻找资源。雷州市第一中学把“雷州文化”作为校本课程；开发区一小把《名家名篇》朗诵作为校本课程；徐闻中学考虑到经济落后、图书资料欠缺的实际情况，利用网络搜集课程资源等。

2. 开发地方课程

新一轮基础教育课程改革实行国家、地方、学校三级课程管理，以提高课程的选择性与适应性。因此，在课程改革过程中，我们加强地方课程、学校课程的开发与建设，促进国家、地方、学校三级课程管理具体工作机制的形成，使中小学课程建设特色化和多样化。市教研室和广东海洋大学、湛江师范学院组织编写的《湛江文化》、《海洋科学探究》是我市地方教材零的突破。

为了更好地提高教师地方课程的开发水平和教学水平，加强教学交流与合作，推动我市地方课程的实施，2006年5月市教育局举行了地方课程《湛江文化》（初中）和《海洋科学探究》（小学）说课竞赛，并邀请了广东海洋大学和湛江师范学院的教授做学术报告。

3. 开发校本课程

校本课程即以学校为课程编制主体自主开发与实施的一种课程，它是相对于国家课程和地方课程的一种课程。开发校本课程有利于调动学校在课程建设中的作

用，还有利于发展学生的兴趣，形成学生特长，适应社会对人才的多样化需求。对一所学校来说，校本课程是办学特色的集中体现。

湛江一中充分挖掘并有效利用校内现有的课程资源，通过自主开发、联合开发等形式建立广泛而有效的课程资源，进一步增强学校的办学特色。目前，开发的校本课程有五大类共40多门。学生在校本课程学习和研究性学习中，学到了丰富的文化和科学知识，获得了丰富的实践经验，撰写了一大批优秀论文，有些论文发表在省、市的刊物上或获得省、市的奖励，出版了学生学习成果集《雏鹰展翅》。湛江市二十七小根据资源条件和学生的年龄特点，开发综合实践活动的校本课程，形式多样，深受学生欢迎。据实验记录资料显示：三年来，手工班的小朋友开展实践活动已达400节次。学习制作如纸雕、文具、玩具等工艺品达40多种，总数量约为5500件。烹饪班的同学开展实践活动已达6000多人次，学习菜式26个。该校开发校本课程的做法曾在“广东省小学综合实践活动课程研讨会”及“广东省课改实验区经验交流会”上做发言与展示，均引起了强烈的反响。

但是，我们也应该清醒地看到，我市教育科研还存在着以下不容忽视的问题：为数不少的教师对教育科研还有不正确的认识，缺乏教育行动研究的自觉性；教育科研发展还相当不平衡，城区强于乡镇，还有相当数量的规模大的学校科研量少质弱；教育科研投入保障机制还未真正建立，科研管理力度尚须加强；教育科研的选题缺乏针对性、实效性和创新性，不能适应教育教学改革和新课程改革深化发展的新形势；科研课题研究的过程性落实不够，有相当数量的课题还停留在“文字纠缠”层面，缺少理论支撑；选择的课题动辄实验研究，而对实验方法又知之甚少；实验报告写成实验方案者不在少数；一些教师根本就不了解自己研究课题的相关情况，也没有大量阅读理论书籍，纯粹是一种“原汁原味”的研究，因此很难上升到较高的层次，经不起推敲，难有推广价值；广大教师参与科研的面还不够广，不少学校还存在着将教育科研只作为学校工作的一种点缀，没有视为现实教育教学和学校发展之必需。

六、“十一五”教育科研规划设想

1.“十一五”教育科研的指导思想

以邓小平理论和“三个代表”重要思想为指导，以“构建和谐社会，促进教育均衡发展”为导向，围绕“办人民满意的教育，建湛江教育强市”的发展思路，坚持“以人为本，全面、协调、可持续发展”的科学发展观，认真实施“科教兴国”、“科教兴市”战略，坚持实事求是、理论联系实际、推动理论创新，以促进基础教育课程改革、发展，以社会经济建设的重大现实问题和理论问题为主攻方向，以应用研究为主，加强基础理论研究，繁荣教育科研，提高教育教学效益，促进学生发展，促成特色学校的建构和教育强市的形成。

2. 2006—2010 年我市教育科研发展目标

——实现教育科研内涵发展、机制灵活、结构合理、质量提高和效益显著。

——构建市、县（市、区）、校三级教育科研网络体系，建立健全具有我市特色的教育科研制度。

——初步构建以中小学教师为主体的教育科研队伍的继续教育、终身教育体系，促进专业发展，提高研究能力和水平。

——全面推进基础教育课程改革，加强管理与评价研究，促进教育教学质量的提高。

——构建“湛江网上教育科研”，教育科研信息化取得突破性进展。

——在继续抓好教学研究的同时，加强对教育决策、教育布局等宏观方面的研究，促进我市教育为社会经济的持续、健康、协调发展服务。

3. 主要措施和对策

——成立湛江市教育科研领导小组，加强对全市教育科研的领导和管理。

——完善教育科研有关政策，加大经费投入力度，为教育科研提供可靠的保障。

——强化“科研兴教”、“科研兴校”意识，加强教育理论宣传，深入开展群众性教育科研活动。

——规范教育科研中的工作程序，完善教育科研管理制度，形成有湛江特色的教育科研体系。

七、结束语

实践证明，教育科研带来了教师的成长、学校的发展，拓展了教师发展的空间，促进了师生共同和谐的发展，也带来了我市中小学校教育工作的全面提升。且持梦笔书奇景，日破云涛万里红。随着课程改革实践的逐渐深入，随着社会各界和家长对课改的认同，我们有理由相信，教育科研必将成为提高办学质量和效益的有力抓手，必将成为提升教师专业发展的载体，必将成为学生自我完善的空间，必将成为教育事业腾飞的平台。

（本文为广东省2006年基础教育科研工作座谈会交流材料，有改动）

加强教育科研　促进教师专业化发展

我市举办了第二届普通教育教学成果奖评审，共收到申报成果88项，有各级规划立项课题成果参评。从成果参评情况来看，一是领导重视。申报成果中有教育局领导、中小学校长亲自主持的课题研究。二是积极性很高。成果参评数量较多，如霞山区仅获奖的成果就有20项。三是参与教育科研的面广。参评的学校有重点学校，也有普通学校，有城区学校，更有偏远的农村学校，有公立学校，也有私立学校。四是课题成果完成的质量不断提高。课题成果由原来的几千字一篇论文，发展到现在的一本书，书中有反映课题研究全貌和特色的成果主题报告及各类课题研究的资料、成果。不过，在评选中仍发现一些问题：一是个别县（市、区）不够重视，成果申报数量少，有4个县（区）是空白的。二是一些课题成果虽然经过踏实的研究和实践，但由于成果报告中存在这样或那样的问题，使研究成果的价值无法凸现。具体表现在以下几方面。

（1）课题成果报告与工作总结混同。一些初涉教育科研的中小学教师在这个问题上有些模糊，表现在课题成果主体报告的撰写上，就是把课题成果报告写成了一份工作总结。

（2）课题题目与成果报告内容表述不一致，如“……实效性研究”的课题成果报告中，不见实效的内容；“……实践和研究”的课题成果报告中，涉及实践方面的内容很少。

（3）课题成果报告中对理论依据的引用，有的缺乏“消化”分析，尤其是缺少本课题研究对该理论的理解分析，以致课题成果报告中的理论与实践之间“皮肉分离”；有的理论依据不充分，课题研究所需要的重要理论依据没有揭示或引用。

（4）成果报告中语言表述不精炼，具体内容的叙述过多，缺乏概括提炼。只叙述事例，没有形成自己的观点。

（5）研究成果表述不完整，或内容单薄，或有失偏颇。例如，有的课题成果报告中，对研究成效轻描淡写，寥寥数语；有的课题成果报告中，研究成效只涉及某一个方面，没有综合考虑课题研究所带来的其他方面影响；有的成效展现缺乏有力的实证材料，定性分析过多；有的成效只是各种表格的罗列，缺少定性分析材料，等等。

从目前我市中小学校教育科研发展的现状来看，无论是认识的程度，研究水平和对教育教学的实际作用，都是很不平衡的，有的学校教育科研仍是处女地。随着新课程实施和教师专业化发展的不断深入，教育科研的创新能力和方法成为引领教育与时俱进的灵魂，成为学校发展和教师专业化发展的动力之源，正如苏霍姆林斯基所说，“如果你想让教师的劳动能够给教师带来一些乐趣，使天天上课不至于变成一种单调乏味的义务，你就应当引导每一位教师走上从事研究这条幸福的道路上来”。因此，必须加强教育科研，促进教师专业化发展。

一、进一步认识教育科研的必要性和重要性

教育科研不只是教育专家和科研工作者的事情，更是广大教师专业化发展的核心素养，也是一个教师成熟度高低的重要标志。学校教育科研对于学校改革和发展不是可有可无的，也不是装潢门面的花瓶和摆设，是建设学校文化、提高教师专业化水平、凝练学校特色、全面提高学校品质的重要途径。时代呼唤教师教育科研，新课程呼唤教师教育科研。

1. 教师参加教育科研是提高自身教育教学能力的重要途径

从教育教学的实践来看，教育教学是极富创造性、学术性的活动，与科学研究有着必然的内在联系。教师提高自己的教学水平，除了依靠自身的教学经验、发挥教学技巧、注重教学方法外，还要通过科学研究来开拓思维、丰富知识、发现问题、解决问题。教师只有将科研成果融入自己的知识体系并创造性地运用于教学活动，既从宏观的角度来思考，更要从微观的环节去研究，才能使教学内容更丰富，学术思想更活跃，课讲得也更有特色、更生动。所以，教师参加教育科研是提高自身教育教学能力的重要途径。

2. 教师参加教育科研是教师专业化发展的必然

无论从教学实践的内涵讲，还是从教师从事教学研究较为理想的方式讲，教学研究与教师的教学实践是“二位一体”的，教学研究是教师教学专业活动的一个组成部分，广大教师要充分发挥自己教育科研的积极性，将科研与教师的专业化发展和个人成长紧密结合起来。教师参加教育科研，转变了教师的角色，教师从知识型向创造型、从经验型向研究型转变，从而使教师的教育实践更科学、更自觉、更系统，达到“科研育师”的成效。

3. 教师参加教育科研是提高教育教学质量的必然要求

从提高教育教学的质量来看，教师的科研水平直接影响着教育教学质量。一方面，教师在教育教学过程中，结合教育教学实际，研究迫切需要解决的教育教学问题，积极进行教改实验，并用取得的成果去解决教育教学中存在的问题，将会优化教育教学。另一方面，教师在开展教育科研活动的过程中，自觉或不自觉地加强了教育理论的学习，有目的、有选择地接受了新的教育思想，并利用教育科研的迁移效应，迅速提高自身教学能力，促进教育质量的提高。实践证明，只有将教育科研与提高课堂教学效率、提高教学质量紧密结合起来，才能真正发挥科研促教的作

用，实现科研兴校的目的。如果教师只凭教学经验和教学热情，没有强烈的科研意识，教学上就不会有新的突破和提高。

二、进一步增强教育科研的意识和自觉性

新一轮基础教育改革为学校教育科研提供了广阔的空间和内在需求，为每一所学校、每一位教师提出了大量的研究课题，是学校教育科研发展的一个重要契机。

1. 确切定位，把教育科研作为学校发展的增长点

我们必须进一步加强教育科研，把教育科研作为教育事业的基础工程、先导工程、动力工程来抓，不断增强教育教学的科研含量。确立“先导性、服务性、基础性三位一体”的教育科研工作宗旨，树立和增强从事教育科学研究的意识和自觉性，将教育科研作为各项工作的原动力，引导、促进各项工作的改革与创新，使教育科研更好地发挥作用，促进学校的可持续发展，促进教师朝着研究型教师的方向转化。

2. 学校领导应成为教育科研的带头人

学校科研氛围的形成，与学校领导在科研上起带头作用是分不开的。首先，校长要确立这样的理念：不搞科研，办学就没有思路；办学没有思路，学校就没有出路。要树立科研立校，科研治校，科研兴校的思想，形成以强化教育科研、转变教育观念为核心，以课题研究为载体的良好科研氛围，明确教育科研在教育理论与教育实践之间的中介地位，通过教育科研提高决策水平，制订出一套不违背国家教育方针而独具特色的办学目标。只有这样，校长才有可能有效地实施目标管理，有计划、有步骤地组织教师学习现代教育理论，开展科研活动。其次，校长还应带头参加教育科研活动，亲自主持教改实验项目，承担科研课题。实践证明，校长有了科研意识，负起领导科研责任，才能强化教师的科研意识，带动教师开展科研活动。

3. 加强制度建设是学校教育科研的基础

学校要把教育科研工作真正落到实处，必须有一系列相应的制度措施做保证。首先，学校要强化教育科研的管理体制，健全学校的教育科研组织机构，明确职责。建立教育科研制度，实施学校有关科研工作的条例和规章制度，积极为教师的教育科研活动创造条件，营造良好的教育科研环境，要构建教育科研的平台，改变教师的工作方式，使教师置身于较为浓郁的学术研究氛围之中，将工作任务视为研究任务，以研究方式从事工作。二是加大教育科研经费的投入，添置为教育科研服务的资料、仪器、图书及设备，为教师外出学习、培训、学术活动提供经费；三要对教师的教育科研成果予以奖励，并将课题研究者的科研时间折算为工作量，把教师的科研成果与奖教奖学、评优评先等挂钩，以提高广大教师从事科研活动的积极性。

三、进一步提高教师教育科研素质

教育要获得长足发展，其第一推动力显然属于教育科学，而不能依赖加重学生负担来发展教育。以教育的科学推进科学的教育，已经是时代的呼唤，一个现代教师必须具有教育科研的意识和能力。因此，我们必须注意下面几个问题。

1. 提高教师科研素质，在开展教育科研中是一个十分重要的环节

教师专业化发展是一个终身学习的过程，是一个不断解决问题的过程，是一个教师的职业理想、职业道德、职业情感、社会责任感不断成熟、不断提升、不断创新的过程。教师队伍的教育科研水平如何关系到学校教育科研成果的质量。目前，我市教师教育科研水平普遍较低。为此，各级教育行政部门、学校领导要树立与时俱进的思想，积极创造条件，建设一支观念新、素质高、潜能大的现代化教师队伍。要做好教师的培训工作，把教育科研作为教师继续教育培训的内容，开展多层次、多形式、多渠道、立体交叉式的培训。平时要引导和督促教师加强教育理论的学习，并经常举办报告会、信息发布会、经验交流会和座谈讨论会等。通过这些活动，不断提高教师的整体素质，以适应教育现代化建设的需要。要把课题研究与新课程改革紧密结合起来，促进教师教学、教研水平的提高。

2. 学校教育科研应注重内容和过程，而不是注重形式

研究内容也即研究的问题，是解决学校教师和学生的教与学中的实际问题，而不是空泛的、不可操作的理论问题。注重过程是指把教育科研过程看作教师、学生的成长和发展过程，是教学改革的过程，新的教学理念的形成过程。教师的教育科研始终是在研究状态下工作，在教学过程中进行研究的。解决问题的过程本身促进了教师的专业化发展，教师在研究中得到了提高，成为课程的建设者、开发者和研究者。

学校教育科研的目的在于应用于本校，在于促进本校教师的专业化发展和学生的全面发展。因此，要根据学校教育科研具有校本、师本和生本特点，以及学校现实问题的综合性、复杂性特点，创建校本化的教育科研。研究课题必须从本校教育教学面临的突出问题中选题，从成功的教育教学经验中选题，从教师自身工作实践的矛盾和困惑中选题。要把重点放在理论与实践的结合点上，同时兼顾学科的生长点。在研究内容的确定和研究过程中，坚持“学重于研”，即学习先进的教育理论和教育经验，并进行应用、转化和推广工作，使教师的认识水平和业务水平得到相应的提高，从而更好地从事教育工作。要注重过程、注重参与和经验分享，而不是追求形式、追求立项、追求发展、追求验收和鉴定。

3. 以教学带动科研，以科研促进教学

教师的教育科研是群众性的应用性研究，主要是立足自己的教学实际。俗话说，教而不研则浅，研而不教则虚。学校的中心工作是教学工作，以教学为中心不仅表现在学校的精力和经费主要用在教学上，而且也体现在学校的科研应结合教学进行，要以教育科研引领着教学的改革与创新，以教学带动科研，以科研促进教学。学校的教师在教学实践过程中，面对纷繁复杂的教学内容，爱好不一的教学对象，千变万化的教学形式，必然会碰到矛盾，发现问题。这就需要教师通过科研来总结教学经验，找出教训，用科学的教育理论和先进的教育模式去指导教育教学实践。所以说教学是教育科研的基础，必须以教学带动科研。教师的教育科研不在于建立新的教学理论，而在于解决教学中的实际问题，应用先进的教学模式去促进教育教学质量的提高。因此，教师的教育科研必须立足于学科教学及本人的教学实践，把教学活动作为教育科研的切入点，在教学中发现问题，分析问题，认识问题，总结出本学科的教学经验和教学体会，不能为研究而研究，应当把教学与教研统一起来，并把教研贯穿于教学的各个环节之中，不能脱离教学实际去贪大求全。只有在搞好教学的前提下才能结出更好的教研之果。

（本文发表于《湛江教育》2007 年第 1 期，有改动）

量的提升　质的飞跃　思的凝聚

——湛江市中小学教学研究“十二五”规划课题申报综述与思考

一、总体情况

1. 申报广东省中小学教学研究“十二五”规划课题

共收到申报广东省中小学教学研究“十二五”规划课题 37 项，组织专家评审，按要求共上送省 10 项。经专家严格评审，我市获得省立项课题 8 项，其中，重点课题立项 3 项（市教育局教研室 2 项，湛江师院附属中学 1 项），一般课题立项 5 项。

2. 申报湛江市中小学教学研究“十二五”规划课题

共收到申报湛江市中小学教学研究“十二五”规划课题 172 项。其中，申报工作做得较好的有：赤坎区 24 项，开发区 23 项，霞山区 20 项，湛江师院附属中学 10 项。组织专家认真评审，并报送局领导审批，获得湛江市中小学教学研究“十二五”规划课题重点课题立项20项，一般课题立项77项。

量的提升，势必带来质的飞跃。申报湛江市中小学教学研究“十二五”规划课题的中小学教师、教研员积极性很高，收到的申报课题项数是历年最多的，研究的领域和学科最广。教学研究规划课题，从学前教育到高中教育、从特殊教育到中等职业教育，涵盖了国家课程、地方课程和校本课程三级课程体系，覆盖了新课程的所有领域和学科，涉及了课程教学管理、教学改革、教材开发、考试评价改革、校本教研制度建设与教师专业发展、课堂教学、信息技术应用等当前新课程实验的重大实践问题，研究内容全面具体，研究方法灵活多样，研究原则注重理论联系实际。从专家评审反馈的信息，这次申报湛江市中小学教学研究“十二五”规划课题总体水平较高，参与的人员较广，有学校的校长、主任、老师，有教研部门的教研员。如湛江师范学院附属中学林文良校长带头申报的《运用“问题导学”构建高中数学高效课堂的课例研究》课题获得重点课题立项。

二、存在问题

实践证明，教育科研是一条打造学校特色教育，促进基础教育内涵发展的必经之路。但是，我们在实践研究中仍存在着以下不容忽视的问题。

1. 教育科研意义认识不足，工作重视不够

为数不少的校长、教师对教育科研还有不正确的认识，缺乏教育行动研究的自觉性。不少学校还存在着将教育科研只作为学校工作的一种点缀，没有视其为现实教育教学和学校发展之必需。如申报湛江市中小学教学研究“十二五”规划课题，有个别市（区）积极性很差，仅报送1项，有些办学条件比较好、师资水平比较高的学校也没有申报课题。

2. 教育科研经费严重不足，发展相当不平衡

教育科研投入保障机制还未真正建立，经费投入少。教育科研发展很不平衡，地域差异很大，还有相当数量的规模较大的学校科研量少，质量低。

3. 教育科研管理力度不足，课题研究缺乏实效性

教育科研管理机制尚未健全，管理不到位。教育科研的选题缺乏针对性、实效性和创新性，不能适应教育教学改革和新课程改革深化发展的新形势。目前，课题研究在打造学校特色方面还不够深入，显得多而不精；或者更趋向于形式的东西，“小打小闹”，缺乏前瞻性和实用性。

三、工作思考

传统的教育观念认为：中小学教师的本职工作是教好书、管好学生、抓住升学率，搞课题研究是教研员的事，因此他们的工作往往被囿于教学和班级管理之中。

中小学教师要不要参加科研，教师参加科研的意义又在什么地方？笔者认为，中小学科研主要是在中小学教育教学领域中开展的一种教育教学实践的研究活动，它为更高层次的教育教学实践提供新理论、新知识和新经验。教育要改革，科研必先行。

1. 进一步加强教育科研工作的领导，把“科研强校”、“科研兴教”战略落到实处

（1）转变观念，明确教育科研是教育的“第一推动力”。各级教育行政部门和学校必须树立正确的教育科研观念——科研强校、科研兴教，确立向科研要质量的效益观念，确立教育科研是提高教师素质的最佳途径的观念，必须认识到以下两方面。

从教育教学的实践层面来看，中小学的教育教学是极富创造性、学术性的活动，与科学研究有着必然的内在联系。教师提高自己的教学水平，除了依靠自身的教学经验、发挥教学技巧、注重教学方法外，还要通过科学研究来开拓思维、丰富知识、发现问题、解决问题。教师只有将科研成果融入自己的知识体系并创造性地运用于教学活动，才能使教学内容更丰富，学术思想更活跃，课讲得也更有特色、更生动。因此，中小学教师参加科学研究活动是广大教师专业化发展的核心素养，是一个教师成熟度高低的重要标志，是提高自身教育教学能力的重要途径。

从提高教育教学的质量来看，中小学教师的科研水平直接影响着教育教学质量。一方面，教师在教育教学过程中，结合教育教学实际，研究迫切需要解决的教育教学问题，积极进行教改实验，并用取得的成果去解决教育教学中存在的问题，将会优化教育教学。另一方面，教师在开展科研活动的过程中，自觉与不自觉地加强了教育理论的学习，有目的、有选择地接受了新的教育思想，并利用科研的迁移效应，迅速提高了自身教学能力，促进了教育质量的提高。实践证明，如果教师只凭教学经验和教学热情，没有强烈的科研意识，教学上就不会有新的突破和提高。因此，中小学教师参加科研对于学校改革发展不是可有可无的，也不是装潢门面的花瓶和摆设，是提高教育教学质量的必然要求，是学校文化建设、教师专业化水平提高、凝练学校特色、全面提高学校品质的重要途径。

（2）加强领导，落实教育科研优先发展的政策措施。强化各级教育部门对教育科研发展的责任，把“科研强校”、“科研兴教”的战略落到实处。各级教育部门要成立教育科学规划领导小组，加强对中小学校教育科研的领导和管理。建立健全教育科研管理体系，强化教育科研管理，建立健全教育科研机构，进一步完善教育科研职能。

2. 进一步加强教育科研工作的管理，保障教育科研工作科学、规范、有序地开展

（1）强化管理，发挥市、县、学校三级教育科研管理的职能与作用。要进一步规范教育科研中的工作程序，狠抓教育科研管理，完善教育科研管理制度，使教育科研工作步入规范的发展轨道，形成有湛江特色的教育科研管理体系。要加强课题实验的过程管理和终端管理，注重科研成果的推广和应用，使我市教育科研工作再上新台阶。湛江市教育局教研室负责对全市教育科研的统一规划、组织、指导、立项研究、评审验收等管理工作；组织对优秀科研成果和教改经验的总结、鉴定、评奖和推广运用；开展教育决策咨询；加强教育科研队伍建设和科研基地校建设；组织教育科研立项与结题评审等工作，研究解决我市教育改革和发展的重大理论与实际问题，促进全市的教育改革和发展。

县（市、区）教育局教研室在教育科研中的职能是协助市教育局教研室管理与指导本地区的市级课题，负责对本地区各中小学教育科研的统一规划、组织、指导和立项研究等管理工作；组织对优秀教改经验成果的总结和推广运用；组织立项研究对本地区教育事业发展有重大现实意义的课题，开展教改咨询活动，抓好研究队伍与科研基地学校建设。

（2）加强科研制度建设，为教师营造良好的科研环境。建立健全教育科研成果评估和奖励体系，重视教育科研成果的推广和转化，使其成为教育行政部门决策、学校评估的重要依据；建立适合我市中小学校教学质量评估和监控的体系、促进学校教学质量的提高，促进教师教学水平的提高，促进学生的健康发展。实行课题研究项目责任制，对已经立项的科研课题实行目标、过程、结果、效益的严格管理、监控和评估，使课题研究逐步规范化。要制订严格、规范、科学的评估方案，定期对各校科研情况进行评估，并将情况进行通报，要继续抓好科研成果评比工作，形成有效的激励机制和竞争机制。努力抓好校本教研工作，不断改善现有的研究手段和方法。坚持课题来源于基层，来源于实践、服务于教育，解决教学中的实际问题。专职教研人员要多下乡、下校指导，开创教学研究新格局。

3. 进一步加强教育科研队伍建设，为教育科研工作的可持续发展奠定坚实的人才基础

（1）强化队伍建设，形成一支规模适当、结构合理、素质优良的专兼职教育科研队伍。教育科研工作的出发点和落脚点就是要提高教育质量，提高教育质量的关键在教师。因此，提高教育科研队伍素质是教育科研工作的重要任务。要通过各种途径培养教育科研骨干，加强专兼职教研人员的思想建设、作风建设，努力提高教育科研人员的业务素质，为教研工作可持续发展奠定坚实的人才基础。要加强教研部门自身建设，增强教研活力。要整合教研力量，优化教研资源的配置。县（市、区）教育科研部门要按基础教育新课程所规定的学科门类配齐教育科研人员；各乡（镇）中心学校或独立建制的初中学校和高中学校，要建立健全教科室，配备1名专（兼）职教育科研员。

（2）强化学习意识，为教育科研奠定良好的基础。学习是教育科研的需要，教育改革的需要，也是更新知识、提高素质和业务水平，促进自身尽快发展的需要，更是更新教育观念，营造良好的文化氛围的需要。学习不能仅停留在钻研教材的层面上，今后的教师不是凭教材来讲课，凭经验来教学，而要凭科研，凭自己对学科课程理念的理解和把握来教学。教师的专业成长要求教师在不断学习本学科的专业知识外，还应该有计划、有重点、有选择地学习一些现代教育理论和教育科研的基础知识，使教师掌握教育学、管理学、心理学的基本理论和科研的基本方法，从而能站在一定的高度来研究、反思教学。教育科研队伍要想具有新理论、新知识、新方法，就必须努力学习，不断提高科研队伍的理论水平和研究、解决问题的能力，以适应新形势发展的要求。

4. 进一步加强教育科研课题研究，使教育科研真正成为基础教育改革和发展的动力

要使教育科研真正成为基础教育改革和发展的动力，确实要解决教育教学领域中的一些重要的“瓶颈”问题。要明确课题研究绝不是为研究而研究，必然从揭露弊端开始，以解决实际问题为目的。今天，教育事业在迅猛发展，传统的教学工作正在发生变日新月异的变化，我们平时甚至每天都会遇到一些新现象、新问题和新矛盾，如果这些问题得不到很好的解决就会严重影响教育事业的发展和教学效率的提高。

（1）加强创新性研究，杜绝低水平重复，重视基础理论和方法的创新以及开展扎扎实实的教育调研，把握学科前沿，突出重点，强调课题研究的先进性、科学性和可操作性。鼓励教师进行课题研究，引导教师为教学而“研”，为提高而“究”，坚决杜绝课题研究中的形式主义和脱离实际的倾向，把课题研究和教学紧密结合起来，引导教师在教学中自觉进行研究，逐步将日常的教学活动和行为变为有目的、有意识的研究活动。要把课题研究与整体提高课堂教学效率、提高教学质量紧密结合起来，真正发挥科研促教的作用，实现科研兴校的目的。

（2）课题研究要将个体研究与集体研究紧密结合起来，着眼于培养合作精神，营造浓厚的研究氛围；将科研与教师的专业发展和个人成长紧密结合起来，充分激发教师教育科研的积极性，达到“科研育师”的成效。根据学校教育科研的群众性、实效性特点，以及学校现实问题的综合性、复杂性特点，创建校本化的教育科研。

在课题的选择上，把重点放在理论与实践的结合点上，同时兼顾学科的生长点。在研究内容的确定和研究过程中，坚持“学重于研”，即学习先进的教育理论和教育经验，并进行应用、转化和推广工作，使教师的认识水平和业务水平得到相应的提高，从而更好地从事教育工作。各项课题研究要以教育教学实践为载体，在工作中开展研究与实验，同时，各项工作要以课题研究为载体，将现代教育理念作为各项工作的指导思想，从而实现工作与研究的有机融合。

学校的教育科研直接指向学校自身存在的问题，解决学校发展进程中出现的问题，这既是开展教育科研工作的出发点，又是落脚点。由于影响学校教育的因素多且复杂，因而学校所面临的问题往往带有较强的综合性，从单一的理论出发或从事某一侧面的研究，往往事倍功半，实效性较差。为此，根据学校发展的需要，针对学校在各个阶段面临的关键问题，进行认真的思考和分析，找出它的症结所在，然后考虑采取的方法和手段。要开展综合性、整体性的研究，构建本校的课题研究体系，促进课题间相互借鉴，扬长补短，达成整体效益。

5. 进一步加大教育科研经费的投入，建立教育科研投入保障机制

各级教育部门要完善教育科研的有关政策，加大经费投入力度，为教育科研提供可靠的保障，开辟经费来源渠道，保障教育科研工作的正常运行。要足额预算教育科研部门的公用经费，单独设立教育科研专项基金，列出教育科研课题经费，落实专项经费用于资助教育科研。要建立教育科研激励机制，加强教育科研成果的转化和运用，对一些重大科研成果给予奖励。

四、结束语

苏联著名教育家苏霍姆林斯基对引导教师确立科研意识，积极参加教研活动曾这样呐喊："如果你想让教师的劳动能够给教师带来一些乐趣，使天天上课不至于变成一种单调乏味的义务，那你就应当引导每一位教师走上从事研究这条幸福的道路上来。"总之，一个地区的教育科学研究，最能折射出这个地区教育发展中的理性力量和务实力量，只要我们牢固树立"教育科研是教育发展的第一生产力"的观念，以求实的精神，务实的态度，真心诚意、扎扎实实地进行教育科研，一定能使湛江市的教育科研水平得到全面提升，从而为湛江市的教育再创优势，为赢得新发展打下坚实的基础。

（本文发表于《湛江教育》2013 年第 3 期，有改动）

用心教学　真水无香

各位领导、专家、老师：

大家好！金秋送爽，丹桂飘香。十月，这个季节，辉煌、灿烂和芳香；今天，这个学校，生机、活泼和温馨。湛江市第十八小学举行广东省教育研究院教育研究课题开题报告会，霞山区教育局很重视，组织了全区中小学体育、美术老师参加这次活动，我感到由衷的高兴，有领导的重视，广大老师的积极参与，我市科研兴教，科研兴校将会蔚然成风。借此机会，首先，我对林鸿文老师的"健心体育的实践与探索”和黄华清老师的“悦心美术的研究与实践”的课题获得广东省教育研究院2014年教育研究项目立项表示祝贺！并预祝两项课题研究取得丰硕成果！

这两位老师在研究课题的申报工作中付出了辛勤的劳动。他们在课题申报的前期要进行认真的选题，对相关研究问题的现状进行分析研究，学习有关的教育教学理论，并对课题研究进行论证。今天，林鸿文、黄华清老师的课题获得立项并如期开题，这是他们辛勤劳动所得。但是，这是课题研究的开始。我希望课题主持人及课题组成员，要认真按照制订的课题研究计划，开展科学研究，做好有关数据的收集、整理、分析。通过实验研究，形成研究成果，并加以推广应用。

湛江市第十八小学继谭永焕校长的“真心语文”课题立项后又有两项课题立项，这是学校教育科研的盛事。学校通过“真心语文”、“健心体育”、“悦心美术”、“动心英语”、“慧心数学”的“五心”课题研究，意在通过课题研究，探索本学科的教学过程，认识教育现象，提炼教育经验，发现教育规律，解决当前学科存在的问题，进而提高教育教学质量；意在通过课题研究，促进教师的专业化发展，打造学校课堂的教学特色。我为学校的“五心”课堂教学喝彩！

著名教育家夏丏尊先生曾说过：“教育没有情感，没有爱，如同池塘没有水一样。没有水，就不能称其为池塘，没有爱也就没有教育。”爱是一种无私的奉献，是新时期对教师的要求。新的教学理念向我们昭示：要搞好教育，就必须打开学生的心门，走进学生的心灵，做他们的知心朋友。学校开展“五心”教学研究，正是践行了新课程的理念，就是用爱，滋润孩子的心田，让生命在师爱的温馨中成长。

大道至简，真水无香。我们的教师要不着痕迹的，让学生在不知不觉中受到教育。李镇西老师说：“真教育是心心相印的活动。在这个物欲横流的时代，我愿守住自己的灵魂。这个灵魂其实就是一颗朴素而真实的心。”教育世界是丰富多彩的，小学教育任重而道远，只要老师们能够坚守住自己的灵魂，自觉地守住这颗真心，时刻以满腔的热情投入到教学中，“有心”、“用心”地设计每一个教学环节，并在教学过程中努力地用好学生的学习资源；只要老师们不断地更新教学理念，不断地反思教学，在思考中实践，在实践中探索，在探索中成长，在成长中坚守，在坚守中提高，在提高中让自己的教学水平达到新的境界，定能让学校的教育质量更出彩，定能让霞山区教育质量更辉煌。

各位领导、专家、老师，朝阳润万物，天行健不息。时代呼唤教师教育科研，新课程呼唤教师教育科研。教师不能仅仅用知识，更要用自己的思想、智慧、情感、精神去工作。教师必须不断研究。因为通过研究，所面对的问题才能不断解决，才能成为名副其实的研究型教师，才能不简单重复别人的劳动，才能创造性地游历自己的专业世界，体验专业生涯给自己带来的幸福和快乐。

湛江市第十八小学在以谭永焕校长为教育科研领头羊的带领下，学校开展了“五心”（即真心、动心、慧心、健心、悦心）课堂教学研究。我相信，只要老师们对教育科研动心，真心实意地开展课题研究，以你们的独具慧心，以心悦心，我们的科研与教学必然相长，我们的学生必然健心强体，全面而富有个性地发展。

最后，祝愿三项课题研究取得丰硕成果！让教育科研成为教师专业化发展的着力点，成为学校发展新的增长点。

（本文为2014年10月27日广东省教育研究院教育研究课题开题报告会上的讲稿，有改动）

“经济欠发达地区‘校校通’工程实施策略”研究方案

一、问题提出

教育部决定从2001年起，用5—10年左右时间在全国中小学基本普及信息技术教育，全面实施“校校通”工程，以信息化带动教育的现代化，努力实现基础教育跨越式的发展。具体说，一是要开设信息技术必修课程，努力推进信息技术教育与其他学科教学的整合，鼓励在各学科教学中广泛应用信息技术手段并把信息技术教育融合在各学科的学习中。二是要实施“校校通”工程，用5—10年时间，使全国90%左右的独立建制的中小学校能够上网，使中小学师生都能共享网上教育资源，提高中小学的教育教学质量。

教育部的决定对教育行政部门、学校、教师、学生都提出了明确的要求。实现教育信息化，我们要有强烈的历史责任感和时间紧迫感，决不能在这场变革的面前无所作为，要积极推进，量力而为。湛江市中小学自1998年以来，加大力度，发展现代教育技术，开展信息技术教育，取得了一定的成效。现有143所学校建立了以简单局域网为基础的计算机网络教室，拥有计算机5483台。有137所中小学开展信息技术教育，27.6万学生学习计算机基础知识和基本操作。有7所学校建立了校园网，湛江一中、湛江市二中建立了千兆校园网。有100多所学校安装了多媒体电教平台，开展多媒体辅助教学。

但是，湛江市是一个经济欠发达的农业大市，受经济制约和地理条件的限制，要实现全市区域网建设存在着一些实际问题。一是经费投入远远不足，中小学计算机缺口大。二是学校数量多，地域分散，不可能用光纤把各县（市、区）教育局和学校联网。三是通过电信局安装的数据专线费用高，且不能传送多媒体课件。四是学生进入互联网不易管理，易受不良信息的影响。

本课题针对经济欠发达地区及农村山区的实际，建立“天网、地网、人网”协调发展的模式，实施“校校通”工程。

二、实验假设

依据信息技术教育理论和规律，结合湛江市的实际情况，建立“天网、地网、人网”协调发展的模式，2005 年前，可实现市、县、镇三级区域联网和辖区内学校联网，为学生、教师、教育工作者提供信息技术教育的条件和环境，形成相对完善的中小学信息化教育体系，将大部分学科课程较高程度地与信息技术整合，使 90% 以上的中小学生能接受信息技术教育。

三、实验变量

（1）自变量：天网、地网、人网协调发展模式。

（2）因变量：学生收集、处理、应用信息的能力。

（3）干扰变量：学校环境条件、教师自身素养等。

四、“天网、地网、人网”协调发展模式

湛江市中小学实施“校校通”的模式是：天网、地网、人网协调发展。天网——湛江教育无线网是服务于学校、服务于教师、服务于学生、服务于家长的教育信息网络主干（天网是主干，地网是辅助，人网是补充）。

天网——湛江教育无线网。湛江有较完善的电视广播网络，实现了电视“村村通”。因此，湛江市教委与湛江电视台合作建立湛江教育无线网。教育无线网使用因特网界面，采用先进的 VBI（Vertical Blanking Interval）多媒体数字广播信息传送和接收技术，融合行政、教研、继续教育三个子网为一体，向上直接连入中国教育科研网，并进入国际互联网，向下通过电视网络连接市教委直属单位和县（市、区）教育局，并覆盖全市中小学。

教育无线网具有以下优点：一是覆盖面大。具有与湛江电视台相同的覆盖范围。二是传输速率高。最高可达到 4.8Mbps，不存在信号堵塞现象。三是操作方便。通过接收天线把信号接收到电脑上即可浏览教育网上的信息。四是投资少、见效快。无须架设光纤，维修费用少，学校可根据需要开设电子阅览室，为学生提供学习资料，为教师提供政策法规、课程教材等资源及服务。五是灵活性好。既可播出互联网上的信息，又可播出地方教育信息和多媒体课件，图、文、声并茂，多种

信息同时播出。不同层级、不同学科、不同类别的教师可以根据需要在网上选择与课程相关的教育资源，必要时可打印出来使用。六是保密性好。网上资料经过筛选，既可丰富教育方面的信息，又可制止不良信息内容的侵害，家长可放心让孩子上网，其缺陷是信息只能传下而不能上送，但随着技术的发展，在短期内可望解决这一问题。

“湛江教育无线网”主要采用 VBI 数据广播技术。VBI 技术是指利用电视画面（正程）的逆程消隐期间（逆程）传送计算机数据。如果采用逆程转正系统，把逆程信号播出，就是图文电视。采用计算机直接接收，就是 VBI 数据广播。VBI 数据广播可以提供任意形式的计算机文件，如互联网上的网页信息及多媒体课件。

VBI 数据广播属数字信号在模拟信号通道上搭载运行，不影响电视信号的正常传送。覆盖面广，接收速率稳定，不通过电话线，接收费用低廉，经济实用。该项技术已在国外得到广泛应用。近年来，美国、英国等一些发达国家，都在开展 VBI 技术的应用。例如，美国微软公司与 12 家无线和有线电视台达成协议，利用 VBI 传送网页形式的数据信息；美国航天局与马里兰大学合作开办了“世界教师系统”；英国、爱尔兰利用 VBI 技术开展远程教育，称为“面向学校的因特网广播系统”，等等。

VBI 技术之所以在通信发达的国家得到较广泛的应用，其主要原因是 VBI 覆盖面大，投资少，易普及。

VBI 数据广播是一种非常实用的信息技术应用，丰富了教学手段，变学生接受电视教育的被动学习为操纵计算机的主动学习，使教学形式更加生动、直观和活泼。

除了 VBI 数据广播外，中国教育电视台正在利用 IP 广播开展现代远程教育，具有更大的发展前景。今后，不同速率的多媒体数据广播会在远程教育中发挥越来越大的作用。

“湛江教育无线网”在技术形式上由天网为主干，地网为辅助（有线无线相结合）更符合湛江的实际。虽然在单向传输等方面存在技术缺陷，但投资少、效益高、操作方便等优点适合湛江教育的实际。因此，我们在技术上要不断引进，不断完善；在发展规模上要不断扩大，不仅到学校，还要到学校的科组、级组，学生家庭、教师家庭。

湛江教育信息化走“天网、地网、人网”共同发展的道路，各网功能互相补充，任一网不能代替另一网。湛江教育无线网——天网，是湛江教育信息化建设、实现“校校通”不可缺少的网络，适合经济欠发达地区和农村山区。据初步了解，教师、学生普遍认为，教育无线网内容丰富多彩，切合实际，集知识、娱乐于一体，有利于促教促学。

离湛江市区 90 多公里的硇洲岛，过去交通不便，信息不灵。但如今不同了，硇洲中学的师生坐在课室，轻点鼠标，就可看到全国各大报刊的新闻，享受优质教学课例，了解各种教育信息。硇洲中学梁梧校长幽默地说：“过去孤岛寡闻，现在耳目一新，手点眼看，天下事皆知。”湛江市四中一位学生家长到了学校，亲自上了教育无线网，高兴地说：“报纸上常说学生上网，带来了很多负面影响。但湛江教育无线网可不同，我放心让孩子上网了。”

地网——城区局域网和校园网。我们已租用广电网出口，光纤连到市教委院内，与湛江电视台信息中心连接，联通了互联网。今年内通过广电网完成赤坎、霞山两个区的城域网建设，实现区内中小学光纤联网，连接市教委信息资源中心并进入国际互联网。

目前，我市有7所中小学建立了校园网，今年内再完成5所学校（湛江师院附中、湛江市四中、湛江市七小、湛江市八小、湛江市十二小）的校园网建设，使我市校园网达到12所学校，这些校园网均与湛江教育无线网连接。

人网——市、县、镇、校四级资源发行与应用、终端建设、人员培训等。学校应用信息技术的主要目的是改革教学模式，提高教学质量。通过天网、地网可使教师、学生迅速利用信息资源，但部分资源还需用光盘、录像带、录音带等完成。因此，我们建立了市、县、镇、校四级资源发行与应用网络，级级有专人负责信息资源的发行与管理。

中小学教育信息化，必须有一支素质高，相对稳定的教师队伍做保证。因此，必须加快速度，建立现代教育技术应用培训基地，加强对教师进行现代教育技术的培训，大力提高教师的信息技术素养。为了进一步促进教师的培训工作，湛江市教委筹建了培训部。该培训部被省电教馆定为广东省现代教育技术培训基地。

通过培训，提高了教师对现代教育技术的认识，使教师树立了新型的教育教学观念，巩固提高了自觉运用现代教育技术手段进行教育教学改革实践的意识，尤其是一批在教学上颇有造诣的教师，在掌握现代教育技术后，教育教学水平突飞猛进，带动更多的教师自觉学习、运用现代教育技术。

五、目标与检测

1. 发展目标

2005年前，全市中小学普及信息技术教育，全面实施“校校通”工程，不断完善湛江市教育信息网络，扩大联网范围，使网上教育资源共享，形成相对完善的中小学信息化教育体系，使大部分学科课程较高度地与信息技术教育整合，使90%以上的中小学生能接受信息技术教育。

（1）普及中小学信息技术教育。

1）2001年秋，全市高完中开设信息技术教育必修课，16岁以上学生都会上网。

2）2003年全市初中开设信息技术教育必修课，13岁以上学生能使用计算机，都会上网。

3）2005 年全市城区、乡镇中心小学开设信息技术教育必修课，9 岁以上学生能使用计算机，12 岁以上学生会上网。

（2）利用湛江教育无线网，实施“校校通”工程。

1）2001 年秋，县城中小学和农村高完中、职中利用湛江教育无线网上网。

2）2003 年前全市所有初中、乡镇中心小学利用湛江教育无线网上网。

3）2005 年前全市独立建制的小学利用湛江教育无线网上网。

4）县（市、区）教育局和 50% 的乡镇建立教育管理网络系统，实现部分市、县、镇三级教育信息网联网。

5）高中、初中学校、市区和县城小学、乡镇中心小学，每所学校至少要有 5 人掌握多媒体课件制作技术，并制作完成各个学科系列的多媒体课件。

（3）信息技术与学科的整合。推进信息技术与学科教学的整合，鼓励在其他学科教学中广泛应用信息技术手段并把信息技术融合在其他学科的学习中，培养学生的创新精神和实践能力，促进中小学教学方式的根本性变革。

（4）师资队伍建设。

1）建立以市教委教育技术装备中心为主干的 10 个教师培训点，加强对在职中小学教师的信息技术教育的培训工作。2001 年对高中和市区初中信息技术教育学科教师进行培训；2003 年完成初中信息技术教育学科教师培训；2005 年完成高中、初中全部学科教师的信息技术教育培训，开展对乡镇中心小学信息技术教育学科教师培训。

2）建立一批掌握信息技术教育的骨干队伍。2003 年有 20% 的中学教师、10% 小学教师能熟练地使用信息技术进行教学。2005 年有 80% 的中学教师、30% 小学教师能熟练地使用信息技术进行教学。

3）建立信息技术教育研究组。2001 年各县（市、区）教研室要设专门的信息技术教育教研人员。2003 年省、市一级学校成立学科研究室；2005 年市、县（市、区）一级学校成立学科研究室。

（5）教育资源库建设。充实市教育局教育信息资源中心，完善教育信息数据库和资源群。市教育局、县（市、区）教育局实现教育办公自动化，形成教育管理信息、学科教学信息、教育科研信息及相关知识信息系列。建立教育信息化工程发展机制。

（6）现代教育技术实验学校。建立 4 所“全国现代教育技术实验学校”，5 所广东省现代教育技术实验学校，31 所湛江市现代教育技术实验学校。

2. 检测

根据上述目标，运用结构观察法、问卷法等手段，每学期对相关部门、相关学校做一至两次的检测，收集目标达成度数据和学生收集、处理、应用信息能力的数据。

学生收集、处理、应用信息能力检测表

指标项			评价等级				单项得分	小计
结构指标	单项指标	权重	优	良	中	差		
收集信息能力（30%）	目的性	0.1						
	准确性	0.1						
	全面性	0.1						
处理信息能力（30%）	灵活性	0.1						
	深刻性	0.1						
	批判性	0.1						
应用信息能力（40%）	流畅性	0.1						
	变通性	0.15						
	独特性	0.15						

六、实验步骤

1. 准备阶段（2001 年 5 月至 2001 年 9 月）

成立课题组，制订实验方案，申报立项，拟定实验学校［湛江市七小、十二小（市区），坡头区爱周中学、坡头中心小学（一般农村地区），东海试验区硇洲中学、硇洲中心小学（海岛地区）］。

2. 实验阶段（2001 年 9 月至 2003 年 7 月）

（1）2001 年 9 月至 2002 年 7 月为实验第一阶段。实验学校应用湛江教育无线网的信息进行教学和管理，边实施、边检测、边修订实验方案。

（2）2002 年 9 月至 2003 年 7 月为实验第二阶段。在第一阶段形成的“校校通”模式的基础上，在现代教育理论和信息技术理论的指导下，研究学科课程与信息技术的有效整合。

3. 总结阶段（2003 年 9 月至 2004 年 7 月）

对利用湛江教育无线网，实施“校校通”的模式的实验效果做出全面的检测、分析、整理、总结，撰写课题研究报告和论文。

（该课题为全国教育科学“十五”规划重点课题《基于现代信息技术环境下教与学的研究》子课题，经中央电教馆批准为“十五”教育技术研究规划课题立项，同时，经广东教育学会批准为“十五”科研课题立项）

“通用技术学生作品多元性评价研究”的设计与论证

一、课题提出的背景、意义与所要解决的主要问题

普通高中通用技术是一门立足实践、注重创造、讲究综合、体现科学与人文融合的课程，以提高学生的技术素养为主旨，以设计学习、操作学习为主要特征的基础课程，强调学生动手与动脑相结合，要求“每个学习者通过观察、调查、设计、制作、试验等活动获得丰富的‘操作’体验，进而获得情感态度、价值观以及技术能力的发展。”学生通过设计制作作品，能很好地感悟和内化技术思想，建构系统的技术思维，掌握必要的技术应用能力，从而形成良好的技术素养。

基于此认识，我们举办了湛江市 2008 年普通高中通用技术学生设计和制作作品评选活动。这些参评作品，一方面体现了学生的科学感悟力、创造性思维能力、对通用技术课程的理解程度和独特的艺术欣赏视角；另一方面反映了学生利用一些废弃的、环保型的材料对生活中的物品进行重塑的能力。通过评选活动，学生们手脑结合地创作出惟妙惟肖的艺术作品，十分令人欣慰，但同时亦存在一些不容忽视的问题，如模仿性作品居多、科技含量欠缺；有的作品加工能力较差，比较粗糙；有的作品设计不够合理，缺乏实用性和艺术性；参与作品评选活动的学校少，只占全市中学总数的 20%。

同时，在学生作品评价上也存在不少问题，例如，①过多地强调技术操作能力的培养，没有将通用技术作品与科学创新作品区别开来；②过分强调甄别与选拔的功能，忽视改进与激励的功能；③过分关注对结果的评价，而忽视了对过程的评价；④评价方法单一，重视纸笔测试法，而忽视了评价主体的多元、多向的价值等。

针对上述的种种弊端或不合理现象，根据《国务院关于基础教育改革与发展的决定》要求：探索科学的评价办法，发现和发展学生的潜能，帮助学生树立自信心，促进学生积极主动地发展。《基础教育课程改革纲要（试行）》指出，要“建立促进学生全面发展的评价体系。评价不仅要关注学生的学业成绩，而且要发现和发展学生多方面的潜能，了解学生发展中的需求，帮助学生认识自我，建立自信。发挥评价的教育功能，促进学生在原有水平上的发展。”其所倡导的教育评价是一

种多元评价，发展性评价。它的基本理念是以学生发展为本，着力培养学生的创新精神和实践能力。因此，我们有必要对通用技术学生作品评价的方式方法进行深入研究实践，构建起一个操作性与功能性合一的学生作品多元性评价体系，改变以往评价的单一性，力求进行科学性、可操作性、全面性、系统性的评价，这样才能真正体现“新课标”的要求。同时，这也体现了评价的开放性，评价方式的多样性，有利于提高学生技术学习的积极性和主动性，促进学生对技术学习过程进行反思，使评价成为学生自我教育、自我激励的动力，使评价真正能促进学生的发展，促进通用技术课程教学的实施、有效达成通用技术课程目标，使通用技术这门课程真正成为“提高学生的技术素养，促进学生全面而富有个性的发展”，为基础教育注入生机和活力的新的课程。

二、课题的核心概念及其界定

1. 概念界定

评价：从字面上理解，评价是“评定价值”的简称。从本质上来说，评价是人类的一种认识活动，是一种以把握世界的意义和价值为目的的认识活动。

学生评价：是教育评价的一种，是指对学生个体成长发展情况的评价，既包括对学生个体学习情况的评定，也包括对学生情感、态度和身体发育情况的评价，学生评价的根本目的是优化学校的教育教学环境，促进学生更好地成长发展。

通用技术学生作品评价的多元性：“多元性”的提出是与“单一性”相对而言的。新课程评价的价值取向是以学生发展为本，培养创新精神和实践能力。学生评价的多元性即注重对学生综合素质的考查，促进学生的全面发展，包括：评价内容多元，评价方式多元，评价主体多元。

普通高中的通用技术课程是一门立足实践、高度综合、科学与人文融合的课程。这就要求我们借鉴多元智能理论，改变单纯以标准的智商测试和学科成绩考试为主的评价观，建立多元的适合技术教育的评价方式、评价内容和评价主体。

通用技术学生作品多元性评价则是整合、协调各个评价主体，运用多样化的评价方式、方法，对学生设计制作的作品进行正确、恰当的评价，包括对学生在知识与技能、过程与方法以及情感态度与价值观等方面发展状况的评价，淡化评价的甄别、选拔功能，突出评价的导向、改进、形成、激励功能，以此来促进学生发展、教师提高和改进教学实践，最终实现通用技术课程宗旨，即全面地提高每个学生的技术素养。

2. 学生作品多元性评价体系的实践研究是建立在以下基本理念的基础上的

（1）尊重个性差异。作品多元性评价体系要从学生设计制作的作品入手。学生设计制作的作品反映了学生的认知水平、性格爱好、感知能力、情感与表现能力。因此，不能用一种尺度来统一要求和衡量学生的设计制作的作品、也没有必要把学生的设计制作的作品成绩做横向比较，而应注重学生自身的纵向比较，给每个学生留有各自的发展空间，用发展的眼光看待他们的作品，保护学生的个性特长，以鼓励为主评价学生的作品，促进学生的主动性和创造性的发展。

（2）注重整体性评价。评价要关注学生整体、全面的发展，不能仅仅关注学生作品的成绩，还要关注学生的科学情感态度和价值观、探究的方法与能力、科学的行为与习惯等方面的变化和进步，要发现和发展学生多方面的潜能，了解学生发展的需求。在作品评价的范围上，不仅有通用技术学科的知识和能力，还要包括学生在学习过程中的参与意识、合作精神、审美情趣、态度习惯、兴趣爱好、构思创意、探索能力等全面的综合评价。

（3）重视过程性评价。多元智能观的评价理论主张评价应成为自然的学习环境中的一部分，应在自然的、无意识的情况下进行。作品评价不再是对学生作品成绩的认定，而是对学生学习的整个过程的评价。要把日常的评价活动当作为学生提供一个自我展示的平台和机会，教师和学生要形成过程性和动态性评价的意识和能力。在评价中要给学生提供自我评价的机会，让学生更多地参与评价内容和评价标准的制订，要重视学生的感受以及他们对结果的认同，采用多种方法和途径，开展以学生、教师、家长为价值主体的交互性作品评价，让学生积极参与评价的过程。

（4）弱化“甄别和选拔”。新课程发展性评价理论阐述到：评价的根本目的在于促进发展。突出评价的激励与调控功能，激发学生、教师、学校和课程内在的发展动力，促进学生不断发展。学生设计制作作品首要的任务是让学生形成通用技术学习的兴趣，为他们的全面发展和终身学习奠定基础。作品多元性评价应是促进和激励学生上进的一项机制，通过评价让每个学生树立自尊心和自信心，感到自己是能够学好的。在作品评价过程中，要注重学生在技术活动过程中的收获和对技术思想和方法的理解及体验，要把学生在技术学习过程中的参与程度、参与水平和情感态度等作为评价的重要指标。

三、与本课题有关的国内外研究现状（包括本课题研究的主要理论依据及观点）

多元智能理论认为，每个人拥有8种以上智力的潜能，并且各种智力不是以整合的方式存在，而是相对独立的，各自有着不同的发展规律，各种相对独立的智力以不同的方式和程度有机地组合在一起。所以，用单一的评价方式来评价学生作品必定是有局限性的，取而代之的是评价内容多元，评价方式多元，评价主体多元的多元性评价。

建立促进学生全面发展的评价体系是本次课程改革学生评价工作的基础，应包括评价的内容和标准、评价方法、促进学生发展的改进计划。新课程评价关注学生的全面发展，不仅仅关注学生的知识和技能的获得情况，更关注学生学习的过程、方法，以及相应的情感态度和价值观等方面的发展。通用技术学生作品多元性评价是建立在对评价对象的科学认识及教育教学方式的重新理解之上的，用多种评价手段和方法来衡量不同的学生，从不同的视角、不同的层面去看待每一个学生，促进其优势智力领域的优秀品质向其他智力领域迁移。只有这样才可能真正发挥评价的功能，培养出适合时代发展需要的有创新精神和实践能力的学生，促进学生的全面发展。

学生作品评价是通用技术课程实施过程中的一个重要环节，合理、适当、适时并带有激励性的评价对学生学习通用技术有着良好的促进作用，会有效促进学生的持续发展。反思以往在作品评价过程中存在的问题，有利于建立一套注重多元性、过程性、整体性、民主性、激励性的学生评价机制。本课题立足于我市普通高中的教育实际，着力在建立新型的学生作品多元性评价机制方面进行探索，力求有所突破，寻找到一种适合学生发展实际和学校特点的学生作品评价机制。

四、研究的目标、内容（或子课题设计）与研究重点

本课题研究的目标：依据《通用技术课程标准》，结合湛江市普通高中的实际，构建简便易操作、具有一定科学性的通用技术学生作品多元性评价体系，全面推进通用技术课程的实施，落实通用技术课程目标。2012 年前，全市普通高中 90% 学生通过作品设计和制作等活动，掌握了课本的基本知识和基本技能，培养了探究能力和敢于创新、善于创造的精神和勇气，极大地提升了技术素养，开发了创造潜能，让评价真正地发挥其强大的教育功能。

本课题研究的重点：探索如何采用多种评价方式，对学生设计制作的作品进行评价，充分发挥评价的导向和改进、激励作用，促进学生技术素养的全面提高。

本课题研究主要想解决四个问题。

1. 评价原则

对学生作品的评价要遵循学生的发展性评价的理念，体现“一切为了学生发展”的教育思想，发挥评价的激励、诊断和发展功能，促进学生技术素养的提高。

（1）科学性原则。主题明确，包括选题技术意义、技术方案的合理性、正确性，科学理论的可靠性，能科学、完整地表达主题思想。

（2）创造性原则。主题表达形式新颖，注重原创性，具有想象力和个性表现力，富有新意。

（3）技术性原则。技术运用准确、适当，结构清晰、简洁，方法独特，符合或遵循相关行业的技术规范。

（4）实用性原则。作品的设计或创新技术具有物理功能、生理功能、心理功能、社会功能等，有可预见的社会效益、经济效益或效果。

（5）艺术性原则。有一定的设计能力、审美能力和艺术表现能力，表现形式美

观、新颖、准确，布局设计独到，整体协调。

2. 评价内容

作品评价要体现高中新课程的基本理念、课程目标和内容标准，从知识与技能、过程与方法及情感态度与价值观等方面对学生进行评价。

（1）知识与技能。在知识与技能的评价中，对于技术知识，要求学生在问题的解决和实际操作中能够正确运用。对技能学习的评价主要从学生使用工具和设备的技能、试验技能、交流技能、评价技能等方面进行。评价应从某一技能本身的操作要点和规范出发，依据课程目标进行，倡导和鼓励有新意的技能、方法。

（2）过程与方法。对过程与方法的评价，重在评价学生解决实际问题的能力、技术的决策能力和创造能力。要强调学生的亲身经历，体验完整的设计过程，感受技术的魅力。要求学生积极参与活动的每一环节，在“考察”、“实验”、“探究”、“设计”、“创作”、“想象”、“反思”、“体验”等活动环节中体验和感受生活，发现和解决问题，增强实践能力和创新能力。

（3）情感态度与价值观。情感态度与价值观的评价应着重从学生参与作品设计制作的态度是否积极认真；是否具有不屈不挠、克服困难、解决难题的信心和意志；是否具有良好的合作与探究精神；技术作品能否体现关爱自然、珍视生命等积极向上的情感等方面进行。

在对学生作品进行评价时，知识与技能、过程与方法、情感态度与价值观三者不是孤立的、机械分割的，而是一个有机的整体，要将三个方面有机融合起来，灵活运用各种评价方法对学生进行全面的评价。

3. 评价方式

评价方式主要指学生自评、小组互评、教师点评三种方式。

（1）学生自评。自评就是学生对于自己作品的一个再认识，在指导学生自评时，首先要学生对自己的作品有一个初步认识，主要有三个方面：你是怎么构思的？主题是否突出？造型是否生动？

（2）小组互评。小组学习是作品设计制作活动中的主要形式之一。因此，先让学生在组内互评，充分讨论，然后轮流让学生说出他们从别人作品中吸取的长处，从而取长补短。

（3）教师点评。教师的点评是对作品的设计、造型、构图等做全面的评价，重点也放在学生的创新精神及学习态度上，引导学生树立起正确的学习态度及审美观。

4. 评价方法

学生作品的评价方法要多种多样，可以有书面测试、方案及作品评析、活动报告、优秀作品展览等。

（1）书面测试。选取来自生活和社会实际的问题分析、案例分析、产品设计和产品分析等题目，考查学生对技术原理的理解、技术方法的综合应用以及将技能方法迁移到新问题情境中的能力。

（2）方案及作品评析。对学生制作的产品、产品模型、设计方案和技术图样、说明书、设计制作报告等进行评价。在对方案及作品等进行评价时，根据作品的科学性、先进性、实用性及学生的劳动观念、态度进行自我评价和他人评价，不要将成败作为评价的唯一标准。

（3）技术活动报告。由教师和学生分别记录。教师记录全体学生在作品设计制作过程中有价值或有意义的信息；学生记录作品设计制作过程中的感受，技术试验过程中遇到的问题及其解决策略，设计、制作中的独到或有创意之处，对作品或方案的评价等过程性资料，从而形成学生的技术活动档案袋。

（4）优秀作品展览。通过展示优秀作品进行评价。作品选择要有代表性。教师展示的学生作品要精心挑选，一类是符合基本要求又具有独创性的作品，它给人以启迪；另一类是代表普遍问题的作品，这些作品起到“诊治”的作用。

五、研究的思路与方法

本课题研究的思路：以基础教育课程改革理念为指导，以《通用技术课程标准》为依据，以促进学生可持续发展为主线，践行通用技术课程理念，科学、合理地开展学生作品多元性评价，有效地促进通用技术课程的实施，有效地实现知识与技能、过程与方法、情感态度与价值观三者的统一，使通用技术课程避免成为单纯的技能训练课程，力图使学生的知识、技能和对科学的理解结合在一起，提高学生对技术思想和方法的领悟和运用、对技术的人文因素的感悟和理解，其核心是“提高技术素养”。

本课题主要使用以下三种研究方法。

1. 调查分析法

通过访谈、问卷等科学方式，收集有关学生作品评价现状、效果的资料，分别进行课题实施前调查和实施后调查，并进行对比分析，为课题研究提供科学事实。

2. 实验研究法

制订作品评价实验方案，在学生中开展广泛的实践研究，既对学生个体进行个案分析，又对学生群体组织进行个案研究。

3. 经验总结法

首先，以参与课题研究的教师为主体，对其自身从事的研究活动过程加以主观回顾、反省、总结，通过分析和思考，从感性认识逐渐上升至理性认识。其次，运用科学的方法，对积累的经验进行分析概括，深入、全面而又系统地揭示经验实质，使之上升到理论高度，找出可以借鉴的规律性的东西。

（该课题被广东省教育厅批准为广东省中小学教学研究“十二五”规划重点课题立项，课题编号：J11—072）

通用技术学科技术素养评估研究

一、研究意义

（一）研究背景

自“技术素养”概念提出以来，人们逐渐认识到技术素养、科学素养、人文素养已经共同成为现代公民必备的基本素养。国际技术教育课程的核心目标也都不约而同地定位于“提高公民的技术素养”，公民技术素养水平的高低已经成为衡量一个国家综合国力的重要指标。《普通高中技术课程标准（实验）》明确提出通用技术课程的基本目标是提高学生的技术素养，促进学生全面而富有个性的发展。如何界定和评价学生的技术素养，是有效开展通用技术教育活动之前必须首先回答的问题。但目前学生技术素养评价是我国高中通用技术课程实施过程中的薄弱环节之一，还存在着诸多问题。因此，研究、构建与通用技术课程相适应的、有针对性的、具有较强操作性的技术素养评估体系，对进一步全面实施通用技术课程、提高学生技术素养，具有促进、示范和推动的意义。

（二）学术价值

本研究是建立在对通用技术课程与评价对象的科学认识及教育教学方式的重新理解之上的，采用多种评价手段和方法来衡量每一个学生，从不同视角、不同层面去看待不同的学生；在注重拓展学生技术能力、提高学生技术素养的同时，更要重视学生综合能力与核心素养的培养，强调学科的基础性和通用性，将提高学生的技术素养作为实施通用技术课程的核心功能，注重学生的主体性、创造性、勇于创新、善于创造的精神和品质；从而在发挥通用技术学科价值的同时，有效落实高中阶段学生核心素养培养的目标。

所谓核心素养即是最关键、最必要的共同素养，它不是只适用于特定情境、特定学科或特定人群的独特素养，而是适用于一切情境和所有人的普遍素养。它是一种跨学科素养，强调各学科都可以发展的、对学生最有用的东西。例如，通用技术学科经常以项目实践教学组织学生合作学习、自主探究、进行技术实践学习，有效提高了学生的语言素养和表达能力。这个过程就落实了核心素养中人际交往的目标。核心素养是态度、知识、能力及价值观的融合，既包括问题解决、探究能力等认知性素养，又包括自我管理、组织能力、人际交往等非认知性素养。

当前，核心素养已被置入深化课程改革、落实立德树人教育目标的基础地位，成为下一步深化工作的关键因素。因此，我们要在本课题研究中实现核心素养与通用技术课程的有机结合。我们认为学科素养与核心素养是相辅相成的。通用技术学科在发挥其学科价值、提高学生技术素养的同时，为学生核心素养的获得提供了一个良好的载体与平台。

（三）应用价值

本研究试图通过多种研究方法，进一步厘清技术素养的内涵、对学生技术素养评价内容和方式及其标准进行设计；在教学实践中探索形成一个全面、准确地反映学生技术素养状况，激励学生自主学习，努力发挥评价导向、诊断和激励作用的评价体系；促进当前通用技术课程评价方式的改进，解决通用技术课程实施中学生学习评价方面存在的主要问题，有效提升高中学生的技术素养与核心素养，在通用技术学科中落实立德树人的目标；对建设和完善通用技术课程学习评价体系发挥一定的影响和作用。

二、本项目的研究现状

（一）国外技术课程学生学习评价现状

2004 年美国国际技术教育协会（ITEA）出版了“*Measuring Progress*：*Assessing Students for Technological Literacy*”，共有 20 个评价标准，主要涉及技术的本质、技术与社会、设计、技术世界的能力、设计世界五个方面，用于评价学生的技术素养。评价标准关心的核心问题是学生需要知道什么，需要会做什么，最后真正掌握了什么。基于标准的评价依据不是课程内容，也不是教材，更不是教师的教学；而是先从评价工具及评价方法入手，然后试图与技术素养标准相接近。新加坡的“设计与技术”考试是全国统一评价标准，纸笔考试占 30%，项目设计占 70%。德国技术课程的评价主要从技术掌握和实践工作两个方面进行，技术掌握可以通过口试或者测验的方式来评价。纵观发达国家技术课程学生评价的现状，我们可以看出，这些国家的技术课程对学生的评价更注重对学生问题解决能力的评价，通过技术实践过程对学生的社会知识、技术知识及操作技能等方面进行全方位的评价。

（二）国内通用技术课程学生评价研究状况

目前，通用技术课程仍处于实验阶段，通用技术课程学生评价研究工作刚刚起步，只有少量的研究散见于杂志及报端，并且这些研究仍然是局部、零星的研究。本课题主持人曾开展“通用技术学生作品多元性评价研究”的课题研究，并已取得了一定的成效。

三、本项目的总体框架和基本内容，拟达到的目标

（一）研究的基本框架

1. 研究的基本思路

本研究坚持一个评价理念，把握两个关键问题，遵循三个评价原则，建立四维内容结构，构建三维四要素评价体系，提高学生技术素养，促进学生全面发展。

2. 研究的基本路线

分析研究现状——制订研究方案——开展实验研究——整合相关数据——总结反思——展示研究成果——再实验研究——结题。

（二）研究的基本目标

（1）体现“一切为了学生发展”、“培养全面发展的人”的教育思想，制订科学合理的通用技术课程学生评价体系，引导和促进学生对通用技术课程的学习，帮助学生认识和发现自我，激发学生的学习动力。

（2）推进通用技术学习中学生技能的形成、思想方法的掌握和文化的领悟三者之间的统一，在注重拓展学生技术能力的同时，促进学生综合能力的发展，培养和提高全体学生的技术素养及综合素养。

（3）在探索通用技术学科学生技术素养评价体系的同时，重视测量与评价的整体性、综合性和系统性，克服“重知识、轻能力、忽略情感态度价值观教育”的倾向，努力培养和提升学生的核心素养。

四、拟突破的重点、拟解决的关键问题及主要创新之处

（一）拟突破的重点

（1）推进学生技能的形成、思想方法的掌握和文化的领悟三者之间的统一，实现核心素养与通用技术课程的有机结合。

（2）探索构建三维四要素评价体系，实现对通用技术学科技术素养进行整体性、综合性和系统性的评估。

（二）拟解决的关键问题

1. 理解技术素养的内涵是技术素养评估的前提条件

技术素养指个体在技术方面所具有的较为稳定的内在品质与涵养。技术素养不仅表明一个人认识技术、理解技术的能力，而且表明使用技术和运用技术原理分析

解决问题的能力；既表明一个人动脑思考的思维能力，又表明动手操作的实践能力，并且体现着一个人技术方面的基础知识、基本技能、情感态度与价值观。技术素养是一个人素养结构的重要组成部分，是任何一个技术时代的公民所不可缺少的基本素养。拥有一定的技术素养，有利于适应技术为主导的当代社会发展，以及促进生活质量的提高。

技术素养是一种结构性的存在，不能以某一方面的能力来代替它。它的内容结构是理解技术，选择技术，使用技术，管理技术。这四个方面相互渗透、相互促进、相互影响，构成了技术素养完整的结构。

2. 明晰评价的基本理念是技术素养评估的基本要求

技术素养的评价基本理念：在注重拓展学生技术能力的同时，把促进学生综合能力的发展，提高学生技术素养作为其核心的功能。根据技术素养的内容范畴，结合学生的认知规律、认知特点及心理发展水平，应该遵循以下评价原则：

（1）体现学生的主体性和创造性。从学生全面发展的需要出发，注重学生的学习状态和情感体验，注重学生学习过程中主体地位的体现和主体作用的发挥，强调尊重学生人格和个性，鼓励发现、探究与质疑，激发学生的创造欲望、培养学生的创新精神，强化学生手脑并用，发展学生的实践能力。

（2）体现学科的基础性和通用性。通用技术课程是体现基础性和通用性，且应用广泛、具有时代特征并与专业技术课程相区别的课程。它与学生的日常生活紧密联系，对引导学生融入技术世界、增强学生的社会适应性，增进学生的文化理解、提高学生的交流和表达能力以及改善学生的学习方式、促进学生的终生学习等方面具有广泛的价值和重要意义。

（3）体现体系的开放性和可行性。技术素养并非一个静止的概念，技术素养的评价标准也是随着时代背景、社会文化、评价对象、评价内容和方法等有关因素的不同而呈现出显著的动态特征。因此，技术素养评价指标体系要符合当前课堂教学改革的实际，评价标准是期待实现的目标，但又必须是目前条件下能够达到的，以利于发挥评价的激励功能；评价要点必须是可观察、可感受、可测量的，便于评价者进行判断；评价办法要注重质性评价和综合判断，力求简单、易于操作。

3. 构建评价体系是技术素养评估的重要保证

技术素养评价体系包含以下三个要素。

（1）技术素养的结构。从要素来看，技术素养包括技术知识、技术行为能力、技术思想和方法、技术态度与情感。技术知识是技术素养的基础，技术行为能力是技术素养的核心，技术思想和方法是技术素养的灵魂，技术态度和情感为技术素养的导向。技术知识、技术行为能力、技术思想和方法、技术态度和情感四者在各自的方向上，呈现出前后发展的连续性。把它想象为一个平面坐标系，技术知识、技术行为能力、技术思想和方法、技术态度和情感分别是坐标系的四个轴。技术素养便表现为四个方向上四种发展状况的整体交汇点。

（2）技术素养的评价方法。评估学生技术素养的高低不能简单以单一的学科课程测试评价方式进行。根据通用技术学科的特征，可以采取多项目、多途径、多形式、动态与静态相结合，灵活有效地评价学生，以利于学生的发展。

（3）技术素养的评价标准。制订技术素养的评价标准必须把握好两个关键问题：质与量的问题。技术素养内涵丰富、结构复杂、领域宽广，要把每一条都做实了无疑是不可能也是不现实的，这里就涉及一个“度”（或“量”）和“质”的问题，也即技术素养标准指的应该是最低要求，是学生通过一定的学习、并通过生活和生产实践活动能够达到的基本标准。另一方面，由于个体不同，技术素养存在很大差异，但无论是什么样的差异，都必须综合考虑技术素养的四维结构，这就是“质”的问题，也即技术素养标准的制订必然是完备结构的基本标准。

4. 提高教学效益是技术素养评估的核心所在

技术素养的培植和其他素养的培养一样，有一个“知、情、意、行”的过程。因此，要改进和加强教学研究，提高课堂教学效益，必须使通用技术课成为融知识、技能、方法、情感为一体的课程，不能把这门课降低为单纯的常识课、实践课、手工制作课，要用实际技术活动的规范来要求学生，这样才会有利于技术素养的形成。要在“知识与技能”、“过程与方法”、“情感态度与价值观”三维目标的达成过程中，将“情感态度与价值观”贯穿过程始终，紧密联系生活实际，从学生现实生活所接触的技术内容向现代技术和高新技术延伸，使学生从中受到感染并产生共鸣，从而获得积极的情感体验。要“遵循时代性、基础性、选择性、原则性，重建高中课程内容，使课程内容与社会进步、科技发展有机联系起来，把知识技能的学习与学生创新精神和实践能力的培养有机会结合起来”，牢牢地把握学科教学总体目标和学科的特点，坚持以实践为主，讲授、演示、操作相结合的原则，在注重技术的基本知识与基本操作技能的同时，还要注重学生对技术的思想和方法的领悟与运用，注重学生对技术的人文因素的感悟与理解，注重学生技术学习中的探索试验与创造，注重学生情感态度与价值观的发展。

（三）主要创新之处

1. 理念转变

把“构建注重学生技术能力培养，促进学生综合能力发展，提高学生技术素养和综合素养的通用技术课程评价体系”的研究目标，拓展为“在通用技术学科中着力提高学生的技术素养，落实其核心素养的培养”并以此作为研究的重点和发展方向。

2. 评价多维

从“技术知识、技术能力、技术思考与行为方式”三个维度进行整体、综合、全面的评价。

3. 方法多样

采取多项目、多途径、多形式、动态与静态相结合的多元化评价。

五、本项目的研究方法和研究手段、研究计划

（一）研究方法

1. 调查分析法

通过访谈、问卷等方式，收集有关学生学习现状、效果的资料，分别进行课题实施前调查和实施后调查，然后进行对比分析，为课题研究提供科学事实。

2. 经验总结法

运用科学的方法，对积累的经验进行分析概括，深入、全面而又系统地揭示经验实质，使之上升到理论高度，找出别人可以借鉴的规律性的东西。

3. 其他方法

采用文献资料法、观察法、实验法等方法，并将上述诸方法结合起来，以确保课题研究的科学性、有效性。

（二）研究计划

1. 准备阶段（2014 年 6 月至 2014 年 11 月）

成立课题组，研究分析前期研究状况，申报立项，制订研究方案，拟定实验学校。

2. 实验阶段（2014 年 12 月至 2015 年 12 月）

加强理论学习，举办实验教师培训班。实验学校根据课题研究方案进行教学和管理，边实验，边检测，边分析，边修订研究方案。

3. 总结阶段（2016 年 1 月至 2016 年 12 月）

对实验效果做全面的检测、分析、整理、总结，撰写课题研究报告和论文。

（该课题被广东省教育科学规划办批准为“广东省教育科学‘十二五’规划 2014 年‘强师项目’”重点课题立项，项目编号：2014ZQJK031）

后　记

编完书稿，我松了一口气，也觉得很兴奋。我的《拓荒者——通用技术教学实践与研究》一书出版不久，另一本教育教学探索文章的结集《探索者——教育教学实践与研究》也即将付梓，很快就要面世了。

我于 1980 年 8 月参加教育教学工作，迄今已 30 余载，蓦然回首，感到时间过得真快。我先后从事过中学教学、教研工作，教育技术装备工作等。这些岁月，就像一瞬间那样倏地过去了，可聊以自慰的是：我的日子没有白过，在教育教学这个乐园默默耕耘，“衣带渐宽终不悔，为伊消得人憔悴”。曾记得，初为人师秉灯苦读和伏案笔耕时不断产生创新见解的欢欣；曾记得，第一篇文章见诸报端的喜悦；曾记得在探索前进道路上的种种酸甜苦辣……此时此刻，我盘点着已逝的年轮，最难忘的是 1991 年我在《湛江教育》上发表的第一篇教学论文《物理实验教学一得》，正是这“一得”让我尝到写作的收获和乐趣，尔后就一发不可收拾，不断地用文字来记录自己的体会和收获。

人的生命是短暂的，能够留下的东西不是很多，一切都会随着生命飘然而去，唯有文字表述的思想能延续生命的长度。正是基于这样的想法，我决定将自己的“豆腐块”编成这本文集，并欣然奋笔题写书名，供读者也供朋友们去了解一个执着的探索者的心灵轨迹。

原中央教育科学研究所基础教育课程教学研究中心副主任、研究员、教育部普通高中技术课程标准研制组第一期核心成员于慧颖在百忙之中为本书作序。湛江市教育局李更盛局长对编辑工作提出宝贵意见，并对我今后的工作寄予厚望。湛江市教育委员会教育研究室原主任、中学语文高级教师、中学特级教师李寰英，坡头区教育局原副局长郑亚轩，坡头区第一中学原校长、中学语文高级教师郑晓晖，湛江市南三中学原教导主任，中学语文高级教师陶洪泽等对本书的文稿做了大量的修改，在此一并表示真诚的谢忱！

“知人者智，自知者明”。我不是智者，但略有自知之明，深知这本集子定有不当之处，敬请方家和读者批评指正！任何意见和建议，都可以化为我的新起点、新灵感。

2015 年 10 月 16 日